普通高中课程标准实验教科书 英语 8 选修

普通高中课程标准实验教科书　英　语 8　选修

ISBN 978-7-107-19084-1

教科书定价：8.64元
配套光盘定价：10.00元

定价批号：云价价格[2016]62号

举报电话：12358

人民教育出版社

昆明统计年鉴

KUNMING STATISTICAL YEARBOOK

2020

昆明市统计局
KUNMING MUNICIPAL BUREAU OF STATISTICS
云南滇中新区统计局
YUNNAN DIANZHONG DISTRICT BUREAU OF STATISTCS
国家统计局昆明调查队
NBS SURVEY OFFICE IN KUNMING
编

中国统计出版社
China Statistics Press

图书在版编目(CIP)数据

昆明统计年鉴.2020 = Kunming Statistical Yearbook 2020 /昆明市统计局，云南滇中新区统计局，国家统计局昆明调查队编.—北京：中国统计出版社，2020.11
ISBN 978-7-5037-9385-1

Ⅰ.①昆… Ⅱ.①昆… ②云… ③国… Ⅲ.①统计资料-昆明-2020-年鉴 Ⅳ.①C832.741-54

中国版本图书馆CIP数据核字(2020)第230036号

昆明统计年鉴—2020

作　　者/昆明市统计局　云南滇中新区统计局　国家统计局昆明调查队
责任编辑/钟钰
装帧设计/中国邮政集团公司昆明市分公司
出版发行/中国统计出版社有限公司
通信地址/北京市丰台区西三环南路甲6号
邮　　编/100073
电　　话/邮购（010）63376909　书店（010）68783171
网　　址/http://www.zgtjcbs.com
印　　刷/云南出版印刷集团有限责任公司
　　　　云南新华印刷一厂
经　　销/新华书店
开　　本/890×1240毫米 1/16
字　　数/590千字
印　　张/26.5
版　　别/2020年11月第1版
版　　次/2020年11月第1次印刷
定　　价/300.00元

如有印装差错，由本社发行部调换。

官方微信　官方微博

《昆明统计年鉴——2020》编委会和编辑部

编者说明

一、《昆明统计年鉴》（以下简称《年鉴》）是一部按年连续出版的大型统计资料。《年鉴》通过大量的统计数据，真实地记录了昆明市一年来经济社会发展变化情况，是社会各界了解昆明、认识昆明的重要资料工具书。

二、《年鉴》内容共分为19个部分，即：1.市情概况；2.国民经济核算；3.人口；4.就业和工资；5.固定资产投资；6.财政和金融；7.物价；8.人民生活；9.农业；10.工业和能源；11.交通运输；12.建筑业；13.国内贸易；14.对外贸易、旅游；15.城市建设、环境保护；16.科技、教育、文化、卫生和其他；17.开发区建设；18.各州（市）主要经济指标；19.全国省会城市主要经济指标。有关部分有主要统计指标解释，对主要统计指标的含义、统计范围和统计方法作了简要说明。

三、《年鉴》资料主要来自昆明市统计局、国家统计局昆明调查队的各种定期统计报表和抽样调查资料；部分资料来自省、市有关部门以及各县（市）区、开发（度假）园区。

四、《年鉴》中度量衡单位均采用国际统一标准计量单位。

五、《年鉴》中涉及到的历史数据，均以最新出版的《年鉴》数据为准；本年鉴中部分数据合计数或相对数由于四舍五入而产生的计算误差均未做机械调整。

六、《年鉴》统计表中的符号使用说明：

"#"表示其中主要项；

"空格"表示该项统计指标无数据；

"–"表示该项指标取消或无可比性。

七、《年鉴》由于内容较多、涉及面广，如有差错，敬请批评指正。

《年鉴》在整理编辑过程中，得到省、市有关部门和单位的大力支持，在此表示感谢！

2020年11月

目 录

一、市情概况

二、国民经济核算

三、人 口

四、就业和工资

五、固定资产投资

六、财政和金融

七、物　　价

八、人民生活

九、农　　业

十、工业和能源

十一、交通运输

十二、建筑业

十三、国内贸易

十四、对外贸易、旅游

十五、城市建设、环境保护

十六、科技、教育、文化、卫生和其他

十七、开发区建设

十八、各州市主要经济指标

十九、全国省会城市主要经济指标

2019年昆明市国民经济和社会发展统计公报[1]

2019年，面对国内外风险挑战明显上升的复杂形势，昆明市坚持以习近平新时代中国特色社会主义思想为指导，全面贯彻党的十九大和十九届二中、三中、四中全会精神，坚持稳中求进工作总基调，践行新发展理念，推动高质量发展，以供给侧结构性改革为主线，全面做好“六稳”工作，持续打好三大攻坚战，统筹推进稳增长、促改革、调结构、惠民生、防风险、保稳定各项工作，全市经济运行总体平稳，发展质量稳步提升，民生福祉不断改善，社会事业繁荣发展，为高质量打赢全面小康收官战和推动区域性国际中心城市建设迈上新台阶奠定坚实基础。

一、综合

初步核算，全年地区生产总值[2]6475.88亿元，按可比价格计算，比上年增长6.5%。其中，第一产业增加值270.29亿元，增长5.5%；第二产业增加值2078.75亿元，增长4.6%；第三产业增加值4126.84亿元，增长7.7%。三次产业结构为4.2:32.1:63.7，三次产业对GDP增长的贡献率分别为3.4%、25.3%和71.3%，分别拉动GDP增长0.2、1.7和4.6个百分点。全市人均生产总值93853元，增长5.2%，按年均汇率折算为13605美元。

全年非公有制经济实现增加值2575.44亿元，比上年增长6.7%，占GDP比重为39.8%。全市新设立市场主体16.11万户，同比增长9.9%，其中私营企业5.09万户，增长4.8%；个体工商户10.61万户，增长13.2%。市场主体总量达79.55万户，增长10.4%。

全年居民消费价格比上年上涨2.3%。其中，食品烟酒类上涨6.8%，衣着类上涨1.1%，居住类下降0.2%，生活用品及服务类上涨0.2%，交通和通信类下降1.5%，教育文化和娱乐类上涨2.9%，医疗保健类上涨0.9%，其他用品和服务类上涨3.9%。全年商品零售价格比上年上涨1.5%；工业生产者出厂价格上涨0.6%；工业生产者购进价格下降1.3%。

图 1：2019 年昆明市居民消费价格月度涨跌幅度（%）

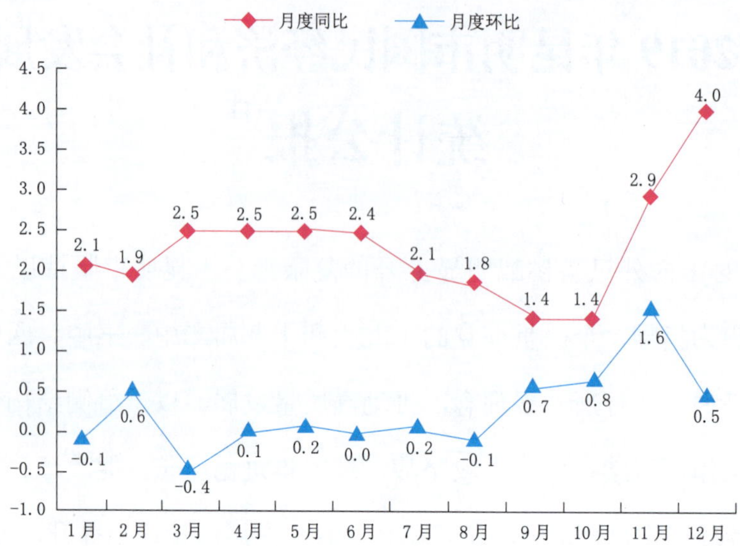

全年一般公共预算收入 630.03 亿元，比上年增长 5.8%。其中，税收收入 509.25 亿元，增长 6.7%，占一般公共预算收入的比重 80.8%，比上年同期提高 0.7 个百分点。一般公共预算支出 820.86 亿元，增长 8.5%。其中，民生支出 618.58 亿元，占全市一般公共预算收入的比重 75.4%。

全年城镇新增就业 16.15 万人，城镇下岗失业人员再就业 4.19 万人，年末城镇登记失业率为 3.44%。农村劳动力转移就业 16.55 万人次。

二、农业

全年农林牧渔业及农林牧渔服务业总产值[(3)] 447.49 亿元，按可比价计算，比上年增长 5.6%。其中，农业产值 260.65 亿元，增长 9.3%；林业产值 18.47 亿元，增长 2.7%；牧业产值 143.56 亿元，下降 0.2%；渔业产值 10.31 亿元，增长 10.1%；农林牧渔服务业产值 14.51 亿元，增长 3.8%。

图 2：2015-2019 年农林牧渔业及农林牧渔服务业部产值（亿元，%）

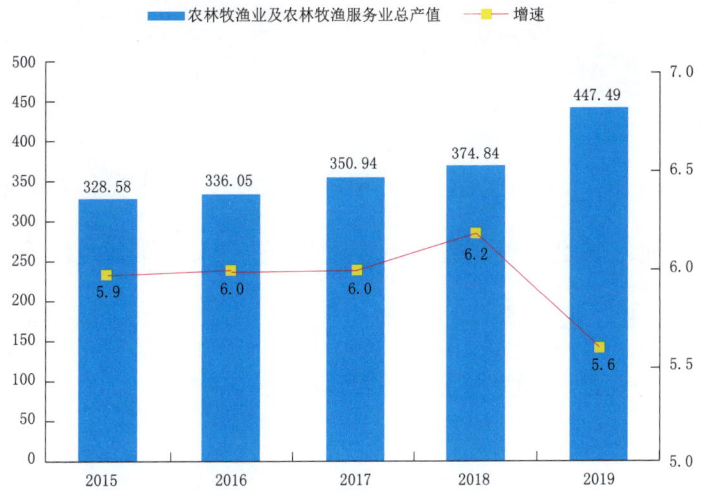

全年粮食种植面积 23.33 万公顷，产量 102.20 万吨；蔬菜种植面积 10.98 万公顷，产量 308.48 万吨；鲜切花种植面积 0.83 万公顷，产量 66.95 亿枝。

表 1　2019 年主要农产品产量及其增长速度

	单位	2019 年	比上年 ±%
粮食	万吨	102.20	2.5
#稻谷	万吨	11.42	-13.7
油料作物	万吨	1.38	-8.2
烤烟	万吨	6.78	-2.2
蔬菜	万吨	308.48	2.6
鲜切花	亿枝	66.95	16.3
水果	万吨	28.08	7.6

全年猪出栏 203.05 万头，下降 2.6%；牛出栏 23.22 万头，增长 9.8%；羊出栏 91.57 万只，下降 5.3%。牛年末存栏 43.57 万头，下降 0.7%；猪年末存栏 141.54 万头，下降 11.6%；羊年末存栏 117.14 万只，下降 5.3%。

全年肉类总产量 30.84 万吨，增长 4.0%；禽蛋产量 5.44 万吨，增长 24.8%；牛奶产量 10.57 万吨，下降 3.4%。

全年农村用电量12.15亿千瓦时，增长1.8%。年末农业机械总动力24.53亿瓦特。大中型拖拉机6351台。农村自来水普及率99.9%，农村卫生厕所普及率74.1%。

三、工业和建筑业

全年全部工业增加值1319.21亿元，比上年增长4.6%。规模以上工业增加值增长4.8%。分经济类型看，国有企业增长29.6%，股份制企业增长4.1%，外商及港澳台商投资企业增长3.2%，集体企业下降55.4%，股份合作企业增长3.8%。分门类看，采矿业下降11.8%，制造业增长4.4%，电力、热力、燃气及水生产和供应业增长13.3%。

图3：2015-2019年昆明市规模以上工业增加值增速（%）

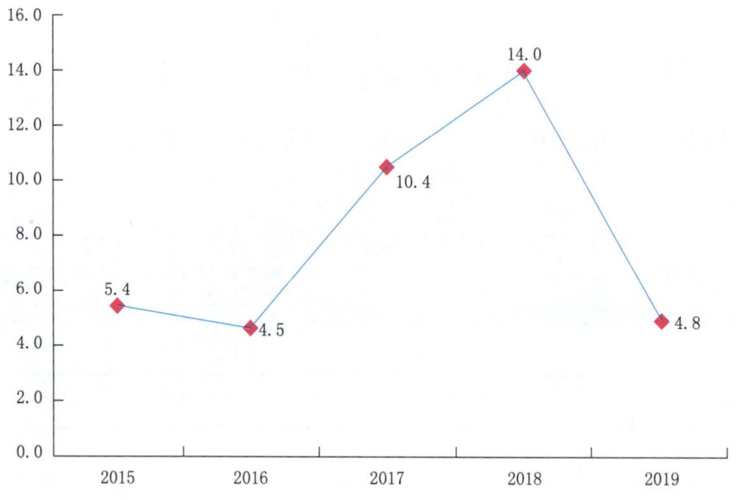

全市38个大类行业中，有19个行业工业增加值保持同比增长，电力、热力生产和供应业、燃气生产和供应业、黑色金属冶炼和压延加工业等9个行业工业增加值同比增长10%以上。重点行业中，烟草制品业增长4.0%，石油、煤炭及其他燃料加工业增长9.6%，化学原料及化学制品制造业增长5.6%，冶金工业增长1.8%，装备制造业下降1.2%，医药制造业增长3.2%，电力、热力生产和供应业增长13.4%。六大高耗能行业增加值增长7.0%。全年高技术制造业[(4)]增加值增长2.9%。

表2　主要工业产品产量

	单位	2019年	比上年±%
粗钢	万吨	469.89	4.2
钢材	万吨	560.44	3.5
生铁	万吨	427.31	5.8
金属切削机床	台	6388	-50.8
汽车	辆	2860	14.9
水泥	万吨	1923.06	2.9
商品混凝土	万立方米	2129.24	24.8
磷矿石	万吨	1853.70	-5.3
化肥	万吨	96.16	-6.4
卷烟	亿支	791.61	-0.1
复烤烟叶	万吨	39.73	-5.2
十种有色金属	万吨	92.34	-2.0
饮料	万吨	254.16	4.4
饮料酒	千升	408787.69	4.5
饲料	万吨	218.23	3.9
自来水生产量	万立方米	37801.61	7.8
原盐	万吨	154.93	-3.2
乳制品	万吨	20.15	4.1
中成药	万吨	2.42	6.4
光学仪器	万台	640.89	-6.8
电力电缆	千米	251954.33	7.2

全年规模以上工业企业实现营业收入4842.10亿元，比上年增长1.1%；实现利润总额212.20亿元，下降5.6%。全年规模以上工业企业营业收入利润率4.38%，同比下降0.31个百分点；工业企业产品销售率98.4%，同比提高0.2个百分点；每百元营业收入中的成本79.92元，同比下降0.51元；企业资产负债率53.8%，同比降低2.3个百分点。

全年建筑业总产值3560.10亿元，比上年增长11.4%。其中，建筑工程产值3273.40亿元，增长12.6%；安装工程产值220.40亿元，下降2.3%。全市总承包和专业承包建筑业企业房屋建筑施工面积10462.19万平方米，下降0.5%。其中，本年新开工面积 3516.84万平方米，下降 32.0%；房屋建筑竣工面积 2412.75 万平方米，下降 23.6%。全年建筑业增加值 760.24 亿元，按可比价计算，比上年增长 4.4%。

四、固定资产投资

全年固定资产投资（不含农户）比上年增长 2.8%。分产业投资看，第一产业投资增长 9.2%，第二产业投资增长 2.9%，第三产业投资增长 2.7%。从支柱板块看，工业投资增长 2.8%，基础设施投资下降 10.3%，房地产投资增长 13.9%。从重点行业看，农业投资增长 16.3%，水利投资增长 12.1%，教育投资增长 8.3%，交通投资下降 11.5%，文化投资下降 14.5%，商贸投资下降 5.6%。

图 4：2015-2019 年固定资产投资（不含农户）增速（%）

全年民间投资增长 3.9%，增速高于全市投资增速 1.1 个百分点，占全部投资的比重为 52.0%，比上年提高 0.5 个百分点。

全年房地产开发投资中，住宅投资增长 29.0%，办公楼投资增长 46.1%；商业营业用房投资下降 28.2%。

全年商品房施工面积 12236.93 万平方米，比上年增长 18.9%；商品房竣工面积 485.88 万平方米，增长 49.8%；商品房销售面积 1916.23 万平方米，增长 0.3%。

五、国内贸易和对外经济

全年社会消费品零售总额 3056.57 亿元，比上年增长 9.7%。按经营地统计，城镇消费品零售额 2876.44 亿元，增长 9.6%；乡村消费品零售额 180.13 亿元，增长 10.3%。按消费类型统计，商品零售 2529.84 亿元，增长 9.4%；餐饮收入 526.73 亿元，增长 10.8%。

图 5：2015-2019 年社会消费品零售总额及增长速度（亿元，%）

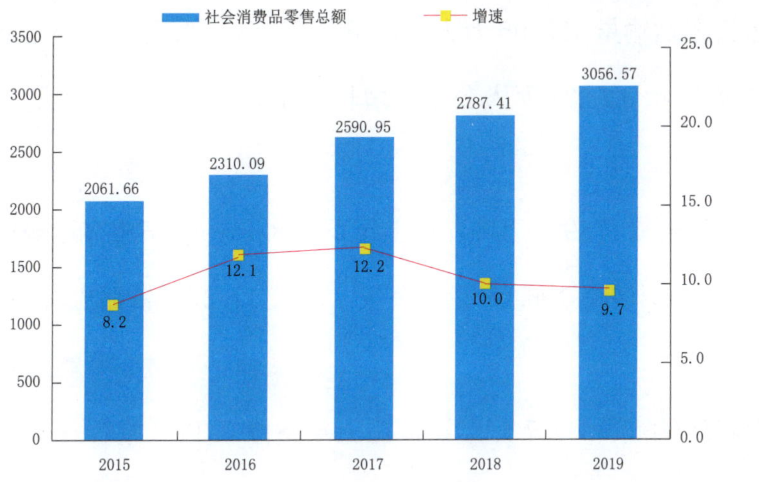

在限额以上企业商品零售额中，粮油、食品类零售额比上年增长 1.2%，饮料类增长 3.2%，烟酒类增长 1.7%，服装、鞋帽、针纺织品类下降 2.3%，化妆品类增长 31.1%，日用品类增长 2.4%，家用电器和音像器材类下降 18.1%，中西药品类增长 7.1%，家具类增长 3.1%，通讯器材类增长 19.6%，建筑及装潢材料类下降 15.2%，石油及制品类增长 22.7%，汽车类下降 5.1%。

全年海关进出口总额 131.87 亿美元，比上年增长 0.3%。其中，出口 36.04 亿美元，下降 5.7%；进口 95.83 亿美元，增长 2.8%。

全年新批外商投资企业 118 户，比上年增加 7 户；实际利用外资 6.49 亿美元，增长 23.3%。

图 6：2015-2019 年海关进出口贸易总额（亿美元）

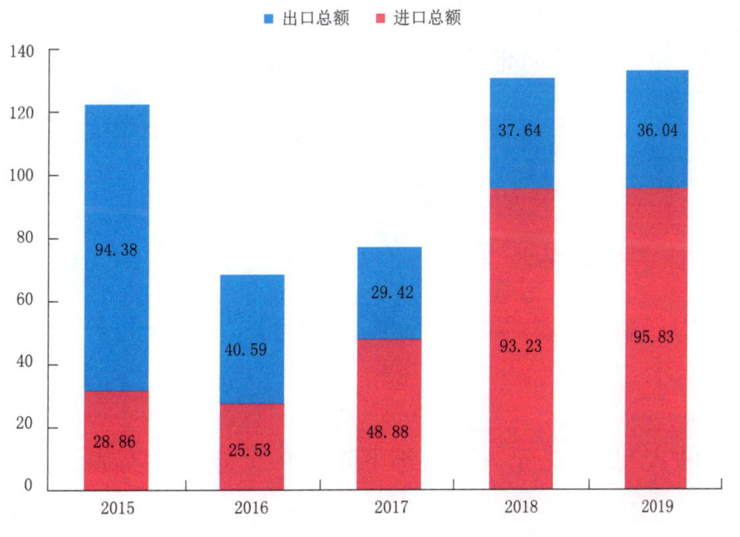

六、交通运输、邮政电信和旅游业

全年公路货物运输量33377万吨，比上年增长8.9%；公路旅客运输量4540万人次，增长2.1%；公路货物周转量233.79亿吨公里，增长13.7%；公路旅客周转量50.27亿人公里，增长7.5%。水运旅客运输量123.05万人次，下降21.5%，水运货物运输量11.8万吨，下降51.1%；水运旅客周转量920.21万人公里，增长2.3%，水运货物周转量29.5万吨公里，下降38.9%。

全年铁路货物运输量1789.9万吨，比上年下降8.2%；铁路旅客运输量3211.7万人次，增长18.4%；铁路货物周转量196.08亿吨公里，增长12.3%；铁路旅客周转量73.30亿人公里，增长22.0%。

昆明机场全年运输起降35.7万架次，比上年下降0.1%；旅客吞吐量4807.6万人，增长2.1%，货邮吞吐量41.6万吨，下降2.9%。全年共开通航线640条，其中国际航线93条。

年末全市机动车保有量284.96万辆，比上年增长6.4%。其中，本年新注册机动车27.04万辆，下降3.9%。汽车保有量249.01万辆，增长7.9%。其中，本年新注册汽车23.96万辆，下降9.3%。年末个人汽车保有量224.86万辆，增长7.8%。

主城五区公交运营线路519条（含定制公交线路），新增公交线路11条；日均客运量276.05万人次，公共交通机动化出行分担率57.8%。年末全市实有出租车9234辆。其中，主城区实有出租车8137辆。每万人拥有公共交通车辆34.32辆，行政村客运班车通达率100%。

截至年末，昆明地铁运营线路共计4条，包括1、2号线首期工程，1号线支线，3号线和6号线（一期）。年末昆明地铁通车总里程88.7公里，运营车站57座。开通运营至2019年底线网累计客运量7.65亿乘次，2019年全年线网累计客运量2.14亿乘次，日均客运量58.64万乘次，旅客周转量20.93亿人公里。

全年邮政业累计完成业务收入45.2亿元，比上年增长18.6%。其中，快递业务收入33.72亿元，增长21.1%。邮政函件业务384.23万件，包裹业务9.98万件，快递业务量27931.38万件。

全年电信业务收入99.8亿元，比上年下降0.9%。年末拥有固定电话用户112.9万户，比上年增加 3.1 万户。拥有移动电话用户 1160.1 万户，比上年增加 11.8 万户。固定互联网宽带接入用户[5] 275.2 万户，比上年增加 13.3 万户。移动互联网用户 978.8 万户。其中，5G 网络用户 3.1 万户，4G 网络用户 954.8 万户，3G 网络用户 20.9 万户。

旅游业增长良好。全年接待国内外游客 18644.03 万人次，比上年增长 16.1%。其中，国内游客 18494.59 万人次，增长 16.2%；海外游客 149.44 万人次，增长 5.1%。

全年旅游总收入 2733.61 亿元，比上年增长 25.4%。其中，国内旅游收入 2673.16 亿元，增长 25.2%；旅游外汇收入 8.75 亿美元，增长 27.9%。

七、金融

金融市场保持平稳。年末金融机构（含外资）人民币存款余额 14909.26 亿元，比年初增长 9.5%。其中，住户存款余额 5355.45 亿元，比年初增长 9.6%；非金融企业存款余额 5070.92 亿元，比年初增长 4.8%。

图 7：2015-2019 年金融机构（含外资）人民币存款余额（亿元）

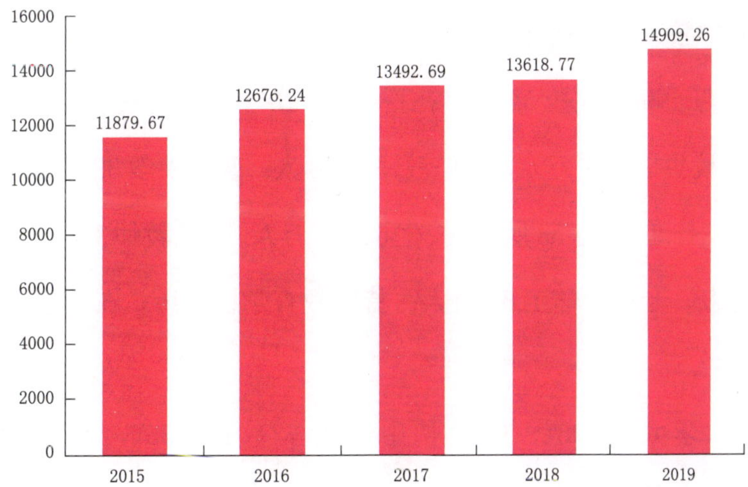

年末金融机构（含外资）人民币贷款余额 17854.43 亿元，比年初增长 9.5%。其中，住户贷款 4157.47 亿元，比年初增长 25.8%；非金融企业及机关团体贷款 13644.27 亿元，比年初增长 5.4%。

图 8：2015-2019 年金融机构（含外资）人民币贷款余额（亿元）

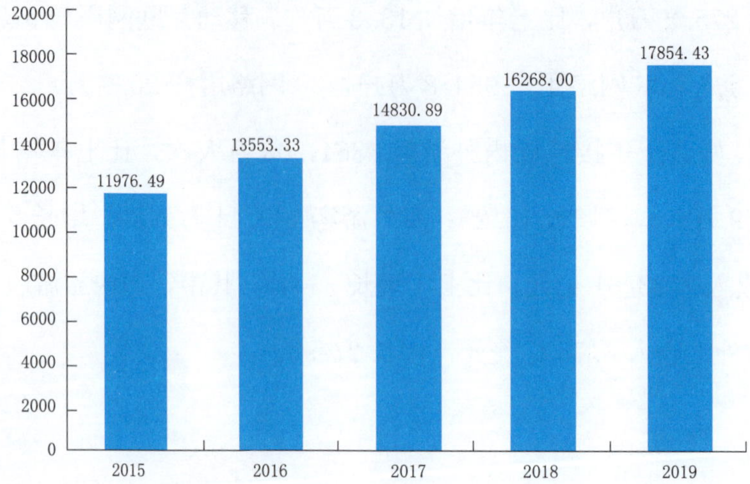

全年保险公司原保险保费收入 300.26 亿元，比上年增长 13.3%。其中，财产险原保险保费收入 116.65 亿元，增长 6.3%；人身险原保险保费收入 183.61 亿元，增长 18.2%。

全年赔款与给付支出 101.12 亿元，比上年增长 9.1%。其中，财产险赔款支出 58.09 亿元，增长 8.2%；人身险赔款支出 43.03 亿元，增长 10.4%。

八、教育、科学技术和文化体育

年末全市共有普通高等院校 52 所，在校生 62.26 万人，专任教师 3.06 万人；中等职业教育学校 81 所，在校生 18.21 万人，专任教师 4148 人；普通中学 327 所，在校生 34.65 万人，专任教师 2.73 万人；普通小学 758 所，在校生 51.30 万人，专任教师 3.03 万人；幼儿园 1407 所，在园幼儿 24.60 万人，专任教师 1.63 万人；特殊教育学校 6 所，在校学生 824 人，专任教师 194 人。

高中阶段毛入学率 92.95%，普通初中毛入学率 109.35%，小学学龄儿童净入学率 99.82%，学前教育三年毛入园率 99.39%，残疾儿童入学率 98.56%。

全年实施科技计划项目 787 项。全年受理专利申请 23097 件，获专利授权 14301 件，有效发明专利拥有量 10217 件。全年登记技术合同 2827 项，技术合同成交额 70.11 亿元，比上年下降 5.3%。全年共登记科技成果 313 项，其中基础理论类 9 项，应用技术类 302 项，软科学类 2 项。

全市注册博物馆 37 个，公共图书馆 15 个，文化馆 16 个，文化站 139 个。专业文化艺术表演团体 2 个，登记在册的业余文化艺术表演团体 2895 个。

年末全市有线电视实际用户 139.99 万户。全市电视综合覆盖率 99.90%，广播综合覆盖率 99.94%。

全年昆明运动员在国家级比赛中获金牌 46 枚，银牌 37 枚，铜牌 32 枚。

九、人口、人民生活和社会保障

年末全市常住人口 695 万人。其中，城镇常住人口 511.52 万人，占常住人口比重为 73.6%。

年末全市户籍总人口 578.46 万人。其中，城镇人口 361.49 万人，占户籍人口比重为 62.5%。

全年城镇常住居民人均可支配收入 46289 元，比上年增长 7.7%；农村常住居民人均可支配收入 16356 元，增长 9.8%。

图 9：2015-2019 年居民人均可支配收入（元）

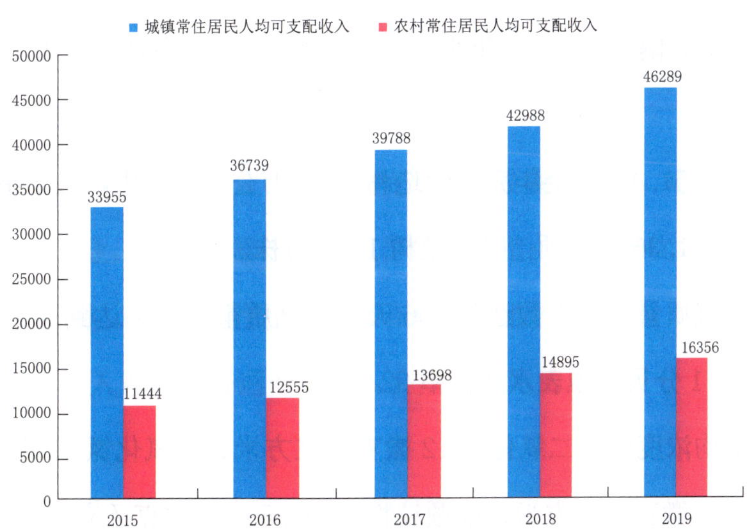

年末全市参加城镇职工基本养老保险人数 175.93 万人，比上年末增加 10.51 万人。参加城乡居民基本养老保险人数 212.48 万人。参加城镇职工医疗保险人数 198.63 万人，增加 10.47 万人。参加城乡居民医疗保险人数 449.72 万人，增加 5.72 万人。参加失业保险人数 119.02 万人，增加 13.22 万人。参加工伤保险的职工人数 116.46 万人，增加 5.71 万人。

费量 2233.78 亿千瓦时，[illegible]。全社会用电量 341.24 亿千瓦时，增长 [illegible]%。规模以上工业发电量 201.70 亿千瓦时，比上年增长 0.03%。其中，水力发电量 104.56 亿千瓦时，下降 3.0%；火力发电量 62.08 亿千瓦时，下降 3.8%；风力发电量 30.53 亿千瓦时，增长 21.2%；太阳能发电量 [illegible] 亿千瓦时，增长 [illegible]%。

各类生产安全事故死亡人数 41[illegible] 人，道路交通事故死亡人数 349 人，火灾事故死亡人数 14 人。全市亿元GDP生产安全事故死亡率 0.07[illegible]。

注释：

(1)本公报数据为初步统计数，正式统计数据以《昆明统计年鉴》和有关部门正式公布数据为准。部分数据因四舍五入的原因存在总计与分项合计不等的情况。

(2)地区生产总值（GDP）、人均地区生产总值、分产业增加值、农林牧渔业总产值绝对数按现价计算，增长速度按不变价格计算。2019 年地区生产总值以第四次全国经济普查修订后的数据为基数。

(3)2018 年农林牧渔业及农林牧渔服务业总产值数据为根据第三次全国农业普查结果核定和修订的数据。

(4)高技术制造业包括医药制造业，航空、航天器及设备制造业，电子及通信设备制造业，计算机及办公设备制造业，医疗仪器设备及仪器仪表制造业，信息化学品制造业。

(5)[illegible]户是指[illegible]FTTH/O以及其他各种接入方式的用户。

昆明统计年鉴

KUNMING STATISTICAL YEARBOOK 2020

1 市情概况

SHIQING GAIKUANG

1-1 行政区划

（2019年） 单位：个

地 区	乡镇	镇	乡	民族乡	街道办事处
全 市	**59**	**43**	**16**	**4**	**80**
五华区					10
盘龙区					12
官渡区					10
西山区					10
东川区	7	6	1		2
呈贡区					10
晋宁区	6	4	2	2	2
富民县	5	5			2
宜良县	6	4	2	2	3
石林彝族自治县	4	3	1		3
嵩明县	3	3			2
禄劝彝族苗族自治县	15	9	6		2
寻甸回族彝族自治县	13	9	4		3
安宁市					9

注：此部分数据来源于昆明市民政局。

1-1 续表

（2019年）

县(市)区	乡、镇、街道办事处	乡、镇、街道办事处数
五华区	护国街道办事处、华山街道办事处、大观街道办事处、龙翔街道办事处、莲华街道办事处、丰宁街道办事处、红云街道办事处、普吉街道办事处、黑林铺街道办事处、西翥街道办事处	10个街道办事处
盘龙区	拓东街道办事处、鼓楼街道办事处、东华街道办事处、联盟街道办事处、金辰街道办事处、茨坝街道办事处、龙泉街道办事处、青云街道办事处、双龙街道办事处、松华街道办事处、滇源街道办事处、阿子营街道办事处	12个街道办事处
官渡区	吴井街道办事处、太和街道办事处、关上街道办事处、金马街道办事处、官渡街道办事处、小板桥街道办事处、大板桥街道办事处、六甲街道办事处、矣六街道办事处、阿拉街道办事处	10个街道办事处
西山区	马街街道办事处、金碧街道办事处、永昌街道办事处、前卫街道办事处、福海街道办事处、棕树营街道办事处、西苑街道办事处、碧鸡街道办事处、海口街道办事处、团结街道办事处	10个街道办事处
东川区	铜都街道办事处、碧谷街道办事处、阿旺镇、乌龙镇、红土地镇、汤丹镇、拖布卡镇、因民镇、舍块乡	2个街道办事处 6个镇 1个乡
呈贡区	龙城街道办事处、洛羊街道办事处、斗南街道办事处、吴家营街道办事处、马金铺街道办事处、七甸街道办事处、大渔街道办事处、洛龙街道办事处、雨花街道办事处、乌龙街道办事处	10个街道办事处
晋宁区	昆阳街道办事处、宝峰街道办事处、晋城镇、二街镇、上蒜镇、六街镇、双河彝族乡、夕阳彝族乡	2个街道办事处 4个镇 2个乡
富民县	永定街道办事处、大营街道办事处、东村镇、款庄镇、赤鹫镇、散旦镇、罗免镇	2个街道办事处 5个镇
宜良县	匡远街道办事处、汤池街道办事处、南羊街道办事处、狗街镇、北古城镇、马街镇、竹山镇、耿家营彝族苗族乡、九乡彝族回族乡	3个街道办事处 4个镇 2个乡
石林彝族自治县	鹿阜街道办事处、石林街道办事处、板桥街道办事处、西街口镇、长湖镇、圭山镇、大可乡	3个街道办事处 3个镇 1个乡
嵩明县	嵩阳街道办事处、杨桥街道办事处、杨林镇、小街镇、牛栏江镇	2个街道办事处 3个镇
禄劝彝族苗族自治县	屏山街道办事处、崇德街道办事处、撒营盘镇、转龙镇、茂山镇、翠华镇、团街镇、皎平渡镇、中屏镇、乌东德镇、九龙镇、云龙乡、则黑乡、乌蒙乡、雪山乡、汤朗乡、马鹿塘乡	2个街道办事处 9个镇 6个乡
寻甸回族彝族自治县	仁德街道办事处、塘子街道办事处、金所街道办事处、羊街镇、倘甸镇、柯渡镇、功山镇、七星镇、河口镇、先锋镇、鸡街镇、凤合镇、甸沙乡、金源乡、六哨乡、联合乡	3个街道办事处 9个镇 4个乡
安宁市	连然街道办事处、金方街道办事处、太平新城街道办事处、温泉街道办事处、青龙街道办事处、草铺街道办事处、禄脿街道办事处、八街街道办事处、县街街道办事处	9个街道办事处

1-2 土地面积和人口密度

（2019年）

地　　区	土地面积 (平方公里)	年末常住人口 (万人)	人口密度 (人/平方公里)	户籍人口 (人)
总　计	**21012.53**	**695.00**	**331**	**5784684**
五　华　区	381.60	88.17	2311	665822
盘　龙　区	343.71	84.60	2461	585244
官　渡　区	632.92	94.39	1491	600629
西　山　区	881.32	79.75	905	569114
东　川　区	1865.70	28.50	153	316671
呈　贡　区	510.22	37.11	727	229576
晋　宁　区	1336.66	31.47	235	287881
富　民　县	993.76	15.90	160	153708
宜　良　县	1912.77	44.68	234	462114
石林彝族自治县	1680.09	26.60	158	254781
嵩　明　县	1349.68	35.70	265	311759
禄劝彝族苗族自治县	4233.91	41.47	98	489717
寻甸回族彝族自治县	3588.38	47.76	133	574965
安　宁　市	1301.81	38.90	299	282703

注：1.土地面积数据来源于昆明市自然资源和规划局；
　　2.户籍人口数据来源于昆明市公安局。

1-3 气象概况

（2019年）

月份	平均气温 (℃)	日照时数 (小时)	降雨量 (毫米)	相对湿度 (%)
全年	**16.7**	**2384.6**	**839.8**	**66**
一月	9.9	235.1	31.7	70
二月	12.9	256.9	5.7	52
三月	14.6	260.7	4.5	53
四月	19.0	265.0	7.1	50
五月	22.3	257.6	20.2	51
六月	22.2	160.0	94.1	69
七月	20.8	78.2	279.5	83
八月	21.3	183.2	120.6	76
九月	18.4	128.0	186.1	75
十月	17.0	155.8	73.8	76
十一月	14.0	173.9	7.5	73
十二月	7.9	230.2	9.0	69

注：年极端最高气温为：31.8℃，出现日期：5月21日和6月22日；年极端最低气温为：–2.9℃，出现日期：12月7日；霜日天数为60天。此部分数据来源于昆明市气象局。

1-4 主要年份国民经济主要指标

指　　标	单位	2015年	2016年	2017年	2018年	2019年	2019年比2018年±%
一、年末常住人口	**万人**	**667.70**	**672.80**	**678.30**	**685.00**	**695.00**	**1.5**
城镇人口比重	%	70.05	71.05	72.05	72.85	73..60	—
二、年末劳动者人数							
全社会就业人员	万人	412.78	420.37	432.14	448.01	453.78	1.3
#在岗职工人数	万人	110.75	110.84	109.01	107.78	96.48	-10.5
三、人口变动情况							
出生率	‰	11.93	12.23	12.84	12.59	12.48	—
死亡率	‰	5.95	6.02	6.16	5.63	5.74	—
人口自然增长率	‰	5.98	6.21	6.68	6.96	6.74	—
四、生产总值(当年价)	**亿元**	**4008.94**	**4342.05**	**4855.15**	**6020.50**	**6475.88**	**6.5**
第一产业	亿元	188.10	200.51	207.72	222.16	270.29	5.5
第二产业	亿元	1605.41	1679.70	1865.97	1964.08	2078.75	4.6
第三产业	亿元	2215.43	2461.85	2781.46	3834.26	4126.84	7.7
人均生产总值	元	60271	64783	71870	88322	93853	5.2
五、工业							
规模以上工业增加值增速	%	5.4	4.5	10.4	14.0	4.8	—
六、运输							
货运周转量	万吨公里	3075073	3137561	3507691	3813288	4314066	13.1
旅客周转量	万人公里	2779412	2651523	2631746	2803235	3206547	14.4
七、农业							
1.农业总产值(当年价)	亿元	328.58	336.05	350.94	374.84	447.49	5.6
2.主要农产品产量							
粮食	吨	1049278	1043722	1001198	997122	1022031	2.5
肉类	吨	281360	276473	280441	296421	308383	4.0
#猪牛羊肉	吨	210553	202866	205395	217382	219894	1.2
烤烟	吨	70898	71446	69514	69358	67815	-2.2
蔬菜(含菜用瓜)	吨	2716633	2814363	2881614	3007763	3084837	2.6
水果	吨	195689	243023	233200	261023	280771	7.6
淡水产品	吨	37942	41521	41401	40972	40794	-0.4

1-4 续表

指　　标	单位	2015年	2016年	2017年	2018年	2019年	2019年比2018年±%
八、固定资产投资							
固定资产投资(不含农户)增速	%	11.5	12.1	7.6	5.5	2.8	—
#房地产开发投资增速	%	-2.8	5.5	10.0	9.3	13.9	—
九、国内贸易							
社会消费品零售总额	亿元	2061.66	2310.09	2590.95	2906.24	3186.74	9.7
十、财政、金融							
一般公共预算收入	亿元	502.22	518.39	560.86	595.63	630.03	5.8
一般公共预算支出	亿元	615.49	688.40	775.90	756.80	820.86	8.5
金融机构人民币存款余额	亿元	11850.53	12655.68	13466.56	13583.62	14879.34	9.5
金融机构人民币贷款余额	亿元	11940.24	13520.32	14789.35	16224.73	17793.49	9.4
十一、物价指数							
居民消费价格指数	%	102.4	101.7	100.5	101.7	102.3	—
商品零售价格指数	%	100.7	100.8	101.3	101.1	101.5	—
十二、人民生活							
城镇常住居民人均可支配收入	元	33955	36739	39788	42988	46289	7.7
农村常住居民人均可支配收入	元	11444	12555	13698	14895	16356	9.8
十三、教育							
普通高等院校数	所	42	45	49	51	52	2.0
普通高等院校专任教师数	人	27083	28698	28808	29496	30596	3.7
普通高等院校在校学生数	人	436436	465464	503538	547277	622583	13.8
普通中学专任教师数	人	23278	24672	25664	26500	27290	3.0
普通中学在校学生数	人	315903	317283	327176	337149	346490	2.8
小学专任教师数	人	27161	27918	28480	29296	30287	3.4
小学在校学生数	人	484379	485598	485697	497971	513029	3.0
十四、卫生							
卫生机构数	个	4490	4755	4823	4892	5068	3.6
卫生技术人员	人	64279	71000	75964	79205	86992	9.8
#执业医师和执业助理医师	人	24109	26049	27317	28606	31763	11.0

注：1.生产总值、规模以上工业增加值、农林牧渔业总产值、固定资产投资增速按可比价或可比口径计算；
2.2018年、2019年地区生产总值及社会消费品零售总额为第四次经济普查修订数；
3.一般公共预算收入2016年以后的数据为全省统一按“营改增”后计算地方分享的收入；
4.金融机构人民币存、贷款余额增长速度是与年初比；
5.普通高等学校在校学生数不含研究生。

1-5 昆明市国民经济主要指标占云南省的比重

（2019年）

指　　　标	单位	云南	昆明	昆明占云南的比重(%)
年末总人口	万人	4858.30	695.00	14.3
城镇化率	%	48.91	73..60	—
生产总值	亿元	23223.75	6475.88	27.9
#第一产业	亿元	3037.62	270.29	8.9
第二产业	亿元	7961.58	2078.75	26.1
第三产业	亿元	12224.55	4126.84	33.8
人均生产总值	元/人	47944	93853	—
农林牧渔业总产值	亿元	4935.73	447.49	9.1
主要农产品产量				
#粮食	万吨	1870.03	102.20	5.5
烤烟	万吨	81.00	6.78	8.4
蔬菜	万吨	2304.14	308.48	13.4
猪牛羊肉	万吨	346.58	21.99	6.3
规模以上工业增加值增速	%	8.1	4.8	—
一般公共预算收入	亿元	2073.56	630.03	30.4
一般公共预算支出	亿元	6770.09	820.86	12.1
金融机构人民币存款余额	亿元	32791.37	14879.34	45.4
金融机构人民币贷款余额	亿元	31140.08	17793.49	57.1
固定资产投资(不含农户)增速	%	8.5	2.8	—
社会消费品零售总额	亿元	10158.23	3186.74	31.4
进出口总额	亿美元	336.92	131.87	39.1
#出口总额	亿美元	150.24	36.06	24.0
城镇常住居民人均可支配收入	元	36238	46289	—
农村常住居民人均可支配收入	元	11902	16356	—

主要统计指标解释

行政区划　指国家对行政区域的划分。根据宪法规定，我国的行政区域划分如下：⑴全国分为省、自治区、直辖市；⑵省、自治区分为自治州、县、自治县、市；⑶自治州分为县、自治县、市；⑷县、自治县分为乡、民族乡、镇；⑸直辖市和较大的市分为区、县；⑹国家在必要时设立的特别行政区。

土地面积　指某一国家或某一地区所辖范围内的全部地域面积。土地包括耕地、荒山、荒地、林地、草原、道路、建筑物占地、河流、湖泊、水库等。按照地形的不同，一般可分为山地、高原、盆地、平原、丘陵。地形分类因各地区特点而异。以下地形的地貌特征是：

⑴平原　地面平坦，地面坡度小于5度，地表组织物质以第四纪松散堆积物为主。

⑵丘陵　地面波状起伏，脉络不明显，丘顶多呈浑圆状，间有峰脊，坡度大多在25度以下，相对高度在200米以下，地表多为基岩裸露。

⑶山地　地面起伏大，线状伸延，脉络清楚，相对高度大于200米，坡度大于25度，地表切割深，多为基岩裸露。

人口密度　指一定地理(政治的、行政区域的、自然的、经济的、城乡的)范围内的人口数与相应土地面积的比值，反映一定地理范围内人口集居的稀密状况。计算公式为：

$$人口密度(人/平方公里)=\frac{某地理范围内的总人口}{某地理范围内的土地面积}$$

计算结果表明每一平方公里内有多少人口。

气温　指空气的温度，我国一般以摄氏度（℃）为单位表示。气象观测的温度表是放在离地面约1.5米处通风良好的百叶箱里测量的，因此，通常说的气温指的是离地面1.5米处百叶箱中的温度。其统计计算方法为：月平均气温是将全月各日的平均气温相加，除以该月的天数而得。年平均气温是将12个月的月平均气温累加后除以12而得。

日照时数　指太阳实际照射地面的时间。其统计方法与降水量相同。

降水量　指从天空降落到地面的液态或固态（经融化后）水，未经蒸发、渗透、流失而在地面上积聚的深度。其统计计算方法为：月降水量是将全月各日的降水量累加而得。年降水量是将12个月的月降水量累加而得。

相对湿度　指空气中实际水气压与当时气温下的饱合水气压之比。其统计方法与气温相同。

昆明统计年鉴

KUNMING STATISTICAL YEARBOOK 2020

2 国民经济核算

GUOMINJINGJIHESUAN

2-1 主要年份地区生产总值

年 份	地区生产总值(万元)	第一产业	第二产业	第三产业	地区生产总值指数(%)	第一产业	第二产业	第三产业
1978	150619	19652	91703	39264	130.9	108.2	125.2	183.4
1980	191149	22175	117450	51524	115.2	110.4	111.0	132.7
1985	418477	54426	252627	111424	120.0	103.1	119.5	132.0
1990	1152588	128817	609768	414003	109.0	104.7	106.5	114.5
1995	3578651	397634	1767652	1413365	113.8	121.1	117.6	109.0
1996	4443941	458714	2137559	1847668	114.1	105.5	114.2	115.7
1997	5017852	487087	2373937	2156828	113.2	103.7	113.8	114.3
1998	5629465	507149	2628500	2493816	111.0	102.3	110.4	113.0
1999	5936439	528361	2680956	2727122	108.2	103.5	106.7	110.3
2000	6361308	575242	2758071	3027995	108.4	103.5	107.6	109.8
2001	6763684	580957	2973665	3209062	108.5	104.0	107.2	110.5
2002	7339974	607662	3177541	3554771	109.2	103.6	109.2	110.2
2003	8182598	650417	3543658	3988523	110.3	104.3	111.0	110.7
2004	9461405	731547	4242190	4487668	112.0	104.3	114.6	110.9
2005	10801256	773081	4735334	5292841	111.2	105.0	113.1	110.4
2006	12155431	815645	5553729	5786057	112.4	104.5	114.3	111.9
2007	14254325	939717	6433352	6881256	112.5	105.6	115.0	111.1
2008	16340007	1049392	7354500	7936115	112.0	106.2	113.0	112.0
2009	18422246	1114337	7358177	9949732	112.8	105.6	112.9	113.6
2010	21349051	1166430	9065828	11116793	114.5	104.7	117.1	113.0
2011	25282254	1296396	11295783	12690075	114.1	106.0	116.8	112.7
2012	30350207	1541956	13277078	15531173	114.2	106.1	116.1	113.4
2013	34459909	1696839	14548444	18214626	112.9	106.8	113.4	113.1
2014	37470676	1815602	15557261	20097813	108.1	106.2	108.1	108.2
2015	40089424	1880991	16054109	22154324	108.1	105.8	107.4	108.9
2016	43420529	2005059	16797014	24618456	108.5	106.0	107.7	109.2
2017	48551469	2077171	18659664	27814634	109.7	106.0	109.0	110.5
2018	60205031	2221609	19640794	38342628	108.4	105.9	110.2	107.5
2019	64758792	2702881	20787507	41268404	106.5	105.5	104.6	107.7

注：1.2018年、2019年生产总值是根据第四次全国经济普查结果核算的数据；
2.生产总值指数按可比价计算，以上年为100。

2-2 各县（市）区

（2019年）

地 区	地区生产总值(万元)	按产业分			按
		第一产业	第二产业	第三产业	工业
昆明市	**64758792**	**2702881**	**20787507**	**41268404**	**13192107**
五华区	11956505	25268	4812409	7118828	3565003
盘龙区	8892519	56932	2068289	6767298	809487
官渡区	13470110	78778	4383861	9007471	2039227
西山区	8590496	43746	1391092	7155658	599956
东川区	1148138	96538	282641	768959	187890
呈贡区	4767852	57991	1926184	2783677	922245
晋宁区	1863663	293032	414521	1156110	368238
富民县	1000092	138099	412465	449528	247891
宜良县	2043530	594536	459352	989642	306694
石林县	1153594	265952	205752	681890	154635
嵩明县	1466796	207462	425532	833802	303013
禄劝县	1323797	348794	177020	797983	51909
寻甸县	1330301	314656	201729	813916	138321
安宁市	5751400	181097	3625318	1944985	3497598

地区生产总值

行业分			三次产业构成(%)			人均生产总值(元)
建筑业	交通运输、仓储及邮政业	批发和零售业	第一产业	第二产业	第三产业	
7602371	**3963472**	**5929445**	**4.2**	**32.1**	**63.7**	**93853**
1247767	121130	1268738	0.2	40.3	59.5	135877
1259225	435026	1023346	0.6	23.3	76.1	105362
2345645	1796115	1334276	0.6	32.5	66.9	145011
791330	596166	1134032	0.5	16.2	83.3	108043
94751	65926	58888	8.4	24.6	67.0	40356
1004117	169665	281054	1.2	40.4	58.4	131672
46781	81723	159330	15.7	22.3	62.0	59742
164641	35164	45090	13.8	41.2	45.0	63077
155070	107694	83663	29.1	22.5	48.4	45938
51584	85516	64329	23.1	17.8	59.1	43540
122710	80054	73267	14.1	29.0	56.9	42023
125111	49687	66701	26.3	13.4	60.3	31929
63513	67014	73116	23.6	15.2	61.2	27918
130127	272592	263615	3.2	63.0	33.8	149387

2-3 各县（市）区地区

（2019年）

地 区	地区生产总值指数(%)	按产业分		
		第一产业	第二产业	第三产业
昆明市	**106.5**	**105.5**	**104.6**	**107.7**
五华区	105.0	102.2	103.2	106.5
盘龙区	104.0	101.5	101.3	105.0
官渡区	107.0	95.5	105.7	107.9
西山区	107.6	101.6	102.4	108.8
东川区	93.0	106.3	72.3	104.7
呈贡区	110.8	102.9	115.9	107.4
晋宁区	110.0	106.4	100.0	116.3
富民县	106.1	106.1	104.7	107.6
宜良县	103.8	106.6	95.2	107.3
石林县	107.1	106.6	104.1	108.3
嵩明县	106.3	105.6	107.1	105.9
禄劝县	103.8	106.4	84.8	108.5
寻甸县	105.2	106.5	96.9	107.5
安宁市	109.6	106.0	108.9	111.6

注：生产总值指数按可比价计算，以上年为100。

生产总值指数

按行业分				人均生产总值指数(%)
工业	建筑业	交通运输、仓储及邮政业	批发和零售业	
104.6	**104.4**	**107.1**	**110.1**	**105.2**
104.0	100.5	105.4	108.6	104.7
101.7	100.9	107.7	107.3	103.5
108.2	102.7	107.7	110.2	104.4
102.7	101.8	105.9	110.8	107.0
68.6	84.0	108.8	109.7	92.7
104.5	132.9	106.2	105.4	106.2
101.3	89.4	105.3	115.4	108.6
104.2	105.6	106.3	110.8	105.3
96.0	94.0	105.9	112.5	103.0
102.7	111.3	105.9	112.1	106.4
110.0	98.6	109.9	109.2	102.0
87.7	83.1	105.4	113.9	103.8
99.1	91.4	105.4	112.0	104.6
108.6	120.2	107.1	113.3	108.0

主要统计指标解释

国内生产总值或地区生产总值（GDP）　是指一个国家或地区所有常住单位在一定时期内(通常为一年)生产活动的最终成果（简称 GDP）。即所有常住机构单位或产业部门一定时期内生产的可供最终使用的产品和劳务的价值。对国家而言，此指标称之为国内生产总值(GDP)；对地区而言，此指标则称之为地区生产总值（GDP），如云南省生产总值，昆明市生产总值，等等。

生产总值有三种表现形态，即价值形态、收入形态和产品形态。从价值形态看，它是所有常住单位在一定时期内所生产的全部货物和服务价值超过同期投入的全部非固定资产货物和服务价值的差额，即所有常住单位的增加值之和；从收入形态看，它是所有常住单位在一定时期内所创造并分配给常住单位和非常住单位的初次分配收入之和；从产品形态来看，它是最终使用的货物和服务减去进口货物和服务。

生产总值能够全面反映全社会经济活动的总规模，是衡量一个国家或地区经济实力，评价经济形势的重要综合指标，世界上大多数国家都采用这一指标。

当年价格　指报告期的实际价格，如工厂的出厂价格，农产品的收购价格，商业的零售价格等。按当年价格计算，是指一些以货币表现的价值量指标，如社会总产值、工农业总产值。国民收入、国民生产总值等，按照当年的实际价格来计算总量。使用当年价格计算的数字，是为了使国民经济各项指标互相衔接，便于考察当年社会经济效益，便于对生产和流通、生产和分配、生产和消费进行经济核算和综合平衡。

按当年价格计算的价值指标，在不同年份之间进行对比时，因为包含有各年间价格变动的因素，不确切地反映实物量的增减变动。必须消除价格变动因素后，才能真实反映经济发展动态。因此，在计算增长速度时都使用按可比价格计算的数字。

可比价格　指在不同时期的价值指标对比时，扣除了价格变动的因素，以确切反映物量的变化。按可比价格计算有两种方法：一种是直接按产品产量乘其不变价格计算；一种是用价格指数换算。

三次产业划分规定　为更好地反映我国三次产业的发展情况，满足国民经济核算、服务业统计及其他统计调查对三次产业划分的需求，根据《国民经济行业分类》（GB/T 4754—2011），制定本规定。

三次产业的范围：

第一产业是指农、林、牧、渔业（不含农、林、牧、渔服务业）。

第二产业是指采矿业（不含开采辅助活动），制造业（不含金属制品、机械和设备修理业），电力、热力、燃气及水生产和供应业，建筑业。

第三产业即服务业，是指除第一产业、第二产业以外的其他行业。第三产业包括：批发和零售业，交通运输、仓储和邮政业，住宿和餐饮业，信息传输、软件和信息技术服务业，金融业，房地产业，租赁和商务服务业，科学研究和技术服务业，水利、环境和公共设施管理业，居民服务、修理和其他服务业，教育，卫生和社会工作，文化、体育和娱乐业，公共管理、社会保障和社会组织，国际组织，以及农、林、牧、渔业中的农、林、牧、渔服务业，采矿业中的开采辅助活动，制造业中的金属制品、机械和设备修理业。

昆明统计年鉴

KUNMING STATISTICAL YEARBOOK 2020

3 人口

RENKOU

3-1 主要年份全市年末人口数

单位：万人

年份	总人口	按居住在乡村、城镇的人口分	
		乡村人口	城镇人口
1978	367.10	258.66	108.44
1980	378.05	263.27	114.78
1985	399.23	268.08	131.15
1990	426.72	278.51	148.21
1995	449.94	284.93	165.01
1996	455.26	286.41	168.85
1997	460.65	287.09	173.56
1998	467.01	288.95	178.06
1999	473.39	290.44	182.95
2000	480.94	291.78	189.16
2001	487.52	292.69	194.83
2002	494.81	294.30	200.51
2003	500.79	295.44	205.34
2004	502.92	294.85	208.07
2005	608.57	255.30	353.27
2006	615.20	252.29	362.91
2007	619.33	253.31	366.02
2008	623.90	248.81	375.09
2009	628.00	244.90	383.10
2010	643.92	231.81	412.11
2011	648.64	220.54	428.10
2012	653.30	215.26	438.04
2013	657.90	210.20	447.70
2014	662.60	205.10	457.50
2015	667.70	200.00	467.70
2016	672.80	194.78	478.02
2017	678.30	189.58	488.72
2018	685.00	185.98	499.02
2019	695.00	183.48	511.52

注：2005年以前人口数为户籍人口数(居住在乡村和城镇的人口为农业人口和非农业人口口径)。

3-2 主要年份全市人口出生率、死亡率、自然增长率

单位：万人、‰

年份	年平均人口	出生率	死亡率	自然增长率
1978	363.09	22.09	5.21	16.88
1980	374.94	13.38	5.89	7.49
1985	396.54	11.42	5.54	5.88
1990	424.28	13.34	5.88	7.46
1995	447.43	12.58	5.67	6.91
1996	452.60	12.13	5.55	6.58
1997	457.96	12.78	5.46	7.32
1998	463.83	13.02	5.09	7.93
1999	470.20	12.53	5.12	7.42
2000	477.16	13.45	5.72	7.73
2001	484.23	11.52	4.72	6.80
2002	491.17	11.65	4.80	6.85
2003	497.80	11.55	4.65	6.90
2004	501.86	11.10	4.60	6.50
2005	604.54	12.72	5.29	7.43
2006	611.89	10.90	4.43	6.47
2007	617.27	10.47	4.45	6.02
2008	621.62	10.94	5.35	5.59
2009	625.95	10.93	5.13	5.80
2010	641.98	11.80	6.00	5.80
2011	646.28	11.44	5.78	5.66
2012	650.97	11.40	5.79	5.61
2013	655.60	11.40	5.81	5.59
2014	660.25	11.64	5.93	5.71
2015	665.15	11.93	5.95	5.98
2016	670.25	12.23	6.02	6.21
2017	675.55	12.84	6.16	6.68
2018	681.65	12.59	5.63	6.96
2019	690.00	12.48	5.74	6.74

注：从2005年开始，表中统计指标为常住人口统计口径。

3-3 分县(市)区人口数

（2019年） 单位：万人

地区	总人口	城镇人口	乡村人口
昆明市	**695.00**	**511.52**	**183.48**
五华区	88.17	86.62	1.55
盘龙区	84.60	82.91	1.69
官渡区	94.39	93.11	1.28
西山区	79.75	78.27	1.48
东川区	28.50	12.24	16.26
呈贡区	37.11	27.69	9.42
晋宁区	31.47	15.80	15.67
富民县	15.90	6.55	9.35
宜良县	44.68	20.35	24.33
石林县	26.60	11.97	14.63
嵩明县	35.70	18.15	17.55
禄劝县	41.47	12.23	29.24
寻甸县	47.76	15.17	32.59
安宁市	38.90	30.46	8.44

注：城镇人口、乡村人口指按统计上城乡划分的居住在城镇的人口和居住在乡村的人口。

3-4 六次人口普查

指　　标	1953	1964
全市总人口(万人)	**186.57**	**249.72**
男	93.67	126.96
女	92.90	122.76
性别比	100.83	103.42
家庭户规模(人/户)	**4.37**	**4.62**
各年龄组人口构成(%)		
0–14岁	33.55	39.17
15–64岁	62.82	57.66
65岁及以上	3.62	3.17
民族人口		
汉族人口数(万人)	163.30	220.48
占总人口比重(%)	87.53	88.29
少数民族人口数(万人)	23.27	29.24
占总人口比重(%)	12.47	11.71
每十万人拥有的各种受教育程度人口(人)		
大专及以上		1197
高中和中专		2487
初中		5410
小学		26061
平均受教育年限(年)		**3.49**
文盲人口数及文盲率		
文盲人口数(万人)		95.78
文盲率(%)		38.35
平均预期寿命(岁)		
男		
女		

全市人口基本情况

1982	1990	2000	2010
383.28	**434.64**	**578.13**	**643.22**
196.70	225.75	303.99	330.62
186.58	208.89	274.14	312.60
105.42	108.07	110.89	105.76
4.39	**3.78**	**3.05**	**2.72**
33.40	23.08	19.07	15.50
61.32	71.12	74.37	76.13
5.27	5.80	6.56	8.37
336.65	378.04	502.84	554.24
87.83	86.98	86.98	86.17
46.63	56.60	75.29	88.98
12.17	13.02	13.02	13.83
1615	3904	6986	15245
6444	9189	13123	14071
16338	21581	28544	31019
34520	36283	34745	29090
5.12	**6.41**	**8.02**	**9.22**
101.39	88.05	35.79	25.38
26.45	20.26	6.19	3.94
		73.70	**75.61**
		71.78	73.36
		75.89	78.23

主要统计指标解释

人口总数　指一定时点，一定地区范围内的有生命的自然人的总和。年度统计的年末人口数是指每年 12 月 31 日 24 时的人口数。

常住人口　是指居住在本市，且户口登记地在本市的人（含户口登记地在本市、外出不满半年的人）和居住在本市，且户口登记地在外省、地，但离开户口登记地半年以上的人。

城镇人口和乡村人口　一般是按常住人口划分的，是指居住在城镇和乡村的人口。

出生率（又称粗出生率）　指一定时期内（通常为一年内）一定地区的出生人数与同期平均人数之比，一般用千分率表示。计算公式：

$$出生率=\frac{年出生人数}{年平均人数}\times 1000‰$$

出生人数是指活产婴儿，即有过呼吸或其他生命现象。

年平均人数是年初、年末人口数的平均数，也可用年中人口数代替。

死亡率　指在一定时期内（通常为一年内）一定地区的死亡人数与同期平均人数之比，一般用千分率表示。计算公式：

$$死亡率=\frac{年死亡人数}{年平均人数}\times 1000‰$$

人口自然增长率　在一定时期内（通常为一年内）人口自然增加数与年平均人数之比，一般用千分率表示。计算公式：

$$人口自然增长率=\frac{年出生人数-年死亡人数}{年平均人数}\times 1000‰$$

人口自然增长率=人口出生率－人口死亡率

昆明统计年鉴

KUNMING STATISTICAL YEARBOOK 2020

4 就业和工资

JIUYEHEGONGZI

4-1 按三次产业分的就业人员

（年末数）

年　份	从业人员合计(万人)				构成(%)		
		第一产业	第二产业	第三产业	第一产业	第二产业	第三产业
1978	175.59	109.00	43.52	23.07	62.1	24.8	13.1
1980	193.80	121.11	46.68	26.01	62.5	24.1	13.4
1985	223.04	137.43	49.08	36.53	61.6	22.0	16.4
1990	250.89	137.99	58.06	54.84	55.0	23.1	21.9
1995	281.74	145.00	67.46	69.28	51.5	23.9	24.6
1996	286.34	145.11	68.16	73.07	50.7	23.8	25.5
1997	294.94	146.03	67.40	81.51	49.5	22.9	27.6
1998	295.30	145.88	64.27	85.15	49.4	21.8	28.8
1999	289.08	141.16	62.23	85.69	48.8	21.5	29.7
2000	294.62	141.40	56.59	96.63	48.0	19.2	32.8
2001	295.36	142.44	53.51	99.41	48.2	18.1	33.7
2002	305.07	143.32	65.49	96.26	47.0	21.5	31.5
2003	309.28	143.44	57.62	108.22	46.4	18.6	35.0
2004	320.35	142.78	56.95	120.62	44.6	17.8	37.6
2005	345.44	141.43	74.70	129.31	41.0	21.6	37.4
2006	342.49	139.64	78.08	124.77	40.8	22.8	36.4
2007	383.75	136.72	92.04	154.99	35.6	24.0	40.4
2008	395.27	137.40	94.62	163.25	34.8	23.9	41.3
2009	391.17	135.91	82.47	172.79	34.0	21.8	44.2
2010	392.15	135.88	79.37	176.90	34.7	20.2	45.1
2011	400.66	128.17	87.62	184.87	32.0	21.9	46.1
2012	401.88	124.39	88.62	188.87	30.9	22.1	47.0
2013	403.51	119.40	88.57	195.54	29.6	22.0	48.4
2014	405.29	118.85	85.17	201.27	29.3	21.0	49.7
2015	412.78	120.12	85.86	206.80	29.1	20.8	50.1
2016	420.37	122.33	86.18	211.86	29.1	20.5	50.4
2017	432.14	116.15	83.21	232.78	26.9	19.3	53.8
2018	448.01	113.92	82.75	251.34	25.4	18.5	56.1
2019	453.78	111.98	83.97	257.83	24.7	18.5	56.8

4-2 按国民经济行业分的城镇单位就业人员人数

（2019年）　　单位：人

指　　标	就业人员年末人数
全市合计	**1172788**
按国民经济行业分	
1.农、林、牧、渔业	4618
2.采矿业	9201
3.制造业	136965
4.电力、热力、燃气及水生产和供应业	76675
5.建筑业	183305
6.批发和零售业	68054
7.交通运输、仓储和邮政业	71670
8.住宿和餐饮业	29853
9.信息传输、软件和信息技术服务业	27787
10.金融业	46050
11.房地产业	42173
12.租赁和商务服务业	52640
13.科学研究和技术服务业	44899
14.水利、环境和公共设施管理业	16490
15.居民服务、修理和其他服务业	7678
16.教育	134152
17.卫生和社会工作	70856
18.文化、体育和娱乐业	14553
19.公共管理、社会保障和社会组织	135169
20.国际组织	

注：由于国家劳动工资统计制度改革，以上数据不包括铁路运输业法人单位。

4-3 主要年份城镇单位就业人员工资总额

单位：千元

年 份	合计	国有经济单位	集体经济单位	其他经济单位
1978	422018	375536	46482	
1980	567371	498420	68951	
1985	968052	832973	132307	2772
1990	2085278	1816292	262449	6537
1995	5910589	4901696	796537	212356
1996	7067305	5884630	873619	309056
1997	7909571	6642148	835442	431981
1998	8236287	6751079	739256	745952
1999	8675716	6647893	701349	1326474
2000	9187062	6848382	662125	1676555
2001	9607725	6728038	524708	2354979
2002	10519895	7408899	491777	2619219
2003	11055680	7379166	440728	3235786
2004	12214482	8112309	351157	3751016
2005	13429298	8706306	276453	4446539
2006	16454389	10342637	581342	5530410
2007	19229001	11681457	561287	6986257
2008	23199740	13605210	631792	8962738
2009	27252106	16416763	744582	10090761
2010	31650252	19107732	778197	11764323
2011	43076241	22881847	1061747	19132647
2012	51609566	27062894	1505585	23041087
2013	66382860	24789070	2025186	39568604
2014	70830818	28932502	2054973	39843343
2015	76882999	30649963	2208485	44024551
2016	85375029	35434728	1815651	48124650
2017	95285362	38622079	1825782	54837501
2018	99643659	33852248	1408624	64382787
2019	113470388	41092884	1992787	70384717

注：由于国家劳动工资统计制度改革，2019年数据不包括铁路运输业法人单位。

4–4 主要年份城镇单位就业人员年平均工资

单位：元/人

年 份	全市平均	国有经济单位	集体经济单位	其他经济单位
1978	656	686	486	
1980	802	833	629	
1985	1213	1250	1022	1252
1990	2413	2497	1955	2570
1995	6014	6204	4972	6534
1996	7263	7491	5880	7931
1997	8118	8372	6205	9308
1998	8554	8770	6757	8914
1999	9077	9149	7161	10104
2000	9891	9941	7555	11013
2001	10914	11049	7414	11741
2002	12287	12476	8084	12996
2003	13369	13526	8595	14063
2004	15464	16161	9066	15055
2005	17887	18805	9588	17171
2006	19683	21783	10967	17946
2007	21504	24502	11248	19009
2008	25261	28492	13626	22718
2009	28993	33408	16830	24957
2010	33487	40788	19784	26900
2011	39731	49726	24543	32943
2012	43702	56843	30388	35161
2013	49207	60138	36103	44926
2014	55603	67792	41681	49942
2015	59092	74021	45109	52533
2016	65334	85193	50613	56290
2017	71746	100774	54235	60183
2018	75459	102687	51425	66825
2019	90107	111972	66071	80620

注：由于国家劳动工资统计制度改革，2019年数据不包括铁路运输业法人单位。

4-5 按经济类型分行业城镇单位在岗职工年末人数

（2019年）　　单位：人

指　　标	在岗职工	国有经济	集体经济	其他经济
全市合计	**964819**	**276955**	**25463**	**662401**
按企、事业和机关分组				
企业	688133	37609	20640	629884
事业	161115	149058	4150	7907
机关	88088	87867	59	162
民间非营利组织	26265	1686	597	23982
其他	1218	735	17	466
按国民经济行业分				
1.农、林、牧、渔业	4054	740	11	3303
2.采矿业	8769	301	99	8369
3.制造业	124338	5276	972	118090
4.电力、热力、燃气及水生产和供应业	72519	452	177	71890
5.建筑业	122504	6666	12528	103310
6.批发和零售业	61355	2303	614	58438
7.交通运输、仓储和邮政业	63831	3624	949	59258
8.住宿和餐饮业	26087	3195	523	22369
9.信息传输、软件和信息技术服务业	26068	663	23	25382
10.金融业	40625	8221	3135	29269
11.房地产业	36023	1366	290	34367
12.租赁和商务服务业	37825	4078	454	33293
13.科学研究和技术服务业	38270	13012	378	24880
14.水利、环境和公共设施管理业	14172	3479	49	10644
15.居民服务、修理和其他服务业	6976	411	109	6456
16.教育	117609	79686	1992	35931
17.卫生和社会工作	51925	39277	2867	9781
18.文化、体育和娱乐业	12803	6355	53	6395
19.公共管理、社会保障和社会组织	99066	97850	240	976
20.国际组织				

注：由于国家劳动工资统计制度改革，以上数据不包括铁路运输业法人单位。

4-6 按经济类型分行业城镇单位在岗职工平均工资

（2019年）　　单位：元/人

指　　标	在岗职工	国有经济	集体经济	其他经济
全市合计	**94063**	**115664**	**67876**	**84256**
按企、事业和机关分组				
企业	85995	108172	59401	85330
事业	117458	118841	113744	93598
机关	114096	114139	107131	95698
民间非营利组织	56063	97291	55575	53055
其他	77468	104855	33696	46562
按国民经济行业分				
1.农、林、牧、渔业	55374	104602	18000	43056
2.采矿业	60982	72938	33887	61175
3.制造业	89887	119995	41274	88656
4.电力、热力、燃气及水生产和供应业	101111	81207	37350	102169
5.建筑业	78440	109758	41095	80229
6.批发和零售业	71689	129724	36236	68255
7.交通运输、仓储和邮政业	106259	81225	45047	109643
8.住宿和餐饮业	43550	46880	34249	43253
9.信息传输、软件和信息技术服务业	89115	110181	42487	88552
10.金融业	181328	165066	200608	183814
11.房地产业	77609	72656	46862	78093
12.租赁和商务服务业	64598	94431	34076	62416
13.科学研究和技术服务业	108654	96505	34639	122884
14.水利、环境和公共设施管理业	60139	88763	75477	48398
15.居民服务、修理和其他服务业	46449	73378	39264	43965
16.教育	101327	123026	82927	59355
17.卫生和社会工作	111646	127053	115512	54968
18.文化、体育和娱乐业	97905	110578	53536	84802
19.公共管理、社会保障和社会组织	112714	112873	84228	104894
20.国际组织				

注：由于国家劳动工资统计制度改革，以上数据不包括铁路运输业法人单位。

主要统计指标解释

一、就业人员

单位就业人员　指报告期末最后一日在本单位工作，并取得工资或其他形式劳动报酬的人员数。该指标为时点指标，不包括最后一日当天及以前已经与单位解除劳动合同关系的人员，是在岗职工、劳务派遣人员及其他就业人员之和。就业人员不包括：

(1)离开本单位仍保留劳动关系，并定期领取生活费的人员；

(2)在本单位实习的各类在校学生；

(3)本单位以劳务外包形式使用的人员，如：建筑业整建制使用的人员。

在岗职工　指在本单位工作且与本单位签订劳动合同，并由单位支付各项工资和社会保险、住房公积金的人员，以及上述人员中由于学习、病伤、产假等原因暂未工作仍由单位支付工资的人员。

在岗职工包括：

1、应订立劳动合同而未订立劳动合同人员(如使用的农村户籍人员)；

2、处于试用期人员；

3、编制外招用的人员；

4、派往外单位工作，但工资仍由本单位发放的人员(如挂职锻炼、外派工作等情况)。

在岗职工不包括：

(1)本单位使用的且由本单位直接支付工资的劳务派遣人员，应统计在本单位“劳务派遣人员”指标中；

(2)本单位因劳务外包而使用的人员，由承包劳务的单位统计为在岗职工。

劳务派遣人员　根据《中华人民共和国劳动合同法》规定，指与劳务派遣单位签订劳动合同，并被劳务派遣单位派遣到实际用工单位工作，且劳务派遣单位与实际用工单位签订《劳务派遣协议》的人员。

其他就业人员　指本单位中不能归到在岗职工、劳务派遣人员中的人员。此类人员是实际参加本单位生产或工作并从本单位取得劳动报酬的人员。具体包括：非全日制人员、聘用的正式离退休人员、兼职人员和第二职业者等，以及在本单位中工作的外籍和港澳台方人员。

二、工资

就业人员工资总额　指根据《关于工资总额组成的规定》(1990 年 1 月 1 日国家统计局发布的一号令)进行修订，本单位在报告期内(季度或年度)直接支付给本单位全部就业人员的劳动报酬总额。包括计时工资、计件工资、奖金、津贴和补贴、加班加点工资、特殊情况下支付的工资，是在岗职工工资总额、劳务派遣人员工资总额和其他就业人员工资总额之和。

工资总额是税前工资，包括单位从个人工资中直接为其代扣或代缴的房费、水费、电费、住房公积金和社会保险基金个人缴纳部分等。

工资总额不论是计入成本的还是不计入成本的，不论是以货币形式支付的还是以实物形式支付的，均应列入工资总额的计算范围。

在岗职工工资总额　指本单位在报告期内直接支付给本单位全部在岗职工的劳动报酬总额。在岗职工工资总额由基本工资、绩效工资、工资性津贴和补贴、其他工资四部分组成。工资总额不包括病假、事假等情况的扣款。

基本工资　也可称为标准工资、合同工资、谈判工资。指本单位在报告期内(季度或年度)支付给本单位在岗职工的按照法定工作时间提供正常工作的劳动报酬。各单位给个人确定的底薪可作为基本工资。包括工龄工资(年功工资)。

基础工资不含定时、定额发放的各种奖金、各种津贴和补贴、加班工资，也不包括补发的上一季度或上一年度的基础工资。

绩效工资　也可称为效益工资、业绩工资。指根据本单位利润增长和工作业绩定期支付给本单位在岗职工的奖金；支付给本单位从业人员的超额劳动报酬和增收节支的劳动报酬。具体包括：值加班工资、绩效奖金(如年度、季度、月度等)、全勤奖、生产奖、节约奖、劳动竞赛奖和其他名目的奖金；以及某工作事项完成后的提成工资、年底双薪等。但不包括入股分红、股权激励兑现的钱和各种资本性收益。

工资性津贴和补贴　指本单位制定的员工相关工资政策中，为补偿本单位在岗职工特殊或额外的劳动消耗和因其他特殊原因支付的津贴，以及为保证其工资水平不受物价影响而支付的物价补贴。具体包括：补偿特殊或额外劳动消耗的津贴及岗位性津贴、保健性津贴、技术性津贴、地区津贴和其他津贴。如：过节费、通讯补贴、交通补贴、不休假补贴、无食堂补贴、单位发的可自行支配的住房补贴以及上的各种商业性保险等。上述各种项目均包括货币性质的，也包括实物性质的和各种形式的充值卡、购物卡(券)等。

其他工资　指上述基本工资、绩效工资、工资性津贴和补贴三类工资均不能包括的发给在岗职工的工资，如补发上一年度的工资等。

劳务派遣人员工资总额　指实际用工单位(派遣人员的使用方)在一定时期内为使用劳务派遣人员而付出的劳动报酬总额，包括用工单位负担的基本工资、加班工资、绩效工资以及各种津贴、补贴等，但不包含因使用派遣人员而支付的管理费用和其他用工成本。

其他就业人员工资总额：指本单位在报告期内直接支付给本单位其他就业人员的全部劳动报酬。

平均工资　指单位就业人员在一定时期内平均每人所得的工资额。它表明一定时期工资收入的高低程度，是反映就业人员工资水平的主要指标。计算公式为：

$$平均工资 = \frac{报告期就业人员工资总额}{报告期就业人员平均人数}$$

昆明统计年鉴

KUNMING STATISTICAL YEARBOOK 2020

5 固定资产投资

GUDINGZICHANTOUZI

5-1 主要年份固定资产投资增长情况及构成

年份	固定资产投资增长速度(%)	非房地产开发	房地产开发	固定资产投资比重构成(%)	非房地产开发	房地产开发
1978	37.2	37.2		100.0	100.0	
1980	38.6	38.6		100.0	100.0	
1985	56.2	56.2		100.0	100.0	
1990	5.4	-1.1	-	100.0	93.8	6.2
1995	28.1	29.0	24.9	100.0	78.2	21.8
1996	18.2	23.7	-1.6	100.0	81.9	18.1
1997	18.6	20.1	11.4	100.0	83.0	17.0
1998	22.8	14.6	62.9	100.0	77.4	22.6
1999	5.7	-4.7	41.6	100.0	69.8	30.2
2000	0.1	5.1	-11.5	100.0	73.3	26.7
2001	10.4	12.9	3.5	100.0	74.9	25.1
2002	10.6	13.0	3.3	100.0	76.6	23.4
2003	23.9	30.4	2.5	100.0	80.6	19.4
2004	20.3	12.3	53.7	100.0	75.3	24.7
2005	20.2	14.1	38.7	100.0	71.4	28.6
2006	25.0	26.0	22.7	100.0	72.0	28.0
2007	25.0	26.5	21.1	100.0	72.8	27.2
2008	28.8	33.3	16.8	100.0	75.4	24.6
2009	52.0	55.1	42.5	100.0	76.9	23.1
2010	35.0	39.7	19.3	100.0	79.6	20.4
2011	25.0	20.6	42.0	100.0	76.8	23.2
2012	25.1	14.3	46.8	100.0	66.6	33.4
2013	25.0	14.9	40.5	100.0	55.9	44.1
2014	7.0	0.4	15.6	100.0	52.4	47.6
2015	11.5	24.4	-2.8	100.0	58.5	41.5
2016	12.1	16.8	5.5	100.0	61.0	39.0
2017	7.6	6.1	10.0	100.0	60.1	39.9
2018	5.5	1.5	9.3	100.0	47.4	52.6
2019	2.8	-9.6	13.9	100.0	41.6	58.4

注：1.2006年起取消基本建设、更新改造分组；
2.2012年起不含500万元以下投资数据；
3.2012年增速与占比均使用2011年修订数。

5-2 固定资产投资主要指标增长情况

（2019年） 单位：%

指 标	固定资产投资	非房地产开发	房地产开发
一、投资额	**2.8**	**-9.6**	**13.9**
计划总投资	7.0	-5.2	15.0
本年完成投资	2.8	-9.6	13.9
#国有控股	-4.8	-12.8	26.4
民间投资	3.9	5.9	3.5
二、新增固定资产	**46.9**	**12.9**	**154.8**
三、资金来源			
(一)本年资金来源合计	-19.6	-100.0	17.8
1.上年末结余资金	20.5	-7.9	25.6
2.本年资金来源小计	4.5	-14.7	15.2
(1)国家预算内资金	-12.7	-12.7	
(2)国内贷款	-21.2	-41.0	-6.5
(3)债券	179.0	179.0	
(4)利用外资	2096.4		1826.7
(5)自筹资金	5.5	-6.6	22.1
(6)其他资金	12.1	-29.5	15.8
四、各项应付款合计	**-1.3**	**-13.0**	**6.7**
#工程款	-4.7	-15.8	3.7
五、本年施工项目个数(个)	**1916**	**1447**	**469**
#本年新开工	795	613	182
六、投产(竣工)项目个数(个)	**412**	**381**	**31**
七、房屋施工面积(平方米)	**10.3**	**-55.7**	**18.9**
#住宅	18.5	-75.9	20.5
八、房屋竣工面积(平方米)	**24.3**	**-9.6**	**49.8**
#住宅	11.9	-41.7	25.0

注：此表不含500万元以下投资数据；除本年完成投资外，其它数据均不含跨地区数据。

5-3 固定资产投资按构成类型分组增长情况

（2019年）　　单位：%

指　　标	固定资产投资	非房地产开发	房地产开发
投资总额	**2.8**	**-9.6**	**13.9**
一、按登记注册类型分			
内资	-0.7	-17.8	13.7
国有	-62.2	-71.6	
集体	-53.6	-53.6	
其他	22.4	61.4	9.0
港澳台商投资	-0.8	-7.7	0.0
合资经营	210.3	-31.4	11365.2
合作经营			
独资	-69.6	26.1	-72.9
股份有限	46.9	46.9	
其他港、澳、台商投资企业			
外商投资	95.8	-2.3	456.0
合资经营	56.8	-43.8	1071.3
合作经营	-5.2	-5.2	
独资	16.6	106.5	-100.0
股份有限			
其他外商投资企业			
个体经营	422.1	422.1	
二、按投资额构成分			
建筑安装工程	-5.6	-24.8	13.1
设备、工具器具购置	10.1	12.2	-37.8
其它费用	14.0	8.2	16.0
#建设用地费(土地购置费)	21.4	15.0	22.5
三、按建设性质分			
新建	1.3	-17.9	13.9
扩建	-24.6	-24.6	
改建和技术改造	-4.3	-4.3	
其它	-12.2	-12.2	

注：此表不含500万元以下投资数据；除投资总额外，其它数据均不含跨地区数据。

5-4 固定资产投资按国民经济行业分组增长情况

（2019年）　　　　单位：%

指　　标	固定资产投资	非房地产开发	房地产开发
一、投资总额	**2.8**	**-9.6**	**13.9**
按国民经济主要行业分			
1.农、林、牧、渔业	-3.5	-3.5	
2.采矿业	24.6	24.6	
3.制造业	-10.3	-10.3	
4.电力、热力、燃气及水的生产和供应业	-7.3	-7.3	
5.建筑业			
6.批发和零售业	19.3	19.3	
7.交通运输、仓储和邮政业	-27.3	-27.3	
8.住宿和餐饮业	6.8	6.8	
9.信息传输、软件和信息技术服务业	-58.7	-58.7	
10.金融业	-53.0	-53.0	
11.房地产业	10.3	-43.5	13.9
12.租赁和商务服务业	-20.9	-20.9	
13.科学研究和技术服务业	-48.7	-48.7	
14.水利、环境和公共设施管理业	-3.5	-3.5	
15.居民服务、修理和其他服务业	-92.6	-92.6	
16.教育	8.3	8.3	
17.卫生和社会工作	-23.7	-23.7	
18.文化、体育和娱乐业	-14.5	-14.5	
19.公共管理、社会保障和社会组织	-45.6	-45.6	
20.国际组织			

注：此表不含500万元以下投资数据；除投资总额外，其它数据均不含跨地区数据。

5-5 分县(市)区固定资产投资增长情况

（2019年） 单位：%

地　区	固定资产投资	非房地产开发	房地产开发
合计	**2.8**	**-9.6**	**13.9**
五华区	0.3	16.0	-5.4
盘龙区	-13.3	-9.6	-14.7
官渡区	0.6	-13.5	14.1
西山区	-1.6	12.6	-4.6
东川区	-32.2	-33.8	26.1
呈贡区	13.8	-10.7	32.5
晋宁区	-6.9	-62.3	303.0
富民县	29.0	29.0	28.9
宜良县	-5.0	-14.1	103.1
石林县	6.9	-42.1	301.0
嵩明县	10.1	-21.0	49.8
禄劝县	27.0	37.3	-35.3
寻甸县	-4.1	-11.6	970.6
安宁市	19.1	-9.5	53.6

注：此表不含500万元以下投资数据。

5-6 房地产施工、

（2019年）

指　　标	单位	合计	住宅	户型
				90平方米及以下
房屋施工面积	平方米	122369303	77652360	18662708
其中：本年新开工面积	平方米	31632674	20852641	3581391
本年房屋竣工面积	平方米	4858803	2624180	401316
其中：不可销售面积	平方米	288126	100318	25348
本年房屋竣工价值	万元	2650349	1375675	223226
本年商品房销售面积	平方米	19162303	14848386	1897847
现房销售面积	平方米	2057275	1117790	119632
期房销售面积	平方米	17105028	13730596	1778215
本年商品房销售额	万元	21455960	18000729	2112176
现房销售额	万元	1793493	1033823	118731
期房销售额	万元	19662467	16966906	1993445
待售面积	平方米	4638179	1443408	221459
其中：待售1-3年(含1年)	平方米	1742933	579519	36178
待售3年以上(含3年)	平方米	1580125	235113	70210

销售和待售情况

结构 144平方米以上	别墅、高档公寓	办公楼	商业营业用房	其他
14763796	3084268	7725520	14190466	22800957
4768484	1008419	2220679	3046089	5513265
566947	225352	410796	689869	1133958
			14349	173459
312043	75829	437115	550602	286957
2897336	372141	738259	970556	2605102
374396	113646	173398	285498	480589
2522940	258495	564861	685058	2124513
4415707	512171	635885	1137632	1681714
417925	173327	153696	301747	304227
3997782	338844	482189	835885	1377487
535046	336293	407147	1176712	1610912
157206	136327	255180	230425	677809
104867	96678	40310	772377	532325

主要统计指标解释

固定资产投资　固定资产投资是建造和购置固定资产经济活动，即固定资产再生产活动。固定资产再生产过程包括固定资产更新(局部更新和全部更新)、改建、扩建、新建等活动。新的企业财务会计制度规定，固定资产局部更新的大修理作为日常生产活动的一部分，发生的大修理费用直接在成本费用中列支。按照现行投资管理体制及有关部门的规定，凡属于大修理、养护、维护性质的工程(如设备大修、建筑物的翻修和加固、农田水利工程和堤防、水库的大修、铁路大修等)都不纳入固定资产投资管理，也不作为固定资产投资统计。

固定资产投资属于实物投资的一部分，这一点区别于金融投资。固定资产投资的目的是建造和购置固定资产，它的承担物表现为机器、设备、建筑物等固定资产。而金融投资(如股票和债券投资)则表现为金融资产的增加。

固定资产投资是国民经济再生产活动的一个重要部分。通过固定资产投资，可以扩大社会再生产的规模，提高社会生产的技术水平，调整经济结构，改变生产力的地区分布，增强国家的经济实力，提高和改善人民物质和文化生活水平。

固定资产投资额（又称固定资产投资完成额）　是以货币形式表现的在一定时期内建造和购置固定资产的工作量以及与此有关的费用的总称。没有形成工程实体的建筑材料和没有开始安装的设备，都不计算投资完成额。它是反映固定资产投资规模、结构和发展速度的综合性指标，又是观察工程进度和考核投资效果的重要依据。

房地产开发　是指各种登记注册类型的房地产开发公司、商品房建设公司及其他房地产开发单位统一开发的包括统代建、拆迁还建的住宅、厂房、仓库、饭店、宾馆、度假村、写字楼、办公楼等房屋建筑物和配套的服务设施、土地开发工程，如道路、给水、排水、供电、供热、通讯、平整场地等基础设施工程。包括实际从事房地产开发或经营活动的附营房地产开发单位。

施工项目　指报告期内曾进行建筑安装施工活动的建设项目，包括报告期内新开工项目，报告期以前开工跨报告期继续施工的项目，报告期施过工并在报告期内全部建成投产或停缓建的项目。

新增固定资产（又称交付使用的固定资产）　是指已经完成和购置过程结束，并已交付生产或使用单位的固定资产价值。

新增固定资产是反映固定资产投资成果的价值量指标，也是反映建设进度，计算固定资产投资效果的必要数据。

房屋建筑面积　是房屋建筑勒脚以上外墙外围的水平截面面积，包括房屋建筑的有效面积和结构面积。房屋建筑面积统计指标是从实物形态上反映建设规模和建设成果的重要指标，也是检查工程形象进度、计算工程造价、分析投资效果、研究施工任务与施工力量和建筑材料之间平衡情况的重要依据。

房屋施工面积　是指报告期内施工的全部房屋建筑面积，包括本期新开工的面积和上期开工跨入本期继续施工的房屋面积，以及上期已停建在本期恢复施工的房屋面积、本期竣工和本期施工后又停缓建的房屋，其建筑面积仍计入本期房屋施工面积中。

昆明统计年鉴

KUNMING STATISTICAL YEARBOOK 2020

6 财政和金融

CAIZHENGHEJINRONG

6-1 一般公共预算收入

单位：万元

指　　标	2019年
一、一般公共预算收入	**6300303**
1.税收收入	**5092532**
增值税	2196783
企业所得税	390771
个人所得税(款)	104101
资源税	44882
城市维护建设税	459962
房产税	264365
印花税	126610
城镇土地使用税	183452
土地增值税	439443
车船税(款)	88558
耕地占用税(款)	46770
契税(款)	686141
烟叶税(款)	50610
环境保护税(款)	8127
2.非税收入	**1207771**
专项收入	573497
行政事业性收费收入	152779
罚没收入	140109
国有资本经营收入	-2860
国有资源(资产)有偿使用收入	224334
捐赠收入	2351
政府住房基金收入	94497
其他收入	23064
二、政府性基金收入	**9557937**

注：此表数据来源于昆明市财政局。

6-2 一般公共预算支出

单位：万元

指　　标	2019年
一、一般公共预算支出	**8208590**
#一般公共服务支出	1055071
国防支出	7197
公共安全支出	637910
教育支出	1356934
科学技术支出	188652
文化体育与传媒支出	90538
社会保障和就业支出	1055700
卫生健康支出	684582
节能环保支出	411448
城乡社区支出	1278578
农林水支出	656225
交通运输支出	111175
资源勘探信息等支出	139518
住房保障支出	250096
二、政府性基金支出	**9388117**

注：此表数据来源于昆明市财政局。

6-3 分县(市)区一般公共预算收入

单位：万元

地　　区	2019年
昆明市	**6300303**
市级	**3086604**
县(市)区小计	**3213699**
五华区	446800
盘龙区	438079
官渡区	484050
西山区	455149
东川区	58810
呈贡区	253410
晋宁区	153515
富民县	58035
宜良县	85869
石林县	68873
嵩明县	121169
禄劝县	53125
寻甸县	65429
安宁市	471386

注：此表数据来源于昆明市财政局。

6-4 分县(市)区一般公共预算支出

单位：万元

地　　区	2019年
昆明市	**8208590**
市级	**2916630**
县(市)区小计	**5291960**
五华区	528455
盘龙区	512381
官渡区	578467
西山区	513238
东川区	366545
呈贡区	374578
晋宁区	293566
富民县	144279
宜良县	226604
石林县	206518
嵩明县	230126
禄劝县	395372
寻甸县	416883
安宁市	504948

注：此表数据来源于昆明市财政局。

6-5 金融机构(含外资)本外币信贷运行情况

单位：万元

项目名称	2019年	比年初	
		增减	增减(±%)
资金来源总计	**196379076**	**14665631**	**8.07**
一、各项存款	**150588451**	**12684312**	**9.20**
(一)境内存款	150159655	12626019	9.18
1.住户存款	54093824	4665245	9.44
(1)活期存款	23267579	1182114	5.35
(2)定期及其他存款	30826245	3483131	12.74
2.非金融企业存款	51379958	2141057	4.35
(1)活期存款	28676997	2181875	8.24
(2)定期及其他存款	22702961	-40818	-0.18
3.机关团体存款	33665000	5003668	17.46
4.财政性存款	6002675	1109220	22.67
5.非银行业金融机构存款	5018198	-293170	-5.52
(二)境外存款	428796	58292	15.73
二、金融债券	**1499517**	**250127**	**20.02**
三、借款及非银行业金融机构拆入	**1014553**	**-138302**	**-12.00**
四、联行往来(净)	**26510686**	**2920315**	**12.38**
五、应付及暂收款	**3783283**	**299863**	**8.61**
六、各项准备	**6618536**	**99558**	**1.53**
七、所有者权益	**6415976**	**846161**	**15.19**
#实收资本	2520487	150825	6.36
八、其他	**-503682**	**-2653132**	**-123.48**

注：此表数据来源于人民银行昆明中心支行。

6-5 续表

单位：万元

项目名称	2019年	比年初	
		增减	增减(±%)
资金运用总计	**196379076**	**14665631**	**8.07**
一、各项贷款	**182168974**	**15044645**	**9.00**
(一)境内贷款	179032710	15072213	9.19
1.住户贷款	41577420	8514964	25.75
(1)短期贷款	4995998	-30703	-0.61
消费贷款	2446772	178031	7.85
经营贷款	2549225	-208734	-7.57
(2)中长期贷款	36581422	8545667	30.48
消费贷款	33613178	8221725	32.38
经营贷款	2968244	323943	12.25
2.非金融企业及机关团体贷款	137455290	6557249	5.01
(1)短期贷款	22336507	-1280058	-5.42
(2)中长期贷款	95103434	4986758	5.53
(3)票据融资	10106878	560209	5.87
(4)融资租赁	9788786	2395079	32.39
(5)各项垫款	119686	-104738	-46.67
(二)境外贷款	3136264	-27568	-0.87
二、债券投资	**9118744**	**21456**	**0.24**
三、股权及其他投资	**1644438**	**-475404**	**-22.43**
四、买入返售资产	**603401**	**50480**	**9.13**
五、存放非银行业金融机构款项	**43903**	**14081**	**47.22**
六、应收及预付款	**1123423**	**45285**	**4.20**
七、投资性房地产	**2891**	**-272**	**-8.60**
八、固定资产	**1673303**	**-34639**	**-2.03**

6-6 金融机构(不含外资、证券)人民币信贷运行情况

单位：万元

项目名称	2019年	比年初	
		增减	增减(±%)
资金来源总计	**192077972**	**14855969**	**8.38**
一、各项存款	**148793434**	**12928581**	**9.52**
(一)境内存款	148612418	12896182	9.50
1.住户存款	53552531	4703124	9.63
(1)活期存款	22991813	1208684	5.55
(2)定期及其他存款	30560718	3494441	12.91
2.非金融企业存款	50448113	2379241	4.95
(1)活期存款	28036498	2022847	7.78
(2)定期及其他存款	22411615	356394	1.62
3.机关团体存款	33613904	4997867	17.47
4.财政性存款	6002675	1109220	22.67
5.非银行业金融机构存款	4995196	-293271	-5.55
(二)境外存款	181015	32400	21.80
二、金融债券	**1499517**	**250127**	**20.02**
三、借款及非银行业金融机构拆入	**947314**	**-137534**	**-12.68**
四、联行往来(净)	**24615966**	**2922784**	**13.47**
五、应付及暂收款	**3760271**	**296552**	**8.56**
六、各项准备	**6121970**	**78295**	**1.30**
七、所有者权益	**6347844**	**810353**	**14.64**
#实收资本	2490440	150500	6.43
八、其他	**-460098**	**-2650419**	**-121.01**

注：此表数据来源于人民银行昆明中心支行。

6-6 续表

单位：万元

项目名称	2019年	比年初	
		增减	增减(±%)
资金运用总计	**192077972**	**14855969**	**8.38**
一、各项贷款	**177934949**	**15244523**	**9.37**
(一)境内贷款	177408122	15275431	9.42
1.住户贷款	41574427	8514957	25.76
(1)短期贷款	4993289	-30773	-0.61
消费贷款	2444063	177961	7.85
经营贷款	2549225	-208734	-7.57
(2)中长期贷款	36581138	8545731	30.48
消费贷款	33612894	8221788	32.38
经营贷款	2968244	323943	12.25
2.非金融企业及机关团体贷款	135833694	6760474	5.24
(1)短期贷款	21936041	-1148679	-4.98
(2)中长期贷款	93889520	5064277	5.70
(3)票据融资	10099662	554534	5.81
(4)融资租赁	9788786	2395079	32.39
(5)各项垫款	119686	-104738	-46.67
(二)境外贷款	526828	-30908	-5.54
二、债券投资	**9118744**	**21456**	**0.24**
三、股权及其他投资	**1644438**	**-475404**	**-22.43**
四、买入返售资产	**603401**	**50480**	**9.13**
五、存放非银行业金融机构款项	**9123**	**6665**	**271.13**
六、应收及预付款	**1091347**	**43151**	**4.12**
七、投资性房地产	**2891**	**-272**	**-8.60**
八、固定资产	**1673080**	**-34629**	**-2.03**

主要统计指标解释

一般公共预算收入　指国家财政参与社会产品分配所取得的收入，是实现国家职能的财力保证。主要包括：（1）各项税收：包括国内增值税、国内消费税、进口货物增值税和消费税、出口货物退增值税和消费税、企业所得税、个人所得税、资源税、城市维护建设税、房产税、印花税、城镇土地使用税、土地增值税、车船税、船舶吨税、车辆购置税、关税、耕地占用税、契税、烟叶税、环境保护税等。（2）非税收入：包括专项收入、行政事业性收费、罚没收入、国有资本经营收入、国有资源（资产）有偿使用收入和其他收入。财政收入按现行分税制财政体制划分为中央本级收入和地方本级收入。

一般公共预算支出　指国家财政将筹集起来的资金进行分配使用，以满足经济建设和各项事业的需要。主要包括：一般公共服务、外交、国防、公共安全、教育、科学技术、文化体育与传媒、社会保障和就业、医疗卫生与计划生育、节能环保、城乡社区、农林水、交通运输、资源勘探信息等、商业服务业等、金融、援助其他地区、国土海洋气象等、住房保障、粮油物资储备、债务付息、债务发行费用等方面的支出。财政支出根据政府在经济和社会活动中的不同职权，划分为中央财政支出和地方财政支出。

昆明统计年鉴

KUNMING STATISTICAL YEARBOOK 2020

7 物价

WUJIA

7-1 主要年份价格指数

（以上年为100）

年　份	居民消费价格总指数	商品零售价格总指数
1980	105.6	105.6
1985	112.1	113.1
1990	103.5	102.6
1995	119.1	115.0
1996	108.2	104.8
1997	104.9	101.4
1998	102.6	99.1
1999	98.9	97.2
2000	97.5	97.0
2001	100.6	98.1
2002	99.2	97.3
2003	101.6	100.7
2004	106.5	104.6
2005	102.0	100.5
2006	101.6	99.7
2007	105.8	103.4
2008	105.8	105.4
2009	100.8	100.0
2010	104.2	103.6
2011	104.9	104.9
2012	103.1	102.0
2013	103.9	102.5
2014	103.1	101.8
2015	102.4	100.7
2016	101.7	100.8
2017	100.5	101.3
2018	101.7	101.1
2019	102.3	101.5

7-2 居民消费价格指数

（以上年为100）

项　目	2019年	项　目	2019年
居民消费价格总指数	**102.3**	5.鞋类	100.7
一、食品烟酒	**106.8**	**三、居住**	**99.8**
1.食品	109.4	1.租赁房房租	101.3
(1)粮食	101.8	2.住房保养维修及管理	100.4
(2)薯类	107.3	3.水电燃料	98.1
(3)豆类	103.5	4.自有住房	100.0
(4)食用油	102.9	**四、生活用品及服务**	**100.2**
(5)菜	108.8	1.家具及室内装饰品	100.4
(6)畜肉类	119.8	2.家用器具	100.1
(7)禽肉类	110.6	3.家用纺织品	96.3
(8)水产品	95.8	4.家庭日用杂品	99.8
(9)蛋类	105.6	5.个人护理用品	100.8
(10)奶类	98.6	6. 家庭服务	103.7
(11)干鲜瓜果类	118.7	**五、交通和通信**	**98.5**
(12)糖果糕点类	100.5	1.交通	97.2
(13)调味品	100.9	2.通信	100.8
(14)其他食品类	104.3	**六、教育文化和娱乐**	**102.9**
2.茶及饮料	101.1	1.教育	105.7
3.烟酒	100.2	2.文化娱乐	100.6
4.在外餐饮	103.1	**七、医疗保健**	**100.9**
二、衣着	**101.1**	1.药品及医疗器具	101.6
1.服装	101.3	2.医疗服务	100.1
2.服装材料	104.9	**八、其他用品和服务**	**103.9**
3.其他衣着及配件	96.9	1.其他用品类	105.5
4.衣着加工服务费	107.9	2.其他服务类	102.3

7-3 商品零售价格指数

（以上年为100）

项　　目	2019年	项　　目	2019年
商品零售价格指数	**101.5**	3.专业音像器材	96.3
一、食品	**108.1**	**六、文化办公用品**	**100.4**
1.粮食	101.4	**七、日用品**	**99.4**
2.薯类	107.3	1.日用百货	100.6
3.豆类	103.5	2.厨具餐具茶具	102.9
4.食用油	102.9	3.清洗用品	98.3
5.菜	108.8	4.其他日用品	98.5
6.畜肉类	120.4	**八、体育娱乐用品**	**99.9**
7.禽肉类	110.6	1.体育户外用品	100.1
8.水产品	95.8	2.娱乐用品	99.9
9.蛋类	105.6	**九、交通、通信用品**	**98.8**
10.奶类	98.6	1.交通运输机械	99.0
11.干鲜瓜果类	118.7	2.通信器材	90.3
12.糖果糕点类	100.6	**十、家具**	**100.5**
13.调味品	100.8	**十一、化妆品**	**101.0**
14.其他食品类	104.6	**十二、金银饰品**	**108.3**
15.在外餐饮	102.4	**十三、中西药品及医疗保健用品**	**101.7**
二、饮料、烟酒	**100.6**	1.医疗卫生器具	100.7
1.茶及饮料	101.1	2.中药	101.3
2.烟草	100.5	3.西药	102.0
3.酒类	99.4	4.保健器具及用品	101.3
三、服装、鞋帽	**101.0**	**十四、书报杂志及电子出版物**	**107.2**
1.服装	101.6	1.教材及参考书	106.8
2.鞋帽袜	100.0	2.书报杂志	114.5
3.其它衣着配件	95.9	3.计算机办公软件	100.0
四、纺织品	**97.1**	**十五、燃料**	**93.3**
1.服装材料	104.9	1.煤炭及制品	96.7
2.床上用品	95.3	2.石油及制品	93.2
五、家用电器及音像器材	**97.0**	**十六、建筑材料及五金电料**	**101.3**
1.家庭设备	100.1	1.建筑装璜材料	101.3
2.文娱用耐用消费品	95.0	2.五金水暖	101.2

7-4 工业生产者出厂价格指数

（以上年为100）

项　目	2015年	2016年	2017年	2018年	2019年
工业生产者出厂价格指数	**94.8**	**97.8**	**107.8**	**103.8**	**100.6**
#轻工业	100.6	100.0	100.8	101.6	101.6
以农产品为原料	101.2	100.2	100.4	101.3	101.9
以非农产品为原料	98.0	98.5	103.1	103.5	99.8
重工业	93.2	97.1	110.2	104.5	100.3
采掘	84.3	96.0	98.1	99.5	106.8
原料	92.4	97.0	112.5	104.0	98.6
加工	95.0	97.3	109.7	105.5	100.9
#生产资料	93.3	97.0	109.9	104.6	100.2
采掘	84.3	96.0	98.1	99.5	106.8
原料	92.7	97.2	112.5	104.1	98.6
加工	95.0	97.1	109.2	105.6	100.9
生活资料	100.2	100.1	101.6	101.5	101.8
食品	100.9	100.6	101.9	101.2	102.1
衣着	100.5	99.3	99.6	100.7	100.8
一般日用品	96.2	96.7	99.8	103.4	99.8
耐用消费品	100.1	100.0	102.0	101.5	104.2

7-5 工业生产者购进价格指数

（以上年为100）

项　目	2015年	2016年	2017年	2018年	2019年
工业生产者购进价格指数	**94.4**	**97.6**	**109.4**	**102.6**	**98.7**
(一)燃料、动力类	96.4	98.4	104.0	100.2	98.3
(二)黑色金属材料类	98.0	97.1	123.2	103.9	106.9
#钢材	93.3	99.4	115.8	108.0	101.4
其它	99.3	96.8	124.1	103.4	107.6
(三)有色金属材料和电线类	89.6	96.0	122.7	104.8	98.3
(四)化工原料类	98.4	91.9	109.9	116.6	92.2
(五)木材及纸浆类	97.6	97.2	105.1	107.8	98.5
(六)建筑材料及非金属类	96.4	96.7	100.6	105.6	103.4
(七)其它工业原材料及半成品类	94.5	102.1	104.9	101.0	101.8
(八)农副产品类	99.0	98.5	103.0	95.6	94.1
(九)纺织原料类	100.1	101.1	99.1	102.1	99.7

7-6 住宅销售价格指数

（以上年同月价格为100）

项　目	新建商品住宅价格指数	90m2及以下	90-144m2	144m2以上	二手住宅价格指数	90m2及以下	90-144m2	144m2以上
2019年1月	115.7	114.4	115.5	117.4	115.1	114.4	115.4	115.6
2019年2月	116.2	114.9	115.8	118.3	115.4	114.6	115.7	116.1
2019年3月	116.2	114.8	116.0	117.9	115.3	115.0	115.2	115.9
2019年4月	116.8	115.9	116.3	118.7	115.0	115.1	115.0	114.9
2019年5月	116.5	116.0	115.6	118.7	114.1	114.5	114.5	112.8
2019年6月	115.7	115.4	115.4	116.7	114.0	114.0	114.5	113.2
2019年7月	113.5	112.8	113.5	114.4	112.0	112.3	112.3	110.8
2019年8月	113.2	111.7	114.1	112.7	110.9	110.6	111.6	110.2
2019年9月	112.3	110.5	113.6	111.8	108.9	108.2	109.5	108.8
2019年10月	112.5	110.6	113.3	112.6	107.8	107.5	108.0	108.1
2019年11月	112.4	111.9	112.5	112.5	107.8	107.3	108.4	107.4
2019年12月	111.1	110.1	112.1	110.2	106.3	105.9	106.5	106.9

主要统计指标解释

居民消费价格指数　是度量居民生活消费品和服务价格水平随着时间变动的相对数，综合反映居民购买的生活消费品和服务价格水平的变动情况。它是宏观经济分析和调控、价格总水平监测以及国民经济核算的重要指标，其变动率在一定程度上反映了通货膨胀（或紧缩）的程度。按用途划分为8个大类，39个中类，262个基本分类，包括食品、烟酒、衣着、家庭设备用品及维修服务、医疗保健和个人用品、交通和通信、娱乐教育文化用品及服务、居住。

商品零售价格指数　是指反映一定时期内商品零售价格变动趋势和变动程度的相对数。商品的零售价格是商品在流通过程中最后一个环节的价格，是工业、商业、餐饮业和其他零售企业向城乡居民、机关团体出售生活消费品和办公用品的价格。商品零售价格调查的任务是系统地调查、搜集和整理市场商品零售价格资料，编制商品零售价格指数，以此反映市场商品零售价格的变动趋势和变动程度。其目的在于掌握商品价格的变动趋势，为国家宏观调控和国民经济核算提供参考依据。调查内容包括食品、饮料烟酒、服装鞋帽、纺织品、家用电器及音像器材、文化办公用品、日用品、体育娱乐用品、交通通信用品、家具、化妆品、金银珠宝、中西药品及医疗保健用品、书报杂志及电子出版物、燃料、建筑材料及五金电料等16个大类，229个基本分类的商品零售价格。

工业生产者价格指数　包括工业生产者出厂价格指数（PPI）和工业生产者购进价格指数。工业生产者出厂价格指数是反映一定时期内全部工业产品出厂价格总水平的变动趋势和程度的相对数，包括工业企业售给本企业以外所有单位的各种产品和直接售给居民用于生活消费的产品。工业生产者购进价格指数是反映工业企业作为生产投入，而从物资交易市场和能源、原材料生产企业购买原材料、燃料和动力产品时，所支付的价格水平变动趋势和程度的统计指标，是扣除工业企业物质消耗成本中的价格变动影响的重要依据。

昆明统计年鉴

KUNMING STATISTICAL YEARBOOK 2020

8 人民生活

RENMINSHENGHUO

8-1 居民收支情况

（2019年）

指　　标	单位	城镇居民	农村居民
一、可支配收入	**元**	**46289**	**16356**
(一)工资性收入	元	25828	7955
(二)经营净收入	元	3350	6191
(三)财产净收入	元	8347	1110
(四)转移净收入	元	8763	1099
二、消费支出	**元**	**35364**	**12829**
(一)食品烟酒	元	8834	3328
(二)衣着	元	2423	646
(三)居住	元	7503	3121
(四)生活用品及服务	元	2565	670
(五)交通通信	元	3835	2331
(六)教育文化娱乐	元	5775	1439
(七)医疗保健	元	3175	1075
(八)其他用品和服务	元	1253	219

8-2 调查户构成情况

（2019年）

指　　标	单位	城镇居民	农村居民
一、按家庭规模分的住户类型			
(一)一人户	%	24.3	2.3
(二)二人户	%	31.9	26.0
(三)三人户	%	27.7	21.3
(四)四人户	%	11.1	22.2
(五)五人户	%	3.5	6.3
(六)六人及以上户	%	1.6	21.8
二、按世代分的住户类型			
(一)一代户	%	54.0	10.0
(二)二代户	%	32.0	51.9
(三)三代户	%	13.9	26.5
(四)四代及以上户	%	0.1	11.6
三、住户特征			
(一)纯老人户	%	29.4	6.8
(二)家中有未成年子女户	%	26.2	46.4
(三)年轻夫妻无子女户	%	1.2	
(四)无劳动力户	%	10.7	3.6

8-3 调查户人口和就业结构

（2019年）

指　　标	单位	城镇居民	农村居民
一、调查人口基本情况			
期内住户成员数	人	1.06	1.11
二、常住成员情况			
(一)年龄			
1.5岁及以下	%	3.4	4.7
2.6-15岁	%	10.2	14.1
3.16-19岁	%	3.7	5.3
4.20-24岁	%	3.3	3.6
5.25-29岁	%	3.4	3.5
6.30-34岁	%	6.5	7.3
7.35-40岁	%	4.8	9.8
8.41-50岁	%	20.0	17.8
9.51-60岁	%	20.1	18.1
10.61-65岁	%	6.6	4.7
11.66岁及以上	%	18.1	11.0
(二)参加医疗保险情况			
1.新型农村合作医疗	%	13.9	76.6
2.城镇职工基本医疗保险	%	37.2	0.8
3.(城镇)居民基本医疗保险	%	43.5	21.7
4.公费医疗	%	0.0	
5.商业医疗保险	%	0.7	0.1
6.其他医疗保险	%	0.3	0.3
7.没有参加任何医疗保险	%	4.9	0.7
(三)6周岁及以上住户成员受教育程度			
1.未上过学	%	2.3	15.2
2.小学	%	21.3	32.2
3.初中	%	33.8	36.1
4.高中	%	11.4	9.3
5.大学专科	%	10.1	5.0
6.大学本科	%	12.9	2.1
7.研究生	%	8.3	0.1
(四)15周岁及以上住户成员婚姻状况			
1.未婚	%	12.5	14.4
2.有配偶	%	75.8	78.3
3.离婚	%	1.3	0.5
4.丧偶	%	10.4	6.8

8-3 续表

（2019年）

指　　　标	单位	城镇居民	农村居民
三、常住从业人员情况(16周岁及以上非在校学生)			
(一)就业类型			
1.雇主	%	0.7	0.1
2.公职人员	%	1.6	0.3
3.事业单位人员	%	12.0	0.7
4.国有企业雇员	%	2.8	0.1
5.其他雇员	%	65.3	38.9
6.农业自营	%	8.7	52.3
7.非农自营	%	8.9	7.7
(二)从事主要行业			
1.第一产业	%	9.9	54.0
2.第二产业	%	11.8	13.4
(1)采矿业	%	0.7	0.2
(2)制造业	%	2.4	2.8
(3)电力、热力、燃气及水生产供应业	%	0.3	0.1
(4)建筑业	%	8.5	10.3
3.第三产业	%	78.2	32.6
(1)批发和零售业	%	5.4	3.8
(2)交通运输、仓储和邮政业	%	4.4	2.3
(3)住宿和餐饮业	%	6.0	5.8
(4)信息传输、软件业和信息技术服务业	%	0.6	0.1
(5)金融业	%	0.5	0.1
(6)房地产业	%	1.0	0.1
(7)租赁和商务服务业	%	13.9	0.5
(8)科学研究和技术服务业	%	0.1	0.1
(9)水利、环境和公共设施管理业	%	0.8	0.2
(10)居民服务、修理和其他服务业	%	20.8	11.7
(11)教育	%	10.3	0.4
(12)卫生和社会工作	%	3.5	2.0
(13)文化、体育和娱乐业	%	3.3	1.1
(14)公共管理、社会保障和社会组织	%	7.8	4.4
(15)国际组织	%		
(三)从事主要职业			
1.国家机关、党群组织、企业、事业单位负责人	%	4.8	0.8
2.专业技术人员	%	8.0	4.0
3.办事人员和有关人员	%	25.7	5.7
4.商业、服务业人员	%	25.1	8.2
5.农、林、牧、渔、水利业生产人员	%	8.2	59.0
6.生产、运输设备操作人员及有关人员	%	3.8	4.4
7.军人	%	0.0	0.0
8.不便分类的其他从业人员	%	24.4	17.9

8-4 居民可支配收入情况

（2019年）

指　　标	单位	城镇居民	农村居民
可支配收入	**元**	**46288.90**	**16355.56**
一、工资性收入	**元**	**25828.45**	**7955.04**
(一)工资	**元**	**24478.14**	**7588.58**
1.按月发放的工资	元	22142.46	4021.86
2.补发工资	元	246.60	111.85
3.不按月发放的奖金、津贴、过节费等	元	2089.09	3454.87
(二)实物福利	**元**	**71.83**	**8.19**
1.从单位或雇主得到的实物产品折价	元	54.53	4.76
(1)食品	元	29.50	4.21
①谷物、薯类及豆类	元	19.52	2.99
②食用油(植物油)	元	2.90	0.16
③蔬菜及制品	元	0.43	0.04
④肉、禽、蛋、奶及制品	元	1.92	0.49
⑤水产品及制品	元	0.15	0.09
⑥糖、烟、酒、饮料类	元	1.07	0.15
⑦干鲜瓜果类	元	1.18	0.20
⑧其他类食品	元	2.33	0.09
(2)衣着	元	15.80	
(3)居住	元	1.67	
(4)家庭设备和日用品	元	6.08	0.36
(5)交通、通信工具及用品	元		
(6)教育文化娱乐用品	元	0.12	0.01
(7)医疗保健用品	元	0.23	
(8)其他用品	元	1.14	0.19
2.从单位或雇主得到的服务折价	元	17.30	3.44
(1)免费或低价提供的工作餐	元	9.45	3.22
(2)免费或低价提供的住宿	元	0.06	
(3)单位缴纳的水电费、取暖费、物业费等	元		
(4)免费或低价提供的交通和通信服务	元	1.48	0.22
(5)单位缴纳的教育入学赞助费	元		
(6)免费或低价提供的旅游服务	元	6.25	
(7)其他服务	元	0.06	
3.单位或雇主实物福利报销所得	元		
(三)其他	**元**	**1278.48**	**358.27**
1.住房公积金	元	1092.93	2.49
2.辞退金	元		
3.自由职业劳动所得(如稿费、翻译费)	元	8.56	20.03
4.安家费	元		
5.股票期权	元		
6.其他劳动所得	元	176.98	335.76
二、经营净收入	**元**	**3350.19**	**6191.11**
(一)第一产业经营净收入	**元**	**822.84**	**4537.86**
1.农业	元	650.60	3716.87
2.林业	元	0.92	208.70
3.牧业	元	145.65	614.40
4.渔业	元	25.68	-2.11

8-4 续表 1

（2019年）

指　　标	单位	城镇居民	农村居民
(二)第二产业经营净收入	**元**	**466.90**	**385.48**
1.采矿业	元	307.41	4.60
2.制造业	元	65.16	286.17
3.电力、热力、燃气及水生产和供应业	元		
4.建筑业	元	94.32	94.71
(三)第三产业经营净收入	**元**	**2060.45**	**1267.77**
1.批发和零售业	元	1052.69	534.22
2.交通运输、仓储和邮政业	元	169.16	548.04
3.住宿和餐饮业	元	234.96	15.23
4.房地产业	元	5.15	-0.10
5.租赁和商务服务业	元	31.00	-19.10
6.居民服务、修理和其他服务业	元	560.85	178.77
7.其他	元	-0.13	11.43
8.农林牧渔服务业	元	6.77	-0.73
三、**财产净收入**	**元**	**8347.02**	**1110.13**
(一)利息净收入	**元**	**124.89**	**12.27**
(二)红利收入	**元**	**335.72**	**577.51**
1.集体分配的红利	元	267.32	545.76
2.其他红利收入	元	68.40	31.75
(三)储蓄性保险净收益	**元**	**0.34**	
(四)转让承包土地经营权租金净收入	**元**	**56.36**	**190.87**
(五)出租房屋财产性收入	**元**	**4565.68**	**188.46**
(六)出租机械、专利、版权等资产的收入	**元**	**45.54**	**139.64**
(七)其他财产净收入	**元**	**0.69**	**1.39**
(八)房屋虚拟租金	**元**	**3217.80**	
四、转移净收入	**元**	**8763.23**	**1099.28**
(一)转移性收入	**元**	**11464.74**	**1403.21**
1.养老金或离退休金	元	10607.09	347.33
(1)离退休金	元	10470.14	12.83
(2)(城镇)居民社会养老保险	元	51.83	16.67
(3)新型农村养老保险	元	38.06	132.90
(4)其他养老金	元	47.07	184.93
2.社会救济和补助	元	53.37	161.63
(1)最低生活保障费	元	24.26	120.86
(2)五保户救助金	元		0.07
(3)扶贫款	元		1.49
(4)救灾款	元		
(5)抚恤金	元	10.29	4.66
(6)医疗救助专项补贴	元	9.37	10.77
(7)教育救助专项补贴	元	0.21	4.97
(8)其他社会救济收入	元	9.24	18.81
3.政策性生活补贴	元	82.85	220.85
(1)家电补贴	元	0.08	

8-4 续表 2

（2019年）

指　　标	单位	城镇居民	农村居民
(2)能源补贴	元	0.72	
(3)免费或低价提供的住宿(廉租房)	元		
(4)居住专项补贴	元		0.99
(5)建房改造专项补贴	元	1.17	190.85
(6)其他生活补贴	元	80.88	29.01
4.报销医疗费	元	510.94	112.40
5.家庭外出从业人员寄回带回收入	元	101.27	325.30
6.赡养收入	元	36.91	48.61
7.其他经常转移收入	元	36.95	77.08
(1)失业保险金	元	3.55	
(2)经常性捐赠收入	元	6.94	
(3)经常性赔偿收入	元		
(4)社保支出专项补贴	元	0.84	3.47
(5)扶贫补助金孳息收入	元		0.15
(6)扶贫贷款利息补助收入	元		
(7)其他转移性收入	元	25.62	73.45
8.从政府和组织得到的实物产品和服务折价	元	2.24	5.49
(1)食品	元	1.16	1.02
①.谷物、薯类及豆类	元	0.30	0.86
②.食用油(植物油)	元	0.08	0.13
③.蔬菜及制品	元	0.05	
④.肉、禽、蛋、奶及制品	元	0.22	0.02
⑤.水产品及制品	元		
⑥.糖、烟、酒、饮料类	元		
⑦.干鲜瓜果类	元	0.00	
⑧.其他类食品	元	0.51	0.01
(2)衣着	元		
(3)居住	元		
(4)家庭设备和日用品	元	0.83	3.37
(5)交通、通信工具及用品	元		
(6)教育文化娱乐用品	元	0.07	0.18
(7)医疗保健用品	元		
(8)其他用品	元	0.11	0.91
(9)其他服务折价(不含廉租房)	元	0.08	0.01
9.现金政策性惠农补贴	元	33.12	104.53
(二)转移性支出	**元**	**2701.51**	**303.93**
1.个人所得税	元	268.52	2.48
2.社会保障支出	元	2096.67	226.54
(1)个人缴纳的养老保险	元	1565.20	70.64
(2)个人缴纳的医疗保险	元	399.29	152.06
(3)个人缴纳的失业保险	元	48.27	3.14
(4)其他社会保障支出	元	83.91	0.70
3.外来从业人员寄给家人的支出	元	0.32	1.65
4.赡养支出	元	250.01	57.68
5.其他转移性支出	元	85.99	15.58
(1)经常性捐赠支出	元	6.46	0.19
(2)经常性赔偿支出	元		0.67
(3)其他经常转移支出	元	79.53	14.73

8-5 居民消费支出情况

（2019年）

指　　标	单位	城镇居民	农村居民
一、消费支出	**元**	**35363.85**	**12828.55**
(一)食品烟酒	**元**	**8834.32**	**3327.62**
1.食品	元	5267.25	2199.10
(1)谷物	元	509.41	321.26
(2)薯类	元	56.94	59.44
(3)豆类	元	61.88	35.19
(4)食用油	元	141.68	91.15
(5)蔬菜和食用菌	元	766.87	239.94
(6)肉类	元	1491.71	737.11
(7)禽类	元	333.67	141.99
(8)水产品	元	234.12	74.03
(9)蛋类	元	103.21	43.59
(10)奶类	元	360.23	103.86
(11)干鲜瓜果类	元	708.16	178.39
(12)糖果糕点类	元	250.28	99.99
(13)其他食品	元	249.09	73.14
2.烟酒	元	566.57	584.31
(1)烟草	元	518.65	540.90
(2)酒类	元	47.91	43.42
3.饮料	元	207.97	79.69
4.饮食服务	元	2792.53	464.52
(1)食堂用餐	元	86.94	22.55
(2)其他在外饮食	元	2703.30	441.25
(3)食品加工服务费	元	2.29	0.72
(二)衣着	**元**	**2423.31**	**646.11**
1.衣类	元	2027.09	508.51
2.鞋类	元	396.22	137.59
(三)居住	**元**	**7503.18**	**3120.77**
1.租赁房房租	元	243.67	25.53
2.住房维修及管理	元	1158.85	520.05
3.水电燃料及其他	元	779.43	267.51
4.自有住房折算租金	元	5321.22	2307.68
(四)生活用品及服务	**元**	**2564.71**	**670.45**
1.家具及室内装饰品	元	321.21	172.72
2.家用器具	元	562.45	124.64

8-5 续表

（2019年）

指　　标	单位	城镇居民	农村居民
3.家用纺织品	元	347.97	57.59
4.家庭日用杂品	元	436.28	174.72
5.个人用品	元	706.77	123.43
6.家庭服务	元	190.04	17.35
(五)交通通信	**元**	**3834.54**	**2330.62**
1.交通	元	2769.72	1903.14
(1)交通工具	元	397.99	838.32
(2)交通费	元	657.47	94.07
(3)交通工具用燃料	元	817.19	619.28
(4)交通工具使用及维修	元	897.07	351.47
其中：车辆保险支出	元	211.60	111.54
2.通信	元	1064.81	427.48
(1)通信工具	元	277.99	133.73
(2)通信服务	元	786.82	293.75
(六)教育文化娱乐	**元**	**5775.11**	**1439.21**
1.教育	元	2837.13	1146.36
(1)学前教育	元	267.63	168.50
(2)小学教育	元	1238.45	94.95
(3)初中教育	元	77.35	109.83
(4)高中教育	元	132.90	280.15
(5)中专职高教育	元	20.10	20.50
(6)大专及以上教育	元	878.21	342.52
(7)成人教育	元	222.49	129.90
2.文化娱乐	元	2937.98	292.85
(1)文娱耐用消费品	元	164.29	55.50
(2)其他文娱用品	元	454.90	105.72
(3)文化娱乐服务	元	2318.79	131.64
(七)医疗保健	**元**	**3175.34**	**1074.98**
1.医疗器具及药品	元	1414.16	246.64
2.医疗服务	元	1761.19	828.34
(1)门诊总费用	元	924.82	464.65
(2)住院总费用	元	836.36	363.69
(八)其他用品和服务	**元**	**1253.34**	**218.79**
1.其他用品	元	633.64	92.18
2.其他服务	元	619.71	126.62

8-6 居民住房、生活设施和耐用消费品拥有情况

（2019年）

指　　　　标	单位	城镇居民	农村居民
一、本住户居住空间样式			
1.单栋楼房	%	26.4	66.2
2.单栋平房	%	0.8	28.5
3.四居室及以上单元房	%	18.7	0.5
4.三居室单元房	%	18.8	1.0
5.二居室单元房	%	33.1	0.3
6.一居室单元房	%	2.0	
7.筒子楼或连片平房	%		0.1
8.其他	%	0.3	3.3
二、主要建筑材料			
1.钢筋混凝土	%	55.5	13.8
2.砖混材料	%	43.1	72.0
3.砖瓦砖木	%	0.8	11.7
4.竹草土坯	%	0.1	0.4
5.其他	%	0.5	2.1
三、现住房房屋来源			
1.租赁公房	%	10.3	
2.租赁私房	%	3.9	0.1
3.自建住房	%	28.3	97.9
4.购买商品房	%	25.7	1.3
5.购买房改住房	%	27.3	
6.购买保障性住房	%	0.3	
7.拆迁安置房	%	3.7	0.5
8.继承或获赠住房	%	0.2	0.2
9.免费借用房	%	0.1	0.1
10.雇主提供免费住房	%	0.1	
11.其他来源	%	0.2	
四、现住房建筑面积	**平方米**	**47.15**	**51.99**
1.10平方米以内	%		
2.10-20平方米	%	0.1	
3.20-30平方米	%	0.1	0.3
4.30-60平方米	%	26.4	1.9
5.60-90平方米	%	19.4	8.9
6.90-120平方米	%	21.5	19.1
7.120-200平方米	%	23.9	29.7
8.200平方米以上	%	8.7	40.1

8-6 续表

（2019年）

指　　标	单位	城镇居民	农村居民
五、住户主要饮用水来源情况			
1.经过净化处理的自来水	%	81.9	61.6
2.受保护的井水和泉水	%	1.9	32.4
3.不受保护的井水和泉水	%		1.6
4.江河湖泊水	%		1.0
5.收集雨水	%		0.8
6.桶装水	%	16.2	1.4
7.其他水源	%		1.1
六、住户厕所类型			
1.水冲式卫生厕所	%	97.2	50.1
2.水冲式非卫生厕所	%	1.8	22.8
3.卫生旱厕	%	0.6	7.9
4.普通旱厕	%	0.1	18.4
5.无厕所	%	0.5	0.8
七、住户洗澡设施情况			
1.统一供热水	%	3.4	3.5
2.家庭自装热水器	%	90.5	68.4
3.其他	%	3.2	19.2
4.无洗澡设施	%	2.8	8.8
八、主要炊用能源状况			
1.柴草	%	0.8	35.9
2.煤炭	%	0.1	0.1
3.罐装液化石油气	%	8.7	2.2
4.管道液化石油气	%	0.5	
5.管道煤气	%	1.9	
6.管道天然气	%	56.0	
7.电	%	29.1	61.6
8.燃料用油	%		
9.沼气	%	0.1	0.1
10.其他	%	1.2	
11.无炊用行为	%	1.6	

8-7 居民每百户耐用消费品拥有情况

（2019年）

指　　标	单位	城镇居民	农村居民
家用汽车	辆	59.2	61.7
摩托车	辆	7.3	70.5
助力车	台	31.3	67.1
洗衣机	台	102.1	98.5
电冰箱(柜)	台	96.8	102.1
微波炉	台	82.7	28.6
彩色电视机	台	105.0	121.2
空调	台	6.5	0.9
热水器	台	95.4	80.7
洗碗机	台	1.4	0.6
排油烟机	台	92.5	26.5
固定电话	线	13.6	1.3
移动电话	部	205.5	322.5
#接入互联网	部	164.9	187.6
计算机	台	69.2	12.9
#接入互联网	台	54.7	8.6
照相机	台	11.9	3.5
中高档乐器	架	34.4	7.8
健身器材	台	9.0	6.2

8-8 住户年末粮食结存情况

（2019年）

指　　标	单位	城镇居民	农村居民
小麦	公斤	0.76	2.90
面粉	公斤	0.28	0.88
稻谷	公斤	2.34	9.14
大米	公斤	7.04	12.43
玉米	公斤	16.33	258.23
玉米面	公斤	1.73	10.80
其他原粮	公斤	3.37	6.50
其他加工粮	公斤	0.67	0.54

8-9 居民土地经营和主要农产品产量情况

（2019年）

指　　标	单位	城镇居民	农村居民
一、家庭实际经营土地情况			
(一)期末实际经营土地面积	**亩**	**0.253**	**2.438**
1.耕地面积	亩	0.167	1.459
其中：有效灌溉面积	亩	0.131	0.691
2.林地面积	亩	0.067	0.942
3.园地面积	亩	0.012	0.035
4.牧草地面积	亩		0.002
5.养殖水面面积	亩	0.007	
二、期内土地种植情况			
(一)期内主要粮食播种面积	**亩**	**0.031**	**0.634**
1.小麦播种面积	亩	0.001	0.033
2.水稻播种面积	亩	0.002	0.023
3.玉米播种面积	亩	0.022	0.507
4.大豆播种面积	亩	0.001	0.025
5.薯类播种面积	亩	0.005	0.046
(二)期内主要经济作物播种面积	**亩**	**0.116**	**0.582**
1.棉花播种面积	亩		
2.油料作物播种面积	亩	0.001	0.004
3.糖料作物播种面积	亩		0.000
4.蔬菜播种面积	亩	0.102	0.449
其中:设施蔬菜播种面积	亩	0.090	0.031
5.水果播种面积	亩	0.013	0.129
其中:设施水果播种面积	亩	0.003	0.011
(三)农业生产技术应用情况	**亩**	**0.138**	**1.771**
1.机耕面积	亩	0.042	1.016
2.机播面积	亩		0.067
3.机收面积	亩		0.078
4.机电灌溉面积	亩	0.096	0.611
三、主要农产品产量			
(一)谷物产量	**公斤**	**9.380**	**259.290**
面积	亩	0.025	0.877
1.小麦产量	公斤	0.103	9.994
面积	亩	0.001	0.076
2.稻谷产量	公斤	1.067	12.634
面积	亩	0.002	0.027
3.玉米产量	公斤	8.210	232.504
面积	亩	0.023	0.753

8-9 续表

（2019年）

指　　　标	单位	城镇居民	农村居民
4.高粱产量	公斤		
面积	亩		
5.谷子产量	公斤		0.097
面积	亩		0.000
6.青稞产量	公斤		
面积	亩		
7.其他谷物产量	公斤		4.061
面积	亩		0.020
(二)薯类产量	**公斤**	**0.951**	**11.338**
面积	亩	0.005	0.097
1.红薯产量	公斤	0.185	1.297
面积	亩	0.001137	0.008
2.马铃薯产量	公斤	0.696	5.419
面积	亩	0.003	0.063
3.其他薯类产量	公斤	0.070	4.622
面积	亩	0.000348	0.025
(三)豆类产量	**公斤**	**0.263**	**17.329**
面积	亩	0.001	0.110
1.大豆产量	公斤	0.263	3.190
面积	亩	0.001	0.026
2.其他豆类产量	公斤		14.140
面积	亩		0.083
(四)棉花产量	**公斤**		
面积	亩		
(五)油料产量	**公斤**	**0.141**	**0.438**
面积	亩	0.000505	0.004
1.花生产量	公斤	0.109	0.081
面积	亩	0.000	0.001
2.芝麻产量	公斤		
面积	亩		
3.油菜籽产量	公斤	0.032	0.357
面积	亩	0.000215	0.004
4.葵花籽产量	公斤		
面积	亩		
5.其他油料产量	公斤		
面积	亩		

8-10 居民食品消费情况(含自产自用)

（2019年）

指　　标	单位	城镇居民	农村居民
一、粮食消费量	**公斤**	**102.083**	**92.315**
(一)谷物消费量	公斤	88.629	83.249
1.小麦	公斤	24.809	8.833
2.稻谷	公斤	49.801	64.748
3.玉米	公斤	5.089	6.466
4.其他谷物	公斤	8.929	3.203
(二)薯类消费量	公斤	2.825	3.325
1.红薯	公斤	0.547	0.085
2.马铃薯	公斤	2.118	3.100
3.其他薯类	公斤	0.160	0.140
(三)豆类消费量	公斤	10.629	5.741
1.大豆	公斤	0.157	0.498
2.其他豆类	公斤	10.472	5.243
二、油脂类消费量	**公斤**	**7.435**	**6.247**
(一)植物油	公斤	6.665	4.343
(二)动物油	公斤	0.769	1.904
三、蔬菜及菜制品消费量	**公斤**	**115.992**	**50.612**
(一)鲜菜	公斤	111.031	49.178
(二)干菜及菜制品	公斤	3.101	0.938
(三)鲜菌	公斤	1.605	0.459
(四)干菌及菌制品	公斤	0.255	0.043
四、肉类	**公斤**	**35.987**	**26.202**
(一)猪肉	公斤	26.384	22.650
(二)牛肉	公斤	3.848	0.972
(三)羊肉	公斤	0.689	0.870
(四)其他肉类及制品	公斤	5.065	1.710
五、禽类	**公斤**	**9.323**	**5.806**
(一)鸡	公斤	6.724	4.884
(二)鸭	公斤	0.270	0.247
(三)鹅	公斤	0.096	0.029
(四)其他禽类及制品	公斤	2.233	0.646

8-10 续表

（2019年）

指　　标	单位	城镇居民	农村居民
六、水产品	**公斤**	**10.083**	**3.460**
(一)鱼类	公斤	6.574	3.109
(二)虾、贝、蟹类	公斤	2.487	0.141
(三)藻类	公斤	0.148	0.012
(四)其他	公斤	0.874	0.198
七、蛋类及蛋制品	**公斤**	**6.723**	**3.003**
(一)鲜蛋	公斤	6.562	2.961
(二)蛋制品	公斤	0.161	0.041
八、奶和奶制品	**公斤**	**17.967**	**3.245**
(一)鲜奶	公斤	12.825	2.240
(二)酸奶	公斤	3.696	0.554
(三)奶粉	公斤	0.371	0.301
(四)其他奶制品	公斤	1.074	0.151
九、干鲜瓜果类	**公斤**	**61.666**	**21.388**
(一)鲜瓜果	公斤	56.229	19.130
(二)瓜果制品	公斤	1.174	0.238
(三)坚果类	公斤	4.263	2.020
十、糖果糕点类	**公斤**	**16.019**	**5.120**
(一)食糖	公斤	1.021	0.613
(二)糖果	公斤	0.991	0.592
(三)糕点	公斤	13.395	3.680
(四)其他糖果糕点	公斤	0.613	0.235
十一、饮料	**公斤**	**0.267**	**0.175**
(一)茶叶	公斤	0.267	0.175
十二、烟叶消费量	**公斤**	**38.003**	**45.745**
十三、酒	**公斤**	**2.619**	**4.097**
(一)白酒	公斤	1.570	2.636
(二)啤酒	公斤	0.884	1.432
(三)果酒	公斤	0.165	0.028

8-11 住户能源消耗情况

（2019年）

指　　标	单位	城镇居民	农村居民
天然气	立方米	32.173	0.069
金额	元	101.976	0.112
煤气	立方米	2.828	0.050
金额	元	6.343	0.080
液化石油气	公斤	2.651	1.315
金额	元	17.892	10.208
汽油	升	113.069	83.035
金额	元	821.659	575.647
柴油	升	0.683	6.797
金额	元	4.723	43.764
电	度	786.423	359.955
金额	元	436.855	164.719
沼气	立方米		0.006
金额	元		0.041
煤炭	公斤	1.725	8.934
金额	元	1.490	15.993
柴	公担	0.082	5.044
金额	元	0.624	35.315
草	公担	0.0021	0.000
金额	元	0.178	0.001

主要统计指标解释

住户 指居住在一个住宅内，共同分享生活开支或收入的一群人。居住在同一房间内、不共同分享生活开支的人群，每个人都视为一个住户。住家保姆、住家家庭帮工视为单独的住户。

根据居住的状态，可将住户分为家庭居住户和集体居住户。

家庭居住户指的是以家庭成员关系为主，居住在同一住宅内共同生活的住户。注意：同一住宅内有住家保姆或住家家庭帮工的，仍被视为家庭居住。

集体居住户指的是相互没有家庭成员关系，居住在同一房间内，不共同分享生活开支，独立生活的住户。如在工棚、工厂的集体宿舍以及在工作地的集体居住户，每个人都视为一个住户。

可支配收入 指调查户在调查期内获得的、可用于最终消费支出和储蓄的总和，即调查户可以用来自由支配的收入。可支配收入既包括现金，也包括实物收入。按照收入的来源，可支配收入包含四项，分别为：工资性收入、经营净收入、财产净收入和转移净收入。计算公式为：

可支配收入 = 工资性收入 + 经营净收入 + 财产净收入 + 转移净收入

其中：经营净收入 = 经营收入 - 经营费用 - 生产性固定资产折旧 生产税

财产净收入 = 财产性收入 - 财产性支出

转移净收入 = 转移性收入 - 转移性支出

消费支出 指住户用于满足家庭日常生活消费需要的全部支出，包括用于消费品的支出和用于服务性消费的支出。根据用途不同，消费支出可划分为食品烟酒、衣着、居住、生活用品及服务、交通通信、教育文化娱乐、医疗保健、其他用品及服务八大类。根据来源不同，消费支出可划分为现金消费支出、实物消费支出（含自产自用、来自单位、来自政府和其他社会组织）。

居民生活状况资料来源 住户收支与生活状况调查的数据是以住户为单位，在常住地参加调查。调查内容主要包括居民现金和实物收支情况、住户成员及劳动力从业情况、居民家庭食品和能源消费情况、住房和耐用消费品拥有情况、家庭经营和生产投资情况、社区基本情况以及其他民生状况等。

调查组织 从 2013 年起，住户调查由两部分组成。一是分省住户调查，以省为总体进行抽样，主要目的是准确反映全国及分省居民收支水平、结构、增长速度，收入分配格局以及政策对居民生活状况的影响。二是分市县住户调查，以市、县为总体进行抽样，主要目的是准确反映分市县居民收支水平和增长速度，满足政府对市县管理的需要。 国家统计局统一领导住户调查，负责制定调查方案，组织调查实施，监督调查过程，审核、处理、汇总调查数据，发布全国和分省城乡居民收入、消费和生活状况数据。 国家统计局各调查总队按照国家调整方案规定，负责组织分省住户调查工作，牵头并会同各省级统计局组织分市县住户调查。分市县住户调查具体实施方案必须按照《国家统计局关于加强和改进分市县住户调查工作的通知》和国家调查方案的要求，由各调查总队会同省级统计局制定后上报国家统计局审批。各级统计调查部门应按照方案规定，认真组织实施调查，确保调查数据质量。

城乡一体化住户调查概况 为满足政府统筹城乡发展、改善收入分配格局、让全体居民共享发展成果等战略需要，国家统计局对城乡住户调查进行了一体化改革，统一了城镇和农村居民收入和支出调查的分类标准、指标名称与口径，并按照统一的抽样方法和程序，在我市抽选了约 2270 户城乡居民家庭，从 2012 年四季度起正式开展城乡一体化的住户收支与生活状况调查。

至 2013 年底，按照国家新制度规定，昆明调查队收集了调查户 12 个月的记账数据，并于 2014 年 1 月底根据全国统一的计算要求，初步汇总计算出 2013 年城乡可比的全市居民可支配收入，经云南省评估认定后，得到最终的全市居民人均可支配收入。

启用城乡可比的居民可支配收入，一方面可以更加准确地反映全体居民收入分配全貌，为国家制定统筹城乡发展和调整收入分配格局政策提供全面可靠的信息；另一方面，也可以用统一标准监测城乡居民收入增长和差距变化，更加准确地反映不同群体居民对经济发展成果的分享情况；同时，也填补了我国缺少全体居民收入数据的空白。

变动情况 城乡住户调查一体化改革后，新口径的城乡居民收入与老口径的城乡居民收入主要有四点不同：一是指标名称不同，新口径的农村居民收入是农村人均可支配收入，老口径是农民人均纯收入，城镇居民不变；二是抽样方法不同，新口径是城乡统一抽样，老口径是城乡各自抽样，同时，具体的抽样过程也有较大差异；三是调查范围不同，新口径是区域内的所有常住居民户，不包括外籍住户，老口径由于城乡分别抽样，调查范围互有重合和遗漏的区域；四是指标口径不同，主要的区别是新口径的城乡居民可支配收入包括实物收入和自有住房折算净租金，老口径城镇居民可支配收入不包括实物收入部分，老口径农民纯收入不包括自有住房折算净租金，另外，收入分项指标的口径也有一些变动。

昆明统计年鉴

KUNMING STATISTICAL YEARBOOK 2020

9 农业

NONGYE

9-1 主要年份农林牧渔业总产值

（以当年价计算）　　单位：万元

年份	农林牧渔业总产值	农业	林业	牧业	渔业	农林牧渔服务业
1985	90369	60990	5376	22997	1006	
1990	199206	126792	6633	60788	4993	
1995	598986	371930	18102	190520	18434	
1996	685790	428855	23397	211851	21687	
1997	731469	451736	23889	228797	27047	
1998	759626	455260	26395	250185	27786	
1999	793356	476336	29769	260329	26922	
2000	815767	503074	32815	254534	25344	
2001	858558	523477	32131	273058	29892	
2002	901499	546843	33202	290106	31348	
2003	957332	548692	32410	307249	31698	37283
2004	1090013	619616	33607	367556	31532	37702
2005	1172285	658345	36988	405871	29997	41084
2006	1251672	705597	41152	428942	30335	45646
2007	1504193	786403	45862	589042	32801	50085
2008	1757375	879010	59335	722735	39539	56756
2009	1909556	1018509	63405	718545	44930	64167
2010	2007273	1070573	74359	750349	43320	68672
2011	2250655	1203203	67117	856599	47682	76054
2012	2688441	1461199	75000	997642	62649	91951
2013	2986610	1652354	88689	1066268	75786	103513
2014	3167696	1764545	100440	1106586	81590	114535
2015	3285796	1814899	116046	1152453	79141	123257
2016	3360530	1837725	117789	1198095	83020	123901
2017	3509383	1906789	152588	1236287	89100	124619
2018	3748443	2094427	170246	1259854	91078	132838
2019	4474921	2606545	184661	1435572	103075	145068

注：2016年、2017年为农普修订数据,2018年为农普衔接数据。

9-2 主要年份农林牧渔业总产值指数

（上年为100） 单位：%

年份	农林牧渔业总产值	农业	林业	牧业	渔业	农林牧渔服务业
1985	104.1	97.9	130.0	117.8	93.5	
1990	107.1	106.1	94.6	112.1	93.6	
1995	110.5	110.6	105.7	110.6	117.3	
1996	109.5	107.5	115.8	111.4	118.5	
1997	107.7	107.7	99.0	108.4	113.0	
1998	104.2	98.9	112.6	110.9	122.0	
1999	108.5	107.6	109.9	110.8	99.9	
2000	108.2	110.6	102.5	106.5	95.1	
2001	103.2	102.0	99.1	105.7	103.5	
2002	105.8	104.4	107.1	107.4	110.6	
2003	106.0	104.9	94.0	108.6	116.9	102.0
2004	107.1	110.0	103.1	104.7	100.7	101.0
2005	105.9	103.0	104.0	112.5	90.0	106.8
2006	106.2	106.4	106.0	105.9	104.1	107.4
2007	107.0	105.7	101.9	110.5	97.1	106.4
2008	107.6	106.9	121.1	107.2	112.8	108.1
2009	107.2	107.5	100.7	107.2	107.1	111.2
2010	105.5	104.9	92.7	107.6	101.7	105.5
2011	106.8	108.2	109.8	104.6	109.9	102.7
2012	106.8	106.2	97.5	107.6	112.4	112.9
2013	107.2	108.5	113.7	104.8	105.3	108.2
2014	106.0	106.5	114.2	104.2	107.1	110.1
2015	105.9	106.5	121.1	104.1	98.4	106.3
2016	106.0	106.3	113.1	105.1	107.2	103.6
2017	106.0	105.6	124.4	105.1	105.0	103.4
2018	106.2	107.6	108.0	104.3	99.4	106.4
2019	105.6	109.3	102.7	99.8	110.1	103.8

9-3 主要年份农林牧渔业总产值构成

单位：%

年份	农林牧渔业总产值构成	农业	林业	牧业	渔业	农林牧渔服务业
1985	100	67.49	5.95	25.45	1.11	
1990	100	63.65	3.33	30.52	2.50	
1995	100	62.10	3.02	31.80	3.08	
1996	100	62.54	3.41	30.89	3.16	
1997	100	61.76	3.26	31.28	3.70	
1998	100	59.93	3.47	32.94	3.66	
1999	100	60.04	3.75	32.82	3.39	
2000	100	61.78	3.85	31.40	2.97	
2001	100	60.98	3.74	31.80	3.48	
2002	100	60.66	3.68	32.18	3.48	
2003	100	57.31	3.39	32.09	3.32	3.89
2004	100	56.85	3.08	33.72	2.89	3.46
2005	100	56.20	3.20	34.50	2.60	3.50
2006	100	56.40	3.30	34.30	2.40	3.60
2007	100	52.28	3.05	39.16	2.19	3.32
2008	100	50.02	3.38	41.13	2.25	3.22
2009	100	53.33	3.33	37.63	2.35	3.36
2010	100	53.30	3.70	37.38	2.22	3.40
2011	100	53.50	3.00	38.00	2.10	3.40
2012	100	54.40	2.80	37.10	2.30	3.40
2013	100	55.30	3.00	35.70	2.50	3.50
2014	100	55.70	3.17	34.93	2.58	3.62
2015	100	55.24	3.53	35.07	2.41	3.75
2016	100	54.69	3.51	35.65	2.47	3.69
2017	100	54.33	4.35	35.23	2.54	3.55
2018	100	55.87	4.54	33.61	2.43	3.54
2019	100	58.25	4.13	32.08	2.30	3.24

注：1.构成按当年价计算；
2.2016年、2017年为农普修订数据，2018年为农普衔接数据。

9-4 分县(市)区农林牧渔

（2019年）

指　　标	单位	全市	五华区	盘龙区	官渡区	西山区
一、农林牧渔业总产值	**万元**	**4474921**	**39484**	**90868**	**131043**	**70500**
农业产值	万元	2606545	20407	72739	103728	42910
林业产值	万元	184661	1966	5033	2164	4679
牧业产值	万元	1435572	13559	10340	16192	16373
渔业产值	万元	103075	2165	793	1076	3055
农林牧渔服务业产值	万元	145068	1387	1963	7883	3483
二、中间消耗	**万元**	**1693897**	**13387**	**32970**	**47625**	**24796**
农业中间消耗	万元	932399	6385	24923	35953	14732
林业中间消耗	万元	64228	705	1927	665	1353
牧业中间消耗	万元	584958	4843	4798	7341	5798
渔业中间消耗	万元	45388	896	325	424	1388
农林牧渔服务业中间消耗	万元	66924	558	997	3242	1525

业产值及中间消耗

东川区	呈贡区	晋宁区	富民县	宜良县	石林县	嵩明县	禄劝县	寻甸县	安宁市
178753	**95629**	**469680**	**218309**	**975821**	**477354**	**341626**	**544305**	**532194**	**309355**
63490	85005	411276	112890	501672	278612	258129	266976	233760	154951
9022	6165	2142	13721	47987	30313	4312	36616	12874	7667
96617	890	48180	78502	304237	146126	70196	233559	263231	137570
2506	1815	4339	2100	55896	6613	1315	2357	16960	2085
7118	1754	3743	11096	66029	15690	7674	4797	5369	7082
79225	**36688**	**174723**	**74131**	**345825**	**201459**	**130245**	**192915**	**214712**	**125196**
27924	32320	148490	32361	155088	121442	96204	90145	96331	50101
3568	2440	757	5159	16598	12264	1471	11606	2959	2756
42550	325	21914	30692	118987	59621	28262	87885	104532	67410
1055	799	1744	902	24583	2385	553	1078	8347	909
4128	804	1818	5017	30569	5747	3755	2201	2543	4020

9-5 分县(市)区农林

（2019年）

指　　标	单位	全市	五华区	盘龙区	官渡区	西山区
农林牧渔业总产值	**万元**	**4474921**	**39484**	**90868**	**131043**	**70500**
一、农业产值	**万元**	**2606545**	**20407**	**72739**	**103728**	**42910**
1.谷物及其他作物	万元	678051	5002	20347	31327	3518
#谷物	万元	289269	3925	8343	9831	2536
油料	万元	7547	33		9	284
甘蔗	万元	73				
烟叶	万元	212917	465	8650		
2.蔬菜园艺作物	万元	1613386	14209	50547	69793	31033
#蔬菜(含菜用瓜)	万元	818964	11962	28600	18617	17305
花卉	万元	427186	2245	7467	8409	3272
盆景园艺	万元	359358	2	14480	42767	8206
3.水果、坚果、饮料和香料	万元	172665	994	1845	2608	8359
4.中药材	万元	142443	202			
二、林业产值	**万元**	**184661**	**1966**	**5033**	**2164**	**4679**
#林木的培育和种植	万元	137119	1909	4661	1020	
林产品	万元	12950		1	645	
竹木采运	万元	34592	57	371	499	4679
三、牧业产值	**万元**	**1435572**	**13559**	**10340**	**16192**	**16373**
#牲畜饲养	万元	417185	3801	3501	1891	1838
猪的饲养	万元	705177	8898	4054	2835	11806
家禽饲养	万元	298246	813	2774	11429	2182
四、渔业产值	**万元**	**103075**	**2165**	**793**	**1076**	**3055**
五、农林牧渔服务业产值	**万元**	**145068**	**1387**	**1963**	**7883**	**3483**

牧渔业总产值

东川区	呈贡区	晋宁区	富民县	宜良县	石林县	嵩明县	禄劝县	寻甸县	安宁市
178753	**95629**	**469680**	**218309**	**975821**	**477354**	**341626**	**544305**	**532194**	**309355**
63490	**85005**	**411276**	**112890**	**501672**	**278612**	**258129**	**266976**	**233760**	**154951**
25273	233	12803	37540	96561	80679	35679	145542	166415	17132
18220	227	4308	26791	48673	28002	11334	80895	35297	10887
879		768	1084	337	164	20	1366	1510	1093
							73		
		3675	4003	33924	46504	11040	37116	63971	3569
24497	81704	394774	43062	385733	101800	211422	45678	43596	115538
24480	40053	166987	31736	134829	56350	117175	41764	38796	90310
13	18763	223921	10230	46111	43526	42926	467	4238	15598
	22888	3850	95	204690	1717	50921		217	9525
6775	3068	2029	30841	18274	51945	11028	3203	9934	21762
6945		1670	1447	1104	44188		72553	13815	519
9022	**6165**	**2142**	**13721**	**47987**	**30313**	**4312**	**36616**	**12874**	**7667**
5422	5536	1757	3681	38726	28349	1179	35917	4353	4609
3600		165	4550	2064	1758	162			5
	629	220	5490	7197	206	2971	699	8521	3053
96617	**890**	**48180**	**78502**	**304237**	**146126**	**70196**	**233559**	**263231**	**137570**
29620	18	17853	31262	69308	42795	25446	112240	67469	10143
57761	112	15674	34407	153048	26108	35236	106210	176441	72587
8748	760	14575	6490	81039	77056	9458	10933	17609	54380
2506	**1815**	**4339**	**2100**	**55896**	**6613**	**1315**	**2357**	**16960**	**2085**
7118	**1754**	**3743**	**11096**	**66029**	**15690**	**7674**	**4797**	**5369**	**7082**

9-6 分县(市)区农

（2019年）

指　　标	单位	全市	五华区	盘龙区	官渡区	西山区
农村基层组织						
乡镇政府	个	62				
#镇政府	个	46				
村民委员会	个	951		32		
乡村户数、人口、劳动力资源						
乡村户数	户	880851	11585	26190	24506	27633
乡村人口	人	3054815	38023	95442	72374	80236
乡村劳动力资源	人	1937801	23155	59148	46569	53363
农村社会基础设施						
自来水受益村数	个	958		32		8
通有线电视村数	个	818		32		19
通宽带的村数	个	967		32		19
乡村办水电站个数	**个**	**26**				**4**
装机容量	**千瓦**	**33519**				**3170**
发电量	**万千瓦时**	**8438.1**				**1153**
农村用电量	**万千瓦时**	**121541**	**1204.5**	**2000.7**	**2515.5**	**4397.2**
农用化肥施用量(折纯)	**吨**	**178470.6**	**4756.3**	**5308.1**	**2410.7**	**2947.2**
#氮肥	吨	84923.4	2784.9	2749.6	717.5	1678.3

村基本情况

东川区	呈贡区	晋宁区	富民县	宜良县	石林县	嵩明县	禄劝县	寻甸县	安宁市
7		6	5	6	4	3	15	16	
6		4	5	4	3	3	9	12	
132		129	73	50	89	39	180	164	63
74103	53330	83164	39083	111161	66143	74673	116353	131178	41749
251342	156951	245357	135172	382034	226606	288179	442114	514383	126602
161069	101007	158977	86794	243713	154230	171641	269812	324712	83611
132		129	73	50	89	39	179	164	63
57		129	65	49	84	39	139	142	63
132		129	73	47	89	39	180	164	63
6				**6**	**3**		**6**	**1**	
2824				**10585**	**840**		**15900**	**200**	
1323.5				**2337**	**193.2**		**3304.4**	**127**	
4884.7	**9607.6**	**10996.9**	**6729.8**	**11962**	**9102.4**	**20311.3**	**12630.4**	**19449.6**	**5748.4**
6960.4	**5430**	**16838.1**	**7850.1**	**24312**	**11129.7**	**15921.2**	**29917.5**	**35699.9**	**8989.4**
4376.3	2290.9	5496.7	4587	11643	5929.1	7823.5	15675.6	14695.5	4475.5

9-6 续表

（2019年）

指　　标	单位	全市	五华区	盘龙区	官渡区	西山区
磷肥	吨	29911.3	938	898.9	319.4	383.1
钾肥	吨	12370.4	201.6	217.9	531.8	100.7
复合肥	吨	51265.5	831.8	1441.7	842	785.1
农用塑料薄膜使用量	**吨**	**13626.5**	**134.7**	**599.5**	**355.3**	**196.3**
#地膜使用量	吨	9445.3	119.7	527.3	90.4	117.2
地膜覆盖面积	**公顷**	**90913.8**	**1857**	**4990.2**	**1148.1**	**2036.6**
农药使用量	**吨**	**3764.3**	**23.4**	**100.8**	**62.8**	**144.6**
从业人员总计	**人**	**1819294**	**22733**	**54732**	**41357**	**49382**
#男从业人员	人	949068	11316	28770	20421	24737
女从业人员	人	870226	11417	25962	20936	24645
农林牧渔业从业人员	人	1095136	12940	34553	18268	26398
工业从业人员	人	100061	1205	2247	3625	4867
建筑业从业人员	人	182501	2510	3991	1444	3808
交通运输、仓储业及邮电通信业人员	人	83116	1499	2149	3034	4424
信息传输计算机服务和软件业从业人员	人	13154	135	530	295	564
批发与零售从业人员	人	85798	1219	1525	6305	3268
住宿和餐饮业从业人员	人	83711	1460	2703	3508	2631
其它行业从业人员	人	175817	1765	7034	4878	3422

东川区	呈贡区	晋宁区	富民县	宜良县	石林县	嵩明县	禄劝县	寻甸县	安宁市
814.7	586.3	2893.8	1804.3	5370.7	1335.2	2986.6	4395.9	5648.2	1536.2
249.8	631.3	2052.6	434.3	1648	1262.1	1310	1020.4	1723	986.9
1519.6	1921.5	6395	1024.5	5650.3	2603.3	3801.1	8825.6	13633.2	1990.8
147.9	**502.8**	**2404**	**338.6**	**1519.8**	**798.6**	**1398.6**	**1573.5**	**2651.5**	**1005.4**
136.5	282.3	1097.6	308.7	1122.1	758.6	713.2	1543.1	1979.7	648.9
2376.3	**2054.1**	**7289**	**2330.8**	**9846.7**	**9167.6**	**6403.6**	**15051.2**	**20790.6**	**5572**
47.2	**289.2**	**505.2**	**116**	**711.7**	**462**	**349.7**	**151.9**	**478.4**	**321.4**
150426	**90115**	**154824**	**81262**	**233505**	**139509**	**163241**	**257388**	**304260**	**76560**
81772	45526	80080	41917	120872	71210	87309	137704	159825	37609
68654	44589	74744	39345	112633	68299	75932	119684	144435	38951
78615	52420	106480	45553	141826	103050	74198	166636	205348	28851
7710	5069	9404	8850	12852	3166	15215	7114	9827	8910
15436	1344	7201	10800	23824	6269	24126	43071	34247	4430
3206	4067	6385	4084	10355	4174	11733	10323	11770	5913
208	1399	761	802	932	234	2760	2462	1195	877
4352	7862	5997	3773	11027	5156	8440	11159	10877	4838
6053	7003	5185	2262	8694	3222	7751	16623	11205	5411
34846	10951	13411	5138	23995	14238	19018		19791	17330

9-7 分县(市)区农作

（2019年）

指 标	全市	五华区	盘龙区	官渡区	西山区	东川区
农作物总计	**425704.4**	**3417.1**	**12501.9**	**6743.4**	**4449.3**	**21448.8**
一、粮食作物	**233266.7**	**2080.4**	**7285.3**	**4726.4**	**2409.6**	**12912.5**
夏粮	84597.4	636	3240.7	1485.7	814.7	2547.4
秋粮	148669.3	1444.4	4044.6	3240.7	1594.9	10365.1
(一)谷物	157238	1411.7	5303.9	3853.3	1905	8080
#稻谷	15204.9	15.1			171.9	1142.4
小麦	26907.8	181.8	862.1	657.5	356.2	873.4
玉米	83025.3	956.5	2890.7	2730.2	1239.6	5084.2
其它谷物	31490.8	258.3	1551.1	465.6	137.3	965
(二)豆类	38570.3	484	1147.1	639.6	410	1036.7
#蚕豆	14067.5	118.3	353.9	73	169.1	156.5
(三)薯类(折粮)	37458.5	184.7	834.3	233.5	94.6	3795.8
#马铃薯	35164.9	184.7	834.3	233.5	93.3	2610.1
二、油料	**7660.2**	**60.4**		**10.8**	**68.8**	**713**
#油菜籽	6563.9	17		7	54.8	350.7
三、甘蔗	**32.2**					
四、麻类	**8**					
五、烟叶	**33141.2**	**140**	**1345.1**			
#烤烟	33073.8	140	1345.1			
六、药材类	**10138.2**	**37.6**	**5.3**	**3**		**489.5**
七、蔬菜、瓜果类	**110558.1**	**1052.5**	**3539.8**	**1528.1**	**1682.1**	**4045.7**
#蔬菜(含菜用瓜)	109849.0	1034.2	3539.8	1528.1	1642.7	3990.3
瓜果类	709.1	18.3			39.4	55.4
八、其它作物	**30899.7**	**46.2**	**326.4**	**475.1**	**288.8**	**3288**
#鲜切花	8311.7	26.2	325	316.2	219.1	16.7
青饲料	7270.1	0.9	10	1		542.7

物播种面积

单位：公顷

呈贡区	晋宁区	富民县	宜良县	石林县	嵩明县	禄劝县	寻甸县	安宁市
7313	**27872.9**	**19700**	**56104.5**	**55241.3**	**30697.1**	**69925.4**	**92960.2**	**17329.5**
203.4	**5143**	**13260.1**	**32170**	**30550.7**	**12257.9**	**48078.8**	**57440**	**4748.6**
	1426.6	5890	13687.2	11873.7	6285.1	17965	17840.7	904.6
203.4	3716.4	7370.1	18482.8	18677	5972.8	30113.8	39599.3	3844
193.3	3294.2	8282.6	22698.7	22991.9	8219.6	35563.5	31492.1	3948.2
	241.1	1106.7	3303.3	1891.2	672.4	2656.8	3802.7	201.3
	459.9	1991.7	4695.2	4707.8	2065.5	7413.4	2418	225.3
193.3	2568.6	4651.7	13533.8	12040.1	4470.9	17284.5	12133.7	3247.5
	24.6	521	1166.4	4352.8	1010.8	7626.1	13137.7	274.1
10.1	1230.4	4216.5	8328.3	4514.9	3278.4	5549.8	7094.5	630
	566.9	817.1	3461	2109.9	1910.6	1828	2285.2	218
	618.4	761	1143	3043.9	759.9	6965.5	18853.5	170.4
	586.1	509.4	1035	2927.7	759.9	6511	18723.5	156.4
	503.6	**356.2**	**301**	**270**	**8.4**	**2024.5**	**2299.6**	**1043.9**
	404.4	273	98	193	4	1834.1	2299.6	1028.3
						32.2		
						8		
	1115.4	**1223**	**4739**	**7426.9**	**1687.3**	**5530.3**	**9371.3**	**562.9**
	1048	1223	4739	7426.9	1687.3	5530.3	9371.3	562.9
	72.5	**309.7**	**38**	**1493.9**	**5.3**	**5765.5**	**1811.3**	**106.6**
7042.8	**17836.9**	**4105.6**	**14155**	**9888.5**	**16202.8**	**7355.9**	**12404.2**	**9718.2**
7039.6	17835.9	4064.0	14092.0	9860.5	16034.3	7338.3	12241.0	9608.3
3.2	1	41.6	63	28	168.5	17.6	163.2	109.9
66.8	**3201.5**	**445.4**	**4701.5**	**5611.3**	**535.4**	**1130.2**	**9633.8**	**1149.3**
109	3298.3	190.5	1054.5	552.8	833.4	107.9	258.3	1003.8
		72.3	234.5	1312	25	655.1	4407.3	9.3

9-8 分县(市)区

（2019年）

指　　标	全市	五华区	盘龙区	官渡区	西山区	东川区
农作物总计						
一、粮食作物	**1022031.4**	**10830.3**	**30920.7**	**19270.1**	**11278.2**	**38736.9**
夏粮	199166.3	2563.4	7163.3	2589.0	3029.1	3091.5
秋粮	822865.1	8266.9	23757.4	16681.1	8249.1	35645.4
(一)谷物	766120.6	7027.4	23939.9	17341.7	9482.8	26366.9
#稻谷	114214.3	117.4			1423.3	8119.4
小麦	68916.8	738.6	1345.2	1050.0	1542.3	1019.6
玉米	515709.2	5202.0	19721.8	15599.0	5988.4	15437.3
其它谷物	65831.6	969.4	2872.9	692.7	528.8	1757.9
(二)豆类	81502.3	1710.1	2909.1	1392.5	1206.1	1309.3
#蚕豆	31709.6	480.0	1011.0	161.8	520.1	165.0
(三)薯类(折粮)	174408.5	2092.8	4071.7	535.9	589.3	11060.7
#马铃薯	164885.6	2092.8	4071.7	535.9	582.3	5794.0
二、油料	**13783.1**	**124.3**		**12.7**	**164.8**	**856.8**
#油菜籽	11823.8	41.1		8.0	140.8	511.1
三、甘蔗	**607.6**					
四、麻类	**36**					
五、烟叶	**69305.5**	**254.3**	**3327.1**			
#烤烟	67815.1	254.3	3327.1			
六、药材类	**47765.6**	**195.0**				**3701.2**
七、蔬菜、瓜果类	**3104286.0**	**21842.6**	**93422.0**	**42844.0**	**50240.8**	**117106.2**
#蔬菜(含菜用瓜)	3084837.0	21788.5	93422.0	42844.0	49618.0	115797.9
瓜果类	19448.7	54.1			622.8	1308.3
八、其它作物						
#鲜切花	669468.9	819.1	3627.0	16832.4	7428.0	13.0

农作物产量

单位：吨、万枝

呈贡区	晋宁区	富民县	宜良县	石林县	嵩明县	禄劝县	寻甸县	安宁市
1213.4	**21711.0**	**63846.6**	**151198.0**	**132820.2**	**51007.5**	**223318.5**	**234637.4**	**31242.6**
	4271.0	16848.5	29277.0	26927.9	13936.8	39822.3	47054.6	2591.9
1213.4	17440.0	46998.1	121921.0	105892.3	37070.7	183496.2	187582.8	28650.7
1195.5	14988.8	50688.7	132137.4	114060.0	39858.0	166209.4	134305.4	28518.7
	1336.3	9383.5	28570.0	12281.6	4834.1	19824.1	26604.1	1720.5
	1229.9	7243.4	12846.8	13486.0	3329.0	18874	5570.2	641.8
1195.5	12342.0	32464.4	87588.0	82350.0	29444.4	109208.5	73824.2	25343.7
	80.6	1573.7	3132.6	5942.4	2250.5	16910.5	28306.9	812.7
17.9	3504.5	9947.1	15222.9	7019.0	8689.7	12053.2	14784.2	1736.7
	1606.6	2389.6	7187.3	4299.5	5605.2	3260.3	4391.2	632
	3217.7	3210.8	3837.7	11741.2	2459.8	45055.9	85547.8	987.2
	3116.0	2046.8	3516.7	11274.3	2459.8	43507.4	84973	914.9
	1207.7	**992.4**	**547.7**	**493.2**	**14.9**	**3751.9**	**3020.8**	**2595.9**
	950.0	747.6	147.2	338.7	4.8	3357	3020.8	2556.7
						607.6		
						36		
	2044.4	**2224.1**	**10316.0**	**14269.6**	**3625.0**	**12209.3**	**20015.9**	**1019.8**
	1920.0	2224.1	10296.0	12923.6	3625.0	12209.3	20015.9	1019.8
	167.0	**1440.3**	**98.0**	**17798.4**		**17340.7**	**6860**	**165**
188353.8	**515646.3**	**78152.3**	**424944.0**	**314775.3**	**478925.7**	**180869.6**	**285321.8**	**311841.7**
188329.5	515571.3	77741.4	423125.0	314515.3	473738.5	180565	281572.8	306208.2
24.3	75.0	410.9	1819.0	260.0	5187.2	304.6	3749	5633.5
13361.3	394609.5	8205.7	48470.0	50129.3	41927.9	463.7	2638.0	80944.0

9–9 分县(市)区油、

（2019年）

指　　标	单位	全市	五华区	盘龙区	官渡区	西山区	东川区
一、油菜籽							
播种面积	公顷	6563.9	17		7	54.8	350.7
总产量	吨	11823.8	41.1		8.0	140.8	511.1
二、蔬菜							
播种面积	公顷	109849.0	1034.2	3539.8	1528.1	1642.7	3990.3
总产量	吨	3084837.0	21788.5	93422.0	42844.0	49618.0	115797.9
三、花卉							
鲜切花面积	公顷	8311.7	26.2	325	316.2	219.1	16.7
总产量	万枝	669468.9	819.1	3627.0	16832.4	7428.0	13.0
四、茶叶							
播种面积	公顷	931.7					
总产量	吨	50.5					0.1
五、水果							
播种面积	公顷	29214.2	904.3	848.2	869.0	1229.5	2503.6
#苹果园	公顷	2782.4	68.1	252.3	80.9	607.1	172.7
柑桔园	公顷	461.8					70.1
梨园	公顷	6026.6	364.6	390	140.3	383.1	339
葡萄园	公顷	1670.9	14	2.7	179.9	1.2	368.3
水果产量	吨	280770.9	2904.9	2454.5	4124.6	10378.8	8704.2
#苹果	吨	17913.6	154.1	456.8	184.9	4852.9	272.6
柑桔	吨	3592.8					118.5
梨	吨	56791.8	1360.8	879.5	704	3063.3	517.3
葡萄	吨	21533.8	96.2	15.7	1807.0	28.0	1717.5

注：水果包含园林水果和瓜果类水果

菜、茶、果生产情况

呈贡区	晋宁区	富民县	宜良县	石林县	嵩明县	禄劝县	寻甸县	安宁市
	404.4	273	98	193	4	1834.1	2299.6	1028.3
	950.0	747.6	147.2	338.7	4.8	3357	3020.8	2556.7
7039.6	17835.9	4064.0	14092.0	9860.5	16034.3	7338.3	12241.0	9608.3
188329.5	515571.3	77741.4	423125.0	314515.3	473738.5	180565	281572.8	306208.2
109	3298.3	190.5	1054.5	552.8	833.4	107.9	258.3	1003.8
13361.3	394609.5	8205.7	48470.0	50129.3	41927.9	463.7	2638.0	80944.0
			702.0	117.0		46.0		66.7
			29.1	9.0		0.1		12.2
561.5	797.2	6486.1	1811.6	7016.6	932.7	1752.7	946.1	2555.1
92.9	46.4	352.3	27	501.4	33.2	226.5	219.5	102.1
		166.3	104.1	3		113.9		4.4
229.2	309.8	471.6	350	1044	86.8	461.1	165.6	1291.5
10.2	51.1	110.7	194.5	266.2	39.9	5.9	116.7	309.6
4895.4	4659.7	31397.4	13994	126232.6	12101.7	12599.9	9008.6	37314.6
1	103.3	5828.2	99	3100.5	443.3	939	1066.1	411.9
		1358.1	1655	52.6		397.1	0.3	11.2
4328.5	2183.9	1693.9	2422	13372.5	992.6	4402.2	1328.4	19542.9
108.1	407.0	2713.1	2811.0	4287.5	558.3	36.0	644.0	6304.4

9-10 分县(市)区畜牧

（2019年）

指　　标	单位	全市	五华区	盘龙区	官渡区	西山区
一、生猪						
年末存栏头数	头	1415369	14426	12744	4491	27721
年内出栏头数	头	2030471	30729	14543	6893	44645
二、牛						
年末存栏头数	头	435708	3195	4739	2563	3738
年内出栏头数	头	232158	1012	1889	762	1745
三、羊						
年末存栏只数	只	1171408	9003	23920	8727	27128
年内出栏只数	只	915681	6075	6195	6372	12349
四、马						
年末存栏头数	头	17755	103	191	370	20
年内出栏头数	头	483	8		2	6
五、骡						
年末存栏头数	头	23877	203	3	16	72
年内出栏头数	头	389	41			
六、驴						
年末存栏头数	头	10030	111	5		151
年内出栏头数	头	548	16			10
七、家禽						
年末家禽存栏	只	24253616	282256	220588	553334	184415
年内家禽出栏	只	52980238	100008	162732	437232	420287

业、渔业生产情况

东川区	呈贡区	晋宁区	富民县	宜良县	石林县	嵩明县	禄劝县	寻甸县	安宁市
58938		43955	79801	313700	104930	58230	191679	400500	104254
95749	785	70644	88318	458200	107952	85889	331552	506201	188371
33915		6308	19522	34471	30839	18103	95802	176219	6294
9654	6	4156	8702	14250	13396	10078	58197	103477	4834
128603		25456	51406	107653	136506	27025	323900	271254	30827
84541	172	15199	28114	69794	96468	26354	302234	229361	32453
751		39	1063	2075	2119	1161	2201	7496	166
		5	214	116	29	40		63	
2723		21	2209	4656	1453	324	6161	6011	25
			202	104		12		30	
1938		146	1941	1276	52	11	4223	87	89
98			273	144					7
659698		1642694	962876	4561946	7480267	734854	906629	1880105	4183954
1335915	14975	2939390	1205292	15702380	16825702	993149	1578688	2010228	9254260

9-10 续表

（2019年）

指　　标	单位	全市	五华区	盘龙区	官渡区	西山区	东川区
八、畜牧产品产量							
(一)肉类总产量	吨	308383.1	3108.7	2225.3	1734.7	5787.3	13587.9
#1.猪肉	吨	174010.3	2693.8	1526.8	693.5	4317.4	8831.6
2.牛肉	吨	28776.6	138.6	214.0	106.6	271.6	1034.9
3.羊肉	吨	17107.0	124.9	170.1	154.5	355.7	1416.5
4.禽肉	吨	88230.1	145.4	314.4	779.8	837.8	2298.2
(二)禽蛋产量	吨	54444.3	2676.0	1519.6	3656.1	301.0	1178.4
(三)奶类产量	吨	114205.8	137.0			88.0	38.3
#牛奶	吨	105744.8	137.0			88.0	38.3
九、渔业生产							
(一)淡水养殖面积	公顷	6422.0	13.0	40.0	2.0	35.0	153.0
(二)淡水产品产量	吨	40794.0	382.0	296.0	915.0	950.0	1713.0
1.鱼类	吨	40252.0	382.0	296.0	825.0	800.0	1713.0
2.虾蟹类	吨	524.0			90.0	150.0	

呈贡区	晋宁区	富民县	宜良县	石林县	嵩明县	禄劝县	寻甸县	安宁市
98.1	12563.8	13172.2	67592.6	42465.7	11510.2	38594.2	62565.6	33376.8
59.0	6382.0	8975.6	38900.0	9542.5	7909.3	24779.0	43000.0	16399.8
0.7	746.8	1066.7	2380.7	1847.9	1139.3	5701.3	13585.9	541.6
3.2	387.9	946.9	1561.0	2128.4	539.7	5474.7	2960.6	882.9
32.6	5046.5	2089.9	24654.0	28944.0	1916.0	2639.2	3008.2	15524.1
463.3	10692.0	3088.1	4377.0	1498.0	2037.1	1041.7	4800.1	17115.9
	24502.9	52.0	38716.0	26357.6	20493.9		3487.4	332.7
	24502.9	14.0	37620.0	19030.6	20493.9		3487.4	332.7
210.0	78.0	93.0	2000.0	640.0	287.0	709.0	1511.0	651.0
825.0	2050.0	510.0	15390.0	2299.0	1063.0	1850.0	10638.0	1913.0
825.0	1801.0	510.0	15355.0	2281.0	1063.0	1850.0	10638.0	1913.0
	249.0		35.0					

9-11 分县(市)区林

(2019年)

指　　标	单位	全市	五华区	盘龙区	官渡区	西山区
一、林产品产量						
1.油桐籽	吨					
2.棕片	吨	36.5		0.4		3.3
3.松脂	吨	18.0				
4.竹笋干	吨	3.8				0.9
5.核桃	吨	11998.7	221.7	69.3	139.1	128.2
6.板栗	吨	34946.0	216.0	668.9	269.8	20.4
二、全社会竹木采伐量						
1.木材	m3	151998.7	2870.0	7119.8	2606.0	
2.竹材	万根	4312.6			53.0	31.7

业生产情况

东川区	呈贡区	晋宁区	富民县	宜良县	石林县	嵩明县	禄劝县	寻甸县	安宁市
			1.0				29.6		2.2
				18.0					
					1.0	0.2			1.7
873.4	43.7	301.3	1476.2	552.8	1780.7	133.8	4416.8	1671.5	190.2
59.2	206.1	178.5	3625.6	8058.8	4861.5	212.1	7731.6	8268.1	569.4
1549.5	6472.0	7013.4	10237.6	21547.0	5812.4	6064.0	25590.0	5024.4	50092.6
	396.0	9.0	194.7	2269.0	68.4	580.2	137.7	512.1	60.8

主要统计指标解释

农林牧渔业总产值　指以货币表现的农林牧渔业全部产品总量和对农林牧渔业生产活动进行的各种支持性服务活动的价值。它用价值量形式综合反映一定时期内农林牧渔业生产的总成果和总规模。

农、林、牧、渔业总产值的核算范围是：

(1)农业产值：包括种植业和其他农业。种植业包括谷物、豆类、油料、棉花、麻类、糖料、烟叶、药材、薯类、蔬菜、瓜类、花卉、盆景、园艺、饲料作物等种植业，茶、桑、果、中草药种植业。

其他农业包括野生植物的果实、纤维、油料和野生药材、菌类、柴草等的采集。

(2)林业产值：包括人工植树造林、森林抚育、迹地更新，村及村以下竹、木材采伐。油桐籽、油茶籽等林产品的采集。

(3)牧业产值：包括猪、牛、羊等的饲养和放牧业，鸡、鸭、鹅等的家畜养殖业以及兔、蚕、蜂多种小动物饲养，野生动物的狩猎、诱捕、猎物饲养，野生动物产品的采集。

(4)渔业产值：包括利用海水进行鱼、虾、贝、藻类等水生动、植物的养殖和对海洋水生动、植物的捕捞；还包括在内陆水域进行鱼、虾、蟹、贝类、珍珠等水生动物的养殖和捕捞。

(5)农林牧渔服务业产值：农林牧渔服务业现价产值等于农林牧渔服务业营业收入。

农业林牧渔业总产值的计算方法，一般采用“产品法”进行计算，即凡是有产品产量的，都按产品产量乘以其产品单价求得每一种农产品的产值。

粮食产量　指全社会的产量。粮食包括稻谷、小麦、玉米、高粱、谷子、薯类和豆类。其产量计算方法，豆类按去豆荚后的干豆计算，薯类按5公斤鲜薯折1公斤粮食计算，其他粮食一律按脱粒后的原粮计算。

猪、牛、羊肉产量　指当年出栏并已屠宰的猪、牛、羊的肉产量。即屠宰后除去头蹄下水后带骨的(即胴体重)重量。

水产品产量　指本年度内捕捞的水产品产量(包括人工养殖和天然生长)。它可分为海水产品和淡水产品两大类。海水产品包括海水的鱼类、虾蟹类、贝类和藻类；淡水产品包括淡水的鱼类、虾蟹类和贝类，不包括淡水水生植物。

农用化肥施用量　指在本年度内实际用于农业生产的化肥数量。包括氮肥、磷肥、钾肥及复合肥。施用量按标准量及折纯量两种方法计算。按折纯量计算化肥数量，即把氮肥、磷肥、钾肥分别按含氮、含五氧化二磷、含氧化钾百分之百计算。

农村用电量　指本年度内扣除在农村中的全民所有制工业、交通、基建单位的用电量以后的农村生产上和生活上的全年用电总度数(全年累计数)，包括国家电网的供电量，也包括农村自办电站的供电量。

昆明统计年鉴

KUNMING STATISTICAL YEARBOOK 2020

10 工业和能源

GONGYEHENENGYUAN

10-1 年主营业务收入2000万元及以上独立核算工业企业工业增加值增长情况

指　　标	2019年比2018年增长 (%)
合计	**4.8**
一、按登记注册类型分	
国有企业	29.6
集体企业	-55.4
股份合作企业	3.8
股份制企业	4.1
外商及港澳台商投资企业	3.2
其他经济类型企业	-15.0
二、在总计中	
国有控股企业	8.0
大中型工业企业	5.9
其中：国有企业	30.9
三、按国民经济工业行业分	
采矿业	**-11.8**
煤炭开采和洗选业	-23.0
黑色金属矿采选业	698.6
有色金属矿采选业	-51.0
非金属矿采选业	-3.3

10-1 续表 1

指　　标	2019年比2018年增长 (%)
制造业	**4.4**
农副食品加工业	4.8
食品制造业	7.4
酒、饮料和精制茶制造业	2.5
烟草制品业	4.0
纺织业	-13.7
纺织服装、服饰业	-0.6
皮革、毛皮、羽毛及其制品和制鞋业	-45.6
木材加工和木、竹、藤、棕、草制品业	-0.6
家具制造业	-41.2
造纸和纸制品业	-5.4
印刷和记录媒介复制业	0.4
文教、工美、体育和娱乐用品制造业	-35.8
石油加工、炼焦和核燃料加工业	9.6
化学原料和化学制品制造业	5.6
医药制造业	3.2
化学纤维制造业	-0.6
橡胶和塑料制品业	-13.3
非金属矿物制品业	3.7

10–1 续表 2

指　　标	2019年比2018年增长(%)
黑色金属冶炼和压延加工业	10.6
有色金属冶炼和压延加工业	-0.4
金属制品业	-13.3
通用设备制造业	-16.3
专用设备制造业	13.6
汽车制造业	-3.4
铁路、船舶、航空航天和其他运输设备制	6.3
电气机械和器材制造业	11.1
计算机、通信和其他电子设备制造业	-13.8
仪器仪表制造业	-9.9
其他制造业	195.3
废弃资源综合利用业	-6.2
金属制品、机械和设备修理业	78.3
电力、热力、燃气及水的生产和供应业	**13.3**
电力、热力生产和供应业	13.4
燃气生产和供应业	11.4
水的生产和供应业	17.1

10-2 年主营业务收入2000万元及

（2019年）

指　　标	企业单位数(个)	亏损企业	工业总产值(当年价格)	年初存货
总　计	**1006**	**208**	**412655309**	**74023237**
一、按登记注册类型分组:				
内资企业	**939**	**198**	**392941971**	**71466935**
国有企业	18	3	12203530	4656104
中央企业	6	1	11126851	4313592
地方企业	12	2	1076679	342512
集体企业	6	4	184468	28402
股份合作企业	2	1	40747	10447
有限责任公司	352	73	210660127	42223873
国有独资公司	30	4	106334016	8699186
其他有限责任公司	322	69	104326111	33524687
股份有限公司	57	8	110839538	17221655
私营企业	504	109	59013561	7326454
私营独资企业	18	3	1160743	121239
私营合伙企业	1		114405	5923
私营有限责任公司	446	97	50529750	6202450
私营股份有限公司	39	9	7208663	996842
港、澳、台商投资企业	**34**	**6**	**9484462**	**1282521**
合资经营企业(港或澳、台资)	16	2	6467665	744214
合作经营企业(港或澳、台资)	1		74130	41152
港澳台商独资经营企业	15	3	1585270	188202
港澳台商投资股份有限公司	2	1	1357397	308953
外商投资企业	**33**	**4**	**10228876**	**1273781**
中外合资经营企业	16	2	3819887	437513
中外合作经营企业	3	1	2862340	501073
外资企业	13	1	3435806	311388
其他外商投资企业	1		110843	23807
二、在总计中				
亏损企业	208	208	63094151	9773891
国有控股企业	191	35	289289568	55751112
三、按企业规模分				
大型企业	28	2	155908554	39443166
中型企业	102	23	138525114	19777912
小型企业	795	160	112071190	14510924
微型企业	81	23	6150451	291235
四、按国民经济工业行业分				
煤炭开采和洗选业	9	5	704379	60437
有色金属矿采选业	14	11	1124597	117519
非金属矿采选业	19	5	6627761	2370427
农副食品加工业	107	25	17319599	1435228
食品制造业	39	5	8744348	1356081
酒、饮料和精制茶制造业	26	4	5588061	992466
烟草制品业	4		43502879	25116208

以上独立核算工业企业主要经济指标

单位：千元

产成品	资产总计	流动资产合计				长期股权投资
			应收账款	存货		
					产成品	
18198507	**595525805**	**304651282**	**52333582**	**77493974**	**19582351**	**84360683**
17444220	**567303691**	**291998370**	**49755872**	**74839732**	**18719264**	**83587449**
3959863	16173521	13134969	1412706	6122977	4712026	43804
3845279	13500210	11168263	1229874	5746234	4655813	33594
114584	2673311	1966706	182832	376743	56213	10210
7362	204603	171026	47203	26557	8520	
3718	148524	85073	4436	6704	2482	
6732134	293284147	121176683	22094654	39683025	7104194	43910558
1284775	120422796	31410916	4293330	8252931	1187626	6877557
5447359	172861351	89765767	17801324	31430094	5916568	37033001
3811858	204315785	121310053	16439053	20397473	3752873	38103931
2929285	53177111	36120566	9757820	8602996	3139169	1529156
52152	1241737	1021652	159445	137932	71509	
	51841	50343	34369	4773		
2398265	44308804	30204448	8173895	7551997	2591136	625071
478868	7574729	4844123	1390111	908294	476524	904085
395041	**18002183**	**8139271**	**1889291**	**1384632**	**446900**	**434130**
230212	13084609	5563073	1007337	866612	275149	190373
28329	235490	156030	87581	48167	30861	48880
88892	2373797	1112147	306213	216636	110801	1100
47608	2308287	1308021	488160	253217	30089	193777
359246	**10219931**	**4513641**	**688419**	**1269610**	**416187**	**339104**
144967	3946406	2157693	365020	454115	191384	283476
89452	2352119	867265	31476	442910	75076	25628
110502	3805185	1402110	282576	351695	135937	30000
14325	116221	86573	9347	20890	13790	
2728903	90561895	41588483	5929796	11194962	3731100	8745612
11411257	428922588	192204064	29267962	57661989	12198770	74999966
5083087	291758528	153336375	18469848	38817403	4468220	71170923
7043593	164217807	74808724	9200609	20945513	8555925	7843309
5996152	126944015	70907512	23095637	16258809	6324331	5340808
75675	12605455	5598671	1567488	1472249	233875	5643
42998	1644081	1178975	87575	59752	39532	
41476	3350555	896069	20642	130705	35457	26600
271285	15553049	7118018	1414611	2426408	401387	379697
523208	9599565	5493991	891434	1714714	606088	876833
344083	8490427	3900497	520115	1208561	480094	798805
327536	6607062	2507644	359171	1205222	458522	151400
5193719	61879274	37598407	2061214	24213686	5754449	33875235

10-2 续表 1

（2019年）

指　　标	企业单位数(个)	亏损企业	工业总产值(当年价格)	年初存货
纺织业	4	1	211768	184253
纺织服装、服饰业	4	1	203670	69081
木材加工和木、竹、藤、棕、草制品业	8	1	647871	199837
家具制造业	2		42657	12212
造纸和纸制品业	24	5	1801398	190365
印刷和记录媒介复制业	38	6	3584106	586710
文教、工美、体育和娱乐用品制造业	4	1	237005	37680
石油、煤炭及其他燃料加工业	8	2	64142721	5516606
化学原料和化学制品制造业	106	26	41424380	5971598
医药制造业	50	8	20776982	4279316
化学纤维制造业	2		1500033	168843
橡胶和塑料制品业	53	11	3610957	583339
非金属矿物制品业	126	15	18417183	1454302
黑色金属冶炼和压延加工业	13	3	25079815	4132437
有色金属冶炼和压延加工业	41	10	71664831	7742288
金属制品业	54	11	5938149	690312
通用设备制造业	30	14	2648870	856335
专用设备制造业	36	5	4076753	1670672
汽车制造业	14	7	9787195	2042176
铁路、船舶、航空航天和其他运输设备制造业	4		1944271	831363
电气机械和器材制造业	62	10	10518187	1946372
计算机、通信和其他电子设备制造业	18	5	3254495	1098895
仪器仪表制造业	21	1	2303205	1019950
其他制造业	1		78456	37463
废弃资源综合利用业	6	3	460425	15093
电力、热力生产和供应业	36	5	23786324	111954
燃气生产和供应业	14		8303482	1085210
水的生产和供应业	9	2	2598496	40209
五、按企业所在地分				
五华区	76	11	92611731	29565103
盘龙区	34	8	17980374	1750757
官渡区	122	19	60198180	10335708
西山区	60	11	15992150	2292123
东川区	36	20	6328945	787002
呈贡区	156	23	54015425	7751229
晋宁区	103	24	15305941	3373046
富民县	55	8	7657718	843036
宜良县	88	27	10507627	1142086
石林县	36	3	3674538	325352
嵩明县	91	17	12881246	1588670
禄劝县	17	4	897101	104500
寻甸县	36	10	4145299	1300046
安宁市	96	23	110459034	12864579

单位：千元

产成品	资产总计	流动资产合计	应收账款	存货	产成品	长期股权投资
101042	449996	270773	80925	149901	84420	1700
35920	3056458	2740275	42783	63537	36278	1901
110444	648887	371967	32629	201168	126493	2290
8812	59287	29447	8755	11629	8663	
103760	1476519	861829	174553	205739	102594	9200
149031	4950967	3084440	766530	680567	241860	37915
9129	270913	187851	45369	25321	8176	13830
617660	30299970	9789281	263431	5782766	580987	5676
2125406	50825535	31028341	4767535	6141148	2210949	1748108
1328497	66898881	52784384	8106091	4318171	1497667	5030430
54787	1031280	887738	103129	184254	51533	
270122	3490693	2495361	773492	723083	325594	126828
574795	21244057	12285755	4403379	1382630	569441	891897
608550	30490587	13961841	915650	5061865	843379	4912049
1679810	71823374	38385382	4169762	9493720	1695006	24179792
303019	7880401	6239935	2673899	1754908	404617	93747
233905	5098363	3248334	968710	930393	313670	130022
408667	8006256	5228563	2279562	1056949	362804	147798
1261386	18445784	10712198	3246302	2043909	717197	1478006
156965	7585949	5414062	1643553	966185	158500	
1004861	10330382	7473758	2979823	1790855	1019082	484771
167696	9074282	6103750	898954	1971741	305683	753861
105264	5129032	3732510	2108372	702940	96468	420056
187	146897	135266	10261	56370	2440	146897
9283	466887	339784	276512	29484	16687	
1703	56633569	7448702	3504931	151577	1548	671809
20709	52994311	15630699	701434	614887	21409	6179107
2792	19592275	5085455	1032494	39229	3677	784423
3149068	117341513	67567339	9166962	29264678	2981471	46826951
319688	26643695	17273950	1958430	2753180	827448	3490197
5801806	97746695	49912407	11881056	10991914	6160952	4539416
849547	28283928	13496398	3742047	2324619	852386	1378789
230938	8264790	3641374	572690	1023817	256900	155450
3329140	135578579	72029803	11860683	7670303	3600182	14525451
739144	19418112	9463971	2231135	3678516	916123	215243
464616	7996532	3696521	1000386	747896	343126	76152
410180	11494482	4996863	1005387	1008260	314415	757124
121289	5906457	2399893	699721	364208	128560	25600
479038	13114403	7907876	3142601	2734969	625176	729171
81716	6863689	617818	135781	167081	112606	
303025	12472328	4702728	1028620	1245997	346247	107590
1919312	104400602	46944341	3908083	13518536	2116759	11533549

10-2 续表 2

（2019年）

指　　标	资产			
	固定资产原价	房屋和构筑物	机器设备	累计折旧
总　计	**289157392**	**69435177**	**153537349**	**116926564**
一、按登记注册类型分组:				
内资企业	**272053528**	**64802510**	**146996695**	**109250093**
国有企业	4344300	2191601	1873169	2200978
中央企业	3486178	1788959	1548841	1733874
地方企业	858122	402642	324328	467104
集体企业	104253	15822	45549	59742
股份合作企业	52923	27895	23234	33275
有限责任公司	196628171	41642256	111495040	76292668
国有独资公司	111025935	11493549	75390840	38261018
其他有限责任公司	85602236	30148707	36104200	38031650
股份有限公司	52324777	14167488	26222343	23275151
私营企业	18599104	6757448	7337360	7388279
私营独资企业	217162	48353	80032	106911
私营合伙企业	4069	1258	1654	2792
私营有限责任公司	16378954	5830049	6748887	6435554
私营股份有限公司	1998919	877788	506787	843022
港、澳、台商投资企业	**9966918**	**2310850**	**2704406**	**4369999**
合资经营企业(港或澳、台资)	7568211	1379442	1678885	3303472
合作经营企业(港或澳、台资)	66468	37386	28990	38961
港澳台商独资经营企业	1313896	504553	417266	513567
港澳台商投资股份有限公司	1018343	389469	579265	513999
外商投资企业	**7136946**	**2321817**	**3836248**	**3306472**
中外合资经营企业	2346068	792483	1252281	1184304
中外合作经营企业	1653888	630738	959647	857855
外资企业	3048151	856275	1577990	1201082
其他外商投资企业	88839	42321	46330	63231
二、在总计中				
亏损企业	55263740	15925423	22704715	21958727
国有控股企业	235623726	50269024	129345662	92810983
三、按企业规模分				
大型企业	121677370	26662037	76998784	61097568
中型企业	100310258	16689374	50269879	29527688
小型企业	60374823	24260661	23455479	24709324
微型企业	6794941	1823105	2813207	1591984
四、按国民经济工业行业分				
煤炭开采和洗选业	752024	248103	301677	543436
有色金属矿采选业	3138923	1965146	682906	1578125
非金属矿采选业	7713371	3770115	3283260	3553744
农副食品加工业	3418914	1659146	1118249	1420409
食品制造业	4752510	1649489	2046959	1944153
酒、饮料和精制茶制造业	4822621	1768995	2274129	1921272
烟草制品业	15728868	5545256	9566321	9672018

单位：千元

总计						
本年折旧	固定资产净额	在建工程	无形资产	土地使用权	负债合计	流动负债合计
13911498	**184948828**	**16539093**	**27046255**	**12028543**	**316230674**	**241896909**
13049527	**175528010**	**14731744**	**24975607**	**11092853**	**301636627**	**231347914**
217192	2168106	515756	246246	174255	9111314	8471894
166916	1783307	461091	163872	147908	7733390	7212397
50276	384799	54665	82374	26347	1377924	1259497
4952	44511	1934	7151		112828	102344
1742	19646	13417	20315	20315	118474	111194
9644790	133114624	9022064	18750118	7039503	152610430	101660137
5483820	72122287	3487079	3615481	2574563	69396216	38627475
4160970	60992337	5534985	15134637	4464940	83214214	63032662
2049748	29245063	3890966	3602648	2419929	111889249	95253639
1131103	10936060	1287607	2349129	1438851	27794332	25748706
10152	102574	10622	11813	10915	472389	461996
370	1277		3		47314	42525
991953	9746753	1081515	1934554	1263813	24538545	22634496
128628	1085456	195470	402759	164123	2736084	2609689
429293	**5597189**	**1528743**	**1080969**	**393636**	**9842818**	**6098940**
326631	4266652	1439760	752949	219720	6768717	3793554
2858	27507		3037	2936	51941	51941
61504	799751	29325	177413	68370	1311367	746885
38300	503279	59658	147570	102610	1710793	1506560
432678	**3823629**	**278606**	**989679**	**542054**	**4751229**	**4450055**
127020	1161093	56935	194582	141287	1507606	1357608
106463	793663	110182	459451	111596	1522177	1513738
196100	1843265	110874	332222	285747	1706026	1563289
3095	25608	615	3424	3424	15420	15420
2276386	30542397	3195684	3551856	2144475	82897245	65441650
10850430	156589199	12391897	20433318	7699498	234394774	168935406
5457342	77567129	7250270	15163728	4881699	140567281	112714730
5120200	68535336	4783338	4974377	3263281	91855512	62648399
3029651	33975318	4078833	6785812	3787658	73304487	60662093
304305	4871045	426652	122338	95905	10503394	5871687
22547	186964	47258	496820	317238	749465	723571
142836	1560798	187780	598982	40700	1960320	1734885
283196	4147523	276018	1683252	71036	8456970	7005115
196877	1973330	153067	566954	480866	4776642	4313450
307232	2770213	510565	353353	219291	3327210	2747744
312091	3149508	243964	442264	393692	3523357	3317874
638821	22847203	915578	9346678	1457715	12066966	11849985

10-2 续表 3

（2019年）

指　　标	资产			
	固定资产原价	房屋和构筑物	机器设备	累计折旧
纺织业	112725	68932	15521	20642
纺织服装、服饰业	401041	257541	124509	107749
木材加工和木、竹、藤、棕、草制品业	374138	22338	62285	134141
家具制造业	32392	27457	4710	8678
造纸和纸制品业	781110	234179	367214	294646
印刷和记录媒介复制业	2838004	668718	1695055	1457721
文教、工美、体育和娱乐用品制造业	118407	43220	72169	44560
石油、煤炭及其他燃料加工业	25282478	1299123	477031	4689886
化学原料和化学制品制造业	27104449	7695763	16886967	14507448
医药制造业	8382218	4148620	3070129	3269911
化学纤维制造业	638439	134889	371828	517219
橡胶和塑料制品业	1135981	313699	475167	518984
非金属矿物制品业	9191643	3754543	4440532	3404923
黑色金属冶炼和压延加工业	17767168	950878	11478045	7568323
有色金属冶炼和压延加工业	12380709	2492462	5339151	7165661
金属制品业	1608695	773607	595408	660297
通用设备制造业	1628128	571205	892049	859220
专用设备制造业	2568277	1038285	1164119	1175642
汽车制造业	5939910	1829364	2180922	2323400
铁路、船舶、航空航天和其他运输设备制造业	1526601	806615	550722	647593
电气机械和器材制造业	2301157	1040072	936078	986482
计算机、通信和其他电子设备制造业	2149119	804257	1086850	974380
仪器仪表制造业	1336891	775034	465744	585535
其他制造业	43037	13527	25797	28707
废弃资源综合利用业	135327	52675	57204	47496
电力、热力生产和供应业	74293610	18039852	47110418	32980085
燃气生产和供应业	35536459	1876548	32665825	7388274
水的生产和供应业	13222048	3095524	1652399	3925804
五、按企业所在地分				
五华区	32775060	11147901	15740913	19839564
盘龙区	6924528	1608502	1492579	3190156
官渡区	62159585	13214433	44427420	29353229
西山区	14118984	4373644	6168308	7169174
东川区	5872458	2683867	2104587	2570312
呈贡区	54897979	8141484	39473076	14765502
晋宁区	9226871	4108216	3791665	3605179
富民县	5399140	1897857	2599365	2047866
宜良县	8213717	3072244	4195836	3608204
石林县	4316164	577224	1661163	1053080
嵩明县	4903522	1902800	2174315	2062766
禄劝县	7973009	5713782	1900264	1981197
寻甸县	12171206	2997154	3247720	4226681
安宁市	60205169	7996069	24560138	21453654

单位：千元

总计					负债合计	流动负债合计
本年折旧	固定资产净额	在建工程	无形资产	土地使用权		
5582	77803	44035	42795	42795	170883	149873
29000	292600	15245	418		2405053	2403853
23918	239996	674	36752	17775	398395	359216
2429	23085	2343	2528	1835	23619	23619
55844	476114	12538	66596	58378	743439	681929
155367	1301272	95019	262555	135926	1993626	1843597
9162	73439	8011	11300	5000	117047	113363
1647260	18315583	889217	880944	181281	16363235	12721483
1419741	12320650	1234443	2284975	1843551	29455674	24660898
449405	5037037	1387053	1021529	816038	25283380	22655259
14066	121220	8242	5772		133656	129257
74437	600354	52041	158781	152844	1854697	1726444
507247	4894176	413753	1132470	735172	12469635	10184222
558543	10189946	254955	328837	198084	25063015	23370305
496159	5170310	764337	534219	274631	43476965	36278530
92172	879472	89133	227461	224200	4860311	4584684
73487	759620	131939	207330	154463	4484348	2797535
449205	1348252	149389	624759	524837	4948709	4616107
232990	4033490	963125	1136017	541965	11440479	9300862
62012	878918	165743	302209	241108	1980134	1954270
133872	1238487	440661	466210	331599	5067701	4717314
108638	1172972	57375	281531	81246	4095680	3912886
47781	751344	27293	281174	180094	2186334	2157109
11541	14330				91553	84913
12017	78060	28097	21243	17642	381416	381407
3441291	40594380	3733743	1418527	540732	43096175	18624641
1379421	28134355	1142384	1263140	1242467	25030852	13565496
515311	9296024	2094075	557880	504342	13753733	6205213
1283626	29297119	2583802	10040429	1836016	38357150	32314853
267093	4047258	928466	760047	329458	18786835	16076306
3328838	33190945	4627246	2768166	1599218	53339835	36114165
697532	6749552	1541105	1448755	1133202	18257836	13296733
316083	3273241	296531	788684	126238	4189485	3119772
2310189	39982573	2657635	2918846	2030433	63283894	43379363
403660	5572564	377267	1756954	368298	12258950	10779044
282839	3333812	326046	350457	249122	5005919	3743299
477131	4579943	370716	549285	289325	6931406	4682733
277486	2800140	28615	127189	99773	3470704	2146947
309496	2968223	517654	694835	515694	7877230	6842005
280955	5275109	88316	129711	108582	6888945	3682173
493527	5402348	1126640	850738	568100	14055281	12182607
3183043	38476001	1069054	3862159	2775084	63527204	53536909

10-2 续表 4

（2019年）

指标	负债合计 流动负债 应付账款	所有者权益合计	实收资本	国家资本
总　计	**66718900**	**279448941**	**120557219**	**59782578**
一、按登记注册类型分组:				
内资企业	**63813529**	**265681575**	**110744488**	**58294484**
国有企业	4316774	7062207	1199304	906968
中央企业	3946623	5766820	739373	447037
地方企业	370151	1295387	459931	459931
集体企业	21230	91775	45824	1550
股份合作企业	24675	30050	21995	
有限责任公司	26567601	141029808	73283621	51410888
国有独资公司	8000375	51534092	34327326	32947101
其他有限责任公司	18567226	89495716	38956295	18463787
股份有限公司	23728215	92426536	23153455	5968968
私营企业	9155034	25041199	13040289	6110
私营独资企业	167648	769348	61688	
私营合伙企业	30580	4527	500	
私营有限责任公司	8265772	19428679	10718034	
私营股份有限公司	691034	4838645	2260067	6110
港、澳、台商投资企业	**1528726**	**8298664**	**6465349**	**1127755**
合资经营企业(港或澳、台资)	1015750	6315892	4560546	1127755
合作经营企业(港或澳、台资)	27505	183549	38000	
港澳台商独资经营企业	204196	1201729	965722	
港澳台商投资股份有限公司	281275	597494	901081	
外商投资企业	**1376645**	**5468702**	**3347382**	**360339**
中外合资经营企业	467171	2438800	1726268	360339
中外合作经营企业	320693	829942	467396	
外资企业	582627	2099159	914731	
其他外商投资企业	6154	100801	238987	
二、在总计中				
亏损企业	12366271	8238508	18359082	5867374
国有控股企业	43979518	195035326	86824776	57680770
三、按企业规模分				
大型企业	30473604	151191247	45537402	26823226
中型企业	17625759	72362295	39192446	26190856
小型企业	16359713	53639528	33592008	5956845
微型企业	2259824	2255871	2235363	811651
四、按国民经济工业行业分				
煤炭开采和洗选业	83979	894616	259283	232687
有色金属矿采选业	104710	1390235	502288	41100
非金属矿采选业	1348303	7096079	4106190	2634779
农副食品加工业	951072	4558010	2579013	21540
食品制造业	1154754	5131905	2439008	221647
酒、饮料和精制茶制造业	950585	3083705	1880709	20000
烟草制品业	5542029	49812308	10317497	6633556

单位：千元

集体资本	法人资本	个人资本	港澳台资本	外商资本	营业收入	主营业务收入
3361268	**36123017**	**14722416**	**2105245**	**4462689**	**483580938**	**470218092**
3340438	**32844964**	**14501747**	**419135**	**1343714**	**463527630**	**450568633**
	292336				12254884	12014508
	292336				10762568	10668645
					1492316	1345863
41824	750	1700			178429	178429
12374		9621			47016	43887
482924	17476159	2679722	79528	1154400	220294231	211152054
7000	1373225				106983348	105662804
475924	16102934	2679722	79528	1154400	113310883	105489250
2690138	9541480	4423942	339607	189314	169790740	166800045
113178	5534239	7386762			60962330	60379710
	40436	21252			1177910	1177566
		500			126491	126491
58068	4105358	6554608			52182461	51676199
55110	1388445	810402			7475468	7399454
20830	**2347878**	**215469**	**1382802**	**1370615**	**9316838**	**9021749**
10800	1381075	205719	550020	1285177	6480485	6250402
		5800	32200		150663	148946
10030	69672		800582	85438	1285135	1279534
	897131	3950			1400555	1342867
	930175	**5200**	**303308**	**1748360**	**10736470**	**10627710**
	598142	5200	230283	532304	4464964	4420528
	89962			377434	2438759	2417255
	3084		73025	838622	3713075	3670282
	238987				119672	119645
196809	10110106	1730706	64398	389689	75742772	74041716
2493736	21621162	3060334	600473	1368295	356495629	345580175
2303239	10232057	4043718	73025	2062131	215906067	209503024
370148	9802209	1610730	606953	611550	143434372	138549645
678062	15416885	8686112	1065096	1789008	118167429	116135716
9819	671866	381856	360171		6073070	6029707
327	22910	3359			856873	714051
	49110	105269		306809	1781013	1107682
	1392819	78592			7710026	7468848
105594	1351106	994841	18610	87322	17364356	17240735
65500	854287	874801	210483	212290	9016390	8916172
	968308	235994	249952	406455	5728403	5591264
	3683941				47549016	43854903

10-2 续表 5

（2019年）

指　　标	负债合计 流动负债 应付账款	所有者权益合计	实收资本	国家资本
纺织业	69416	279113	69020	
纺织服装、服饰业	28965	651405	318005	118005
木材加工和木、竹、藤、棕、草制品业	49153	250492	226067	
家具制造业	3650	35668	18000	
造纸和纸制品业	162930	733080	380192	58304
印刷和记录媒介复制业	648242	2957341	1253739	258451
文教、工美、体育和娱乐用品制造业	32400	153866	81253	
石油、煤炭及其他燃料加工业	2582098	13919610	4319674	3008000
化学原料和化学制品制造业	8746705	21352336	10673497	4017934
医药制造业	6028887	41615501	5110532	595390
化学纤维制造业	78305	897624	491960	
橡胶和塑料制品业	292922	1513320	914269	11436
非金属矿物制品业	4510764	8726984	4779064	581529
黑色金属冶炼和压延加工业	6392361	5427572	3548964	35453
有色金属冶炼和压延加工业	7293034	28354397	9411246	3081431
金属制品业	2141216	3020090	1491320	50083
通用设备制造业	935327	1121527	1399669	49739
专用设备制造业	2104933	3057547	2352958	1507767
汽车制造业	2885539	7005305	3023421	624308
铁路、船舶、航空航天和其他运输设备制造业	972094	5605815	1826924	997984
电气机械和器材制造业	1766924	5262681	3429181	356550
计算机、通信和其他电子设备制造业	1831494	4978602	1649884	890110
仪器仪表制造业	674881	2942698	1775323	227780
其他制造业	59666	55344	10800	10800
废弃资源综合利用业	60737	85471	59910	
电力、热力生产和供应业	3828084	13676693	12847944	8269589
燃气生产和供应业	2008236	27963459	23264874	22699705
水的生产和供应业	394505	5838542	3745541	2526921
五、按企业所在地分				
五华区	7700718	78984362	20251685	8705198
盘龙区	2035591	7844262	4266561	1364566
官渡区	13503307	44994536	17832724	9168786
西山区	3614603	10026092	7498042	2803611
东川区	519589	4083293	1323028	318663
呈贡区	15100748	72263373	30400586	19538836
晋宁区	2960027	6923195	4829906	2584907
富民县	779416	2990613	1535031	320280
宜良县	1381828	4563076	3306975	934439
石林县	252697	2435753	1412175	451525
嵩明县	3087286	5202798	3936096	290787
禄劝县	154293	-25256	1863720	932036
寻甸县	2229248	-1582953	3540169	348020
安宁市	13399549	40745797	18560521	12020924

单位：千元

集体资本	法人资本	个人资本	港澳台资本	外商资本	营业收入	主营业务收入
	49020	20000			222078	221717
		200000			270557	235565
	7381	218686			525986	525720
	5600	12400			42163	42163
400	129758	111390	80340		1583472	1573040
	427222	408253	116413	43400	3645319	3537748
	39600	10203		31450	197004	196497
	1250000	61674			62964849	62812569
144530	4211066	656422	58870	1584675	43308877	40948055
211825	2370447	1629256	114300	189314	20546240	20053514
	286406	82808	122746		1555477	1555167
57180	477122	368531			3734154	3691932
199826	2001811	1479398	5000	511500	20397505	18498701
	2478106	1035405			36706684	36487933
283254	3502054	2544507			117612959	116854821
27500	953893	427644	32200		6597170	6404451
44360	1019616	224245		61709	2540834	2468735
440	345222	483168	16361		4235929	4003247
1971239	230460	162540	34868		9285071	8777122
	222040	531900	75000		2480964	2465886
192820	1346850	1532961			10524911	10430269
	690297	55389		14088	5004464	4966166
4000	1388295	88044	67204		2575903	2519202
					75487	75486
34754	10000	15156			520653	519432
17719	4040465	54880	465291		25049666	24942498
	212469	14700	98000	240000	8622861	8056025
	105336		339607	773677	2747624	2460776
358414	8791454	1702937	152402	541280	113810267	109695197
64931	1631661	303980	127746	773677	20223226	19898841
2096702	4326398	2007489	132911	100438	61599051	60171221
56767	2282549	800252	348857	1206000	18944647	16375723
8250	352484	336822		306809	6973797	6278889
218778	5212499	4472061	676950	281462	84205914	83173948
35949	1059957	863223	85870	200000	16985348	16446648
32907	507180	501002	40000	133662	6994936	6944057
40481	865466	1411868	17410	37311	10450999	10392317
207822	626270	126558			3542116	3477568
77563	2557134	595788	161728	253096	12950255	12629432
7000	599080	111804	213800		862036	862030
130500	2549341	365937	146371		4187949	4000561
25204	4761544	1122695	1200	628954	121850397	119871660

10-2 续表 6

（2019年）

指　　标	营业成本	税金及附加	销售费用	管理费用
总　计	**384820991**	**36341905**	**18455215**	**14442711**
一、按登记注册类型分组:				
内资企业	**370274078**	**36172740**	**16152099**	**13441033**
国有企业	9015970	76460	1027112	607967
中央企业	7815116	56514	1011498	410652
地方企业	1200854	19946	15614	197315
集体企业	142460	1886	28237	13992
股份合作企业	35735	143	2625	13090
有限责任公司	156367530	35189279	5708040	6992532
国有独资公司	83944319	16486766	652138	1831354
其他有限责任公司	72423211	18702513	5055902	5161178
股份有限公司	152781404	581887	6600259	3668942
私营企业	51930979	323085	2785826	2144510
私营独资企业	991816	15827	16254	22322
私营合伙企业	113703	232	5140	4556
私营有限责任公司	44637989	240646	2424938	1879921
私营股份有限公司	6187471	66380	339494	237711
港、澳、台商投资企业	**6262875**	**89613**	**982759**	**632382**
合资经营企业(港或澳、台资)	4574640	56436	443300	395235
合作经营企业(港或澳、台资)	83319	1855	723	6976
港澳台商独资经营企业	877895	14157	120046	76272
港澳台商投资股份有限公司	727021	17165	418690	153899
外商投资企业	**8284038**	**79552**	**1320357**	**369296**
中外合资经营企业	3436857	24400	596917	141278
中外合作经营企业	2158887	6886	136210	48861
外资企业	2587644	46930	576308	174378
其他外商投资企业	100650	1336	10922	4779
二、在总计中				
亏损企业	71874808	427851	2000184	2544071
国有控股企业	285523420	35419345	6715725	8848076
三、按企业规模分				
大型企业	170597060	18746419	8558780	6054573
中型企业	109150969	16790901	5432777	4123481
小型企业	99727767	763283	4391100	4106994
微型企业	5345195	41302	72558	157663
四、按国民经济工业行业分				
煤炭开采和洗选业	584932	33676	10642	56566
有色金属矿采选业	1672747	51621	24024	413631
非金属矿采选业	5485453	310017	437163	536229
农副食品加工业	15381044	35659	489780	476811
食品制造业	6426760	39313	1356775	407882
酒、饮料和精制茶制造业	4008288	160369	763914	286083
烟草制品业	21694001	17927707	553444	2006490

单位：千元

研发费用	财务费用	利息费用	利息收入	资产减值损失	其他收益	投资收益
3980019	**5802019**	**7473047**	**1682797**	**2853243**	**1356787**	**6306177**
3666081	**5734788**	**7157975**	**1598000**	**2505918**	**1258780**	**6272447**
331761	-40713	17448	58509	-3752	68664	4258
299189	-35676	14638	50983	-420	62295	-799
32572	-5037	2810	7526	-3332	6369	5057
1488	-224	5	232			
	492	498	2			
1277686	3535805	4146588	644196	1947115	597827	1942022
222978	2062647	2152211	134974	369203	167011	950349
1054708	1473158	1994377	509222	1577912	430816	991673
1011057	1961735	2682814	831540	524088	507888	4040439
1044089	277693	310622	63521	38467	84401	285728
13199	3763	2863	38		2443	
	-30	4	34			
840308	229051	264142	60797	24801	62212	210506
190582	44909	43613	2652	13666	19746	75222
251463	**48368**	**274185**	**53587**	**347503**	**89110**	**16020**
69547	-10832	36363	47888	69755	25101	8969
7252	622	601	24			
15960	28828	30696	5469	276922	1985	
158704	29750	206525	206	826	62024	7051
62475	**18863**	**40887**	**31210**	**-178**	**8897**	**17710**
43619	-5042	13507	25115	516	5128	9962
15204	13260	10679	1923	-242	1207	
3652	12153	16701	2671	-452	2562	7748
	-1508		1501			
653043	1973129	2582436	412158	1108791	216551	75137
1931642	5158747	6332756	1316422	2254769	890220	3125575
1283034	2744568	3616308	788523	1448508	604834	5465655
1063974	1292771	2029850	664775	566239	439780	412019
1599837	1486367	1558749	226071	542735	299842	430919
33174	278313	268140	3428	295761	12331	-2416
	-2520	2058	3926	131173	2610	
1157	14977	21496	8804	609	1677	1481
23393	249472	315083	90521	-3517	83561	20154
152461	79096	87957	14092	6507	19524	82102
140555	38911	56796	15074	4603	37282	17634
21062	29448	31530	2744	-1142	7956	2776
188246	-247862	12686	260782	1071451	1754	644089

10-2 续表 7

（2019年）

指　　标	营业成本	税金及附加	销售费用	管理费用
纺织业	195506	771	4082	9095
纺织服装、服饰业	185416	5895	16512	70859
木材加工和木、竹、藤、棕、草制品业	439504	4449	17891	17807
家具制造业	34066	393	3331	3656
造纸和纸制品业	1411707	9670	31454	81898
印刷和记录媒介复制业	2741652	28868	116715	252341
文教、工美、体育和娱乐用品制造业	133751	836	10481	20919
石油、煤炭及其他燃料加工业	44540096	16283364	180986	834796
化学原料和化学制品制造业	34172063	234421	3111263	1621460
医药制造业	8394865	220907	7615082	1573258
化学纤维制造业	1076657	9851	15735	82830
橡胶和塑料制品业	3331516	14496	80736	128436
非金属矿物制品业	16770289	175845	698300	672354
黑色金属冶炼和压延加工业	34601103	144488	784509	483081
有色金属冶炼和压延加工业	114208261	160250	535359	991662
金属制品业	5741344	27079	132528	269541
通用设备制造业	2136961	15630	144984	258395
专用设备制造业	3345378	35771	136092	381454
汽车制造业	8194045	47907	309695	438591
铁路、船舶、航空航天和其他运输设备制造业	1963222	20403	71847	180360
电气机械和器材制造业	9078667	41764	320849	380871
计算机、通信和其他电子设备制造业	4043326	18586	63663	221624
仪器仪表制造业	2059733	17572	69466	147997
其他制造业	58423	22	655	11384
废弃资源综合利用业	441123	4038	9786	17276
电力、热力生产和供应业	21663039	175316	4120	464514
燃气生产和供应业	6626043	52050	185667	417640
水的生产和供应业	1980010	32901	147685	224920
五、按企业所在地分				
五华区	78463283	17774124	4433733	3483442
盘龙区	18267716	416450	278852	645742
官渡区	49398079	407867	3575893	2083769
西山区	15705961	118018	1113927	875120
东川区	6118743	74027	264010	563510
呈贡区	72542949	331228	4908739	2185226
晋宁区	14671907	233561	505511	622601
富民县	5536374	32659	223734	337589
宜良县	9256622	78411	297622	297404
石林县	2522238	43466	150754	126126
嵩明县	11051887	139427	607575	452260
禄劝县	780031	5358	25168	24746
寻甸县	3212589	54285	205255	482612
安宁市	97292612	16633024	1864442	2262564

单位：千元

研发费用	财务费用	利息费用	利息收入	资产减值损失	其他收益	投资收益
6902	3675	3123	9		242	100
43	3391	5297	2004	-2393	4000	152
10308	8813	8806		159	9669	5711
	6				1367	
24358	9195	11009	1935	186	1175	305
129977	5805	16281	13101	6454	7500	298
	-247	385	313	1759		797
343	189532	215653	31881	66073	3238	-4152
399105	742351	790954	74370	57596	169796	161758
676402	-32302	217756	238014	183208	291513	2882631
2171	-6436		6550		498	4305
69769	51657	50648	620	2817	3	390
86646	165394	217005	74034	12000	25725	97294
211648	556318	594254	79582	79033	35325	100811
243879	1041944	1383589	393835	721313	169345	1253659
83338	42693	41421	4178	16590	24156	7702
187697	76940	257945	4050	5952	56513	7051
138227	27826	30606	11032	7885	25845	-2670
145939	127403	207028	57606	89182	154565	6843
171949	-49056	460	45466	1029	6066	28947
401375	64128	63241	6899	2751	10252	-5016
189677	18184	45209	25537	26178	17399	7532
132545	28507	27099	3943	4394	10391	20000
3029	230	240	25			
3789	13305	13276	32	6434	14	
124019	1485060	1456406	24479	354335	51060	87833
2630	825015	891155	92455	10500	94937	873859
7380	241166	396595	94904	-9876	31829	1801
999461	402107	816331	426176	1355022	253398	1665304
177896	119629	578345	285814	69687	66185	178916
795140	801779	955173	140098	328505	245718	192923
225059	547556	612680	121727	6306	127788	296951
40801	48989	82675	35294	17860	8879	1705
903850	1027621	1376480	284374	664681	380590	2879096
104925	305009	363135	88180	1590	60237	24560
132175	108156	106360	7669	-520	22351	195
96460	97807	144018	54415	14778	13846	11526
43092	130941	99789	779	2107	11557	
104716	94607	96813	9768	26177	23425	-447
8556	322861	310111	1525	38022	25	
30666	342983	346336	6642	199858	32258	6029
317222	1451974	1584801	220336	129170	110530	1049419

10-2 续表 8

（2019年）

指　　标	公允价值变动收益	资产处置收益	营业利润	营业外收入
总　计	**523585**	**78598**	**24856039**	**1140928**
一、按登记注册类型分组:				
内资企业	**523585**	**80568**	**23375685**	**833459**
国有企业		1502	1314503	42548
中央企业			1267191	34444
地方企业		1502	47312	8104
集体企业			-9410	4883
股份合作企业			-5069	29
有限责任公司	-1589	95195	11912614	443226
国有独资公司	3368	81929	2616599	79281
其他有限责任公司	-4957	13266	9296015	363945
股份有限公司	523753	-20150	7369791	123742
私营企业	1421	4021	2793256	219031
私营独资企业			117172	2521
私营合伙企业			2890	
私营有限责任公司		3797	2181326	184165
私营股份有限公司	1421	224	491868	32345
港、澳、台商投资企业		**-732**	**852918**	**109329**
合资经营企业(港或澳、台资)		-991	915483	90006
合作经营企业(港或澳、台资)		259	50175	425
港澳台商独资经营企业			-122960	6096
港澳台商投资股份有限公司			10220	12802
外商投资企业		**-1238**	**627436**	**198140**
中外合资经营企业		-24	241485	10966
中外合作经营企业		-516	60384	3686
外资企业		-698	322074	183259
其他外商投资企业			3493	229
二、在总计中				
亏损企业	-195	18074	-4482893	159262
国有控股企业	19921	76193	14412703	567196
三、按企业规模分				
大型企业	491516	50749	12791915	477285
中型企业	-14063	23914	5874909	193840
小型企业	44711	3681	6328521	437602
微型企业	1421	254	-139306	32201
四、按国民经济工业行业分				
煤炭开采和洗选业			45014	1387
有色金属矿采选业			-394595	13596
非金属矿采选业		3117	781545	7181
农副食品加工业		-671	843953	22188
食品制造业		-65	656442	31022
酒、饮料和精制茶制造业		115	471228	185158
烟草制品业		1607	5002991	125060

单位：千元

营业外支出	利润总额	所得税费用	应付 职工薪酬	应交增值税	平均用工人数 (人)
1160015	**24836946**	**3836913**	**24160816**	**13515346**	**210250**
991082	**23218056**	**3514096**	**22313003**	**12903143**	**193936**
89983	1267060	286563	1055136	308673	6122
63084	1238551	280726	746940	269936	2642
26899	28509	5837	308196	38737	3480
175	-4702	120	23855	9228	459
	-5040		12558	1342	237
688849	11666993	2362983	11689702	9494056	91026
302078	2393802	292124	3995523	3689662	27129
386771	9273191	2070859	7694179	5804394	63897
91842	7401692	496828	6017949	1972472	41276
120233	2892053	367602	3513803	1117372	54816
40127	79566	11155	79872	46612	1327
149	2741		11441	1930	202
68180	2297310	274998	3050362	918391	48034
11777	512436	81449	372128	150439	5253
84791	**877456**	**188054**	**1050942**	**353478**	**9180**
67544	937945	146951	646161	209058	4796
28	50572	6770	16585	4576	191
5674	-122538	21255	122786	55306	1530
11545	11477	13078	265410	84538	2663
84142	**741434**	**134763**	**796871**	**258725**	**7134**
5178	247273	35948	338005	133123	3007
2665	61405	10388	92592	-15064	904
76255	429078	88427	351429	135510	3090
44	3678		14845	5156	133
326640	-4650271	-51199	3621990	640409	44264
819012	14160882	2612969	15124836	10370216	100979
516895	12752306	1771777	11289876	6642514	70690
373607	5695134	1028450	6734933	4442988	58226
243137	6522987	985823	6036419	2255736	76704
26376	-133481	50863	99588	174108	4630
168838	-122437	11166	189793	63480	2349
12459	-393458	80	552397	70475	7137
23517	765209	165946	666563	332480	5839
13226	852915	54990	680994	71869	8735
15756	671708	115472	914743	201123	11849
80648	575738	104584	588572	192317	6143
209204	4918847	1258819	2621186	4079883	6516

10-2 续表 9

（2019年）

指　　标	公允价值变动收益	资产处置收益	营业利润	营业外收入
纺织业			2389	433
纺织服装、服饰业		874	-4140	2560
木材加工和木、竹、藤、棕、草制品业		-2197	40238	2845
家具制造业			2078	
造纸和纸制品业		-1948	14536	24501
印刷和记录媒介复制业		-959	370346	28234
文教、工美、体育和娱乐用品制造业	1421	254	31977	753
石油、煤炭及其他燃料加工业		446	869191	6338
化学原料和化学制品制造业	-4957	57521	3354736	68297
医药制造业	502119	-312	5593290	52421
化学纤维制造业			379472	3678
橡胶和塑料制品业		2533	57653	12415
非金属矿物制品业		940	1940635	45322
黑色金属冶炼和压延加工业		6	-17354	12785
有色金属冶炼和压延加工业	-23474	2459	813560	33599
金属制品业		228	316143	8980
通用设备制造业		29	-175487	37504
专用设备制造业		7938	194413	33271
汽车制造业		-22994	70723	110756
铁路、船舶、航空航天和其他运输设备制造业		-916	108001	20055
电气机械和器材制造业	124	82	239948	20421
计算机、通信和其他电子设备制造业		3754	451911	27214
仪器仪表制造业		327	146407	32374
其他制造业			1744	27
废弃资源综合利用业			24916	4679
电力、热力生产和供应业	2025	3221	923419	40963
燃气生产和供应业		23210	1495322	22210
水的生产和供应业	46327	-1	203394	102701
五、按企业所在地分				
五华区	-31828	2611	8489881	249280
盘龙区	1	22559	561560	112629
官渡区	2025	-24457	4576920	171872
西山区	46327	1400	825166	78112
东川区		-10	-143569	25274
呈贡区	505611	-5316	5404120	288817
晋宁区		3386	631324	27868
富民县	1421	-1943	646792	27370
宜良县		-763	336504	47831
石林县		36	534985	7480
嵩明县		-128	496455	31357
禄劝县			-342681	5527
寻甸县		59	-301953	8469
安宁市	28	81164	3140535	59042

单位：千元

营业外支出	利润总额	所得税费用	应付 职工薪酬	应交增值税	平均用工人数 (人)
450	2372	31	10625	2022	280
19	-1599	451	52115	12360	1692
739	42344	256	37506	20284	540
	2078		8112	560	115
568	38469	6133	103573	50554	2124
6987	391593	52866	507413	114771	5511
322	32408	4282	26850	6057	530
12650	862879	478	443594	2616826	2688
38482	3384551	555839	1981076	758856	21105
35189	5610522	415167	2652698	1247722	17516
777	382373	96871	64182	64492	413
5989	64079	12773	251437	61311	4497
36209	1949747	259219	1221851	723914	14636
14113	-18682	3700	1115421	285700	9539
32523	814636	3438	1565891	598914	11434
3632	321491	43183	506561	102465	6242
19680	-157663	7443	350305	59401	6269
7613	220071	29720	792726	112271	7870
82719	98760	27916	710772	34078	7081
546	127510	15488	364139	28992	2751
6889	253480	35870	689395	154557	8375
1832	477285	57581	438595	14092	3119
8410	170371	11865	282785	68493	3142
	1771		21569		182
175	29420	5331	25766	25246	447
44214	920171	193006	2681304	991645	17349
273726	1243806	228138	683294	256445	3931
1914	304181	58811	357013	91691	2304
287801	8451353	1505791	5244411	5001050	25717
21094	653095	118861	806270	272298	6909
121064	4627729	789883	5475618	1868420	43312
24772	878506	169782	1249686	200322	13438
19560	-137855	28367	814970	159603	11058
172687	5520250	578249	3677934	1414904	34399
22044	637148	97300	911270	314803	12174
3878	670285	74019	509876	171595	6583
39414	344921	91600	719357	204906	9090
53491	488974	47852	292728	107681	3851
19156	508655	74583	887365	271237	10670
6333	-343487	4532	66309	42148	872
119858	-413342	45869	411645	81831	5755
248863	2950714	210225	3093377	3404548	26422

10-2 续表 10

（2019年）

指　　标	期末用工人数(人)	从业人员期末人数(人)	从业人员平均人数(人)	亏损企业亏损总额
总　计	**204661**	**201492**	**203731**	**4650271**
一、按登记注册类型分组:				
内资企业	**188453**	**185274**	**187487**	**4120819**
国有企业	6151	5160	5134	67783
中央企业	2662	2665	2642	30888
地方企业	3489	2495	2492	36895
集体企业	448	490	475	5463
股份合作企业	231	231	237	5364
有限责任公司	87760	85416	86268	3101690
国有独资公司	25345	25284	25833	570714
其他有限责任公司	62415	60132	60435	2530976
股份有限公司	40067	39565	40096	639790
私营企业	53796	54412	55277	300729
私营独资企业	1328	1333	1308	25293
私营合伙企业	205	205	202	
私营有限责任公司	47027	47662	48551	233369
私营股份有限公司	5236	5212	5216	42067
港、澳、台商投资企业	**9055**	**9089**	**9123**	**508143**
合资经营企业(港或澳、台资)	4767	4773	4797	109879
合作经营企业(港或澳、台资)	198	198	191	
港澳台商独资经营企业	1465	1493	1472	310760
港澳台商投资股份有限公司	2625	2625	2663	87504
外商投资企业	**7153**	**7129**	**7121**	**21309**
中外合资经营企业	3012	3009	3010	8922
中外合作经营企业	894	894	904	11775
外资企业	3118	3097	3074	612
其他外商投资企业	129	129	133	
二、在总计中				
亏损企业	40880	41861	42288	4650271
国有控股企业	98341	94380	95268	3163476
三、按企业规模分				
大型企业	69059	68545	69569	167720
中型企业	56978	57353	58203	2227675
小型企业	76771	74464	74706	1759683
微型企业	1853	1130	1253	495193
四、按国民经济工业行业分				
煤炭开采和洗选业	2347	2349	2346	188901
有色金属矿采选业	6336	7208	7694	396602
非金属矿采选业	5714	5055	5221	24584
农副食品加工业	7971	8502	8545	58638
食品制造业	11533	11685	11922	47876
酒、饮料和精制茶制造业	6164	6225	6174	36469
烟草制品业	6450	6450	6517	

单位：千元

利税总额	应交税金及附加	营业收入利润率(%)	资产负债率(%)	总资产贡献率(%)	流动资产周转率(次/年)
74694197	**53694164**	**5.14**	**53.10**	**13.51**	**1.59**
72293939	**52589979**	**5.01**	**53.17**	**13.72**	**1.59**
1652193	671696	10.34	56.33	9.96	0.93
1565001	607176	11.51	57.28	11.32	0.96
87192	64520	1.91	51.54	3.09	0.76
6412	11234	-2.64	55.14	3.02	1.04
-3555	1485	-10.72	79.77	-2.06	0.55
56350328	47046318	5.30	52.04	20.41	1.82
22570230	20468552	2.24	57.63	20.42	3.41
33780098	26577766	8.18	48.14	20.40	1.26
9956051	3051187	4.36	54.76	5.78	1.40
4332510	1808059	4.74	52.27	8.61	1.69
142005	73594	6.75	38.04	11.66	1.15
4903	2162	2.17	91.27	9.40	2.51
3456347	1434035	4.40	55.38	8.26	1.73
729255	298268	6.85	36.12	10.17	1.54
1320547	**631145**	**9.42**	**54.68**	**8.56**	**1.14**
1203439	412445	14.47	51.73	9.11	1.16
57003	13201	33.57	22.06	24.45	0.97
-53075	90718	-9.54	55.24	-1.17	1.16
113180	114781	0.82	74.12	13.84	1.07
1079711	**473040**	**6.91**	**46.49**	**10.66**	**2.38**
404796	193471	5.54	38.20	9.96	2.07
53227	2210	2.52	64.72	2.64	2.81
611518	270867	11.56	44.83	16.44	2.65
10170	6492	3.07	13.27	7.46	1.38
-3582011	1017061	-6.14	91.54	-1.56	1.82
59950443	48402530	3.97	54.65	15.15	1.85
38141239	27160710	5.91	48.18	14.04	1.41
26929023	22262339	3.97	55.94	17.23	1.92
9542006	4004842	5.52	57.75	8.57	1.67
81929	266273	-2.20	83.32	2.75	1.08
-25281	108322	-14.29	45.59	-1.65	0.73
-271362	122176	-22.09	58.51	-7.72	1.99
1407706	808443	9.92	54.37	10.49	1.08
960443	162518	4.91	49.76	10.77	3.16
912144	355908	7.45	39.19	11.23	2.31
928424	457270	10.05	53.33	14.49	2.28
26926437	23266409	10.34	19.50	43.11	1.26

10-2 续表 11

（2019年）

指　　　标	期末用工人数（人）	从业人员期末人数（人）	从业人员平均人数（人）	亏损企业亏损总额
纺织业	279	279	280	300
纺织服装、服饰业	1810	1148	1162	3949
木材加工和木、竹、藤、棕、草制品业	527	540	530	2060
家具制造业	94	132	132	
造纸和纸制品业	2090	2104	2104	15027
印刷和记录媒介复制业	5472	5451	5467	4936
文教、工美、体育和娱乐用品制造业	566	538	529	158
石油、煤炭及其他燃料加工业	2629	2616	2616	461044
化学原料和化学制品制造业	20032	20150	20421	484824
医药制造业	16988	17029	17039	424059
化学纤维制造业	424	419	415	
橡胶和塑料制品业	4335	4336	4385	65841
非金属矿物制品业	14953	14194	14073	26916
黑色金属冶炼和压延加工业	8782	9243	9236	83919
有色金属冶炼和压延加工业	10502	10530	11106	613561
金属制品业	6293	5789	5777	19942
通用设备制造业	5515	4551	4643	236630
专用设备制造业	7768	7763	7854	25033
汽车制造业	7017	6388	6539	188164
铁路、船舶、航空航天和其他运输设备制造业	2743	2435	2399	
电气机械和器材制造业	8584	8696	8602	38804
计算机、通信和其他电子设备制造业	2989	2999	3122	50880
仪器仪表制造业	3209	3229	3213	640
其他制造业	182	182	182	
废弃资源综合利用业	1115	378	452	1434
电力、热力生产和供应业	16968	16619	16898	939877
燃气生产和供应业	3925	3932	3827	
水的生产和供应业	2355	2348	2309	209203
五、按企业所在地分				
五华区	25763	23559	23510	306179
盘龙区	7098	6966	6908	109850
官渡区	41941	41031	41509	470711
西山区	13103	13124	13507	251903
东川区	9909	10802	11199	423391
呈贡区	34376	34067	34073	1130261
晋宁区	11522	11751	11870	38115
富民县	5939	5993	6602	19054
宜良县	8348	8659	8885	377771
石林县	3943	3863	3845	25579
嵩明县	10549	10677	10644	103586
禄劝县	859	947	882	404764
寻甸县	6318	5723	5776	837939
安宁市	24993	24330	24521	151168

单位：千元

利税总额	应交税金及附加	营业收入利润率(%)	资产负债率(%)	总资产贡献率(%)	流动资产周转率(次/年)
5165	2824	1.07	37.97	1.84	0.82
16656	18706	-0.59	78.69	0.65	0.10
67077	24989	8.05	61.40	11.69	1.41
3031	953	4.93	39.84	5.11	1.43
98693	66357	2.43	50.35	7.30	1.84
535232	196505	10.74	40.27	10.87	1.18
39301	11175	16.45	43.20	14.53	1.05
19763069	18900668	1.37	54.00	65.83	6.43
4377828	1549116	7.81	57.95	10.02	1.40
7079151	1883796	27.31	37.79	10.55	0.39
456716	171214	24.58	12.96	43.65	1.75
139886	88580	1.72	53.13	5.44	1.50
2849506	1158978	9.56	58.70	14.09	1.66
411506	433888	-0.05	82.20	3.04	2.63
1573800	762602	0.69	60.53	3.57	3.06
451035	172727	4.87	61.68	6.20	1.06
-82632	82474	-6.21	87.96	3.36	0.78
368113	177762	5.20	61.81	4.84	0.81
180745	109901	1.06	62.02	1.79	0.87
176905	64883	5.14	26.10	1.74	0.46
449801	232191	2.41	49.06	4.90	1.41
509963	90259	9.54	45.14	5.84	0.82
256436	97930	6.61	42.63	5.45	0.69
1793	22	2.35	62.32	1.37	0.56
58704	34615	5.65	81.69	15.41	1.53
2087132	1359967	3.67	76.10	6.21	3.36
1552301	536633	14.42	47.23	4.44	0.55
428773	183403	11.07	70.20	3.73	0.54
31226527	24280965	7.43	32.69	26.94	1.68
1341843	807609	3.23	70.51	6.13	1.17
6904016	3066170	7.51	54.57	7.90	1.23
1196846	488122	4.64	64.55	5.97	1.40
95775	261997	-1.98	50.69	1.73	1.92
7266382	2324381	6.56	46.68	6.17	1.17
1185512	645664	3.75	63.13	7.52	1.79
874539	278273	9.58	62.60	12.17	1.89
628238	374917	3.30	60.30	6.25	2.09
640121	198999	13.80	58.76	12.51	1.48
919319	485247	3.93	60.07	7.67	1.64
-295981	52038	-39.85	100.37	0.18	1.40
-277226	181985	-9.87	112.69	0.50	0.89
22988286	20247797	2.42	60.85	23.33	2.60

10-3 年主营业务收入2000万元及以上独立核算工业企业主要产品产量

指　　标	单位	2019年	2018年	2019年比2018年增长(%)
铁矿石成品矿	吨	176076	217449	-19.0
铜金属含量	吨	25464	57898	-56.0
石灰石	吨	1877602	1646749	14.0
建筑用天然石料	立方米	563032	382788	47.1
磷矿石(折含五氧化二磷30%)	吨	18536962	19571398	-5.3
原盐	吨	1549345	1601263	-3.2
小麦粉	吨	181897	160656	13.2
大米	吨	977	868	12.6
饲料	吨	2182331	2101066	3.9
精制食用植物油	吨	172958	180757	-4.3
成品糖	吨	66336	85542	-22.4
鲜、冷藏肉	吨	158162	80000	97.7
冻肉	吨	3937	11792	-66.6
熟肉制品	吨	61861	59934	3.2
冷冻蔬菜	吨	36519	45282	-19.4
膨化食品	吨	2145	2741	-21.7
焙烤松脆食品	吨	51	33	54.5
糖果	吨	15	7	106.6
速冻食品	吨	479	485	-1.2
方便面	吨	52458	44194	18.7
乳制品	吨	201532	193534	4.1
罐头	吨	7398	8614	-14.1
酱油	吨	12131	14408	-15.8
食醋	吨	1484	2107	-29.6
营养、保健食品	吨	45	33	36.5
冷冻饮品	吨	3298	2938	12.2
食品添加剂	吨	9673	20486	-52.8
饲料添加剂	吨	1795077	1578187	13.7
饮料酒	千升	408788	391363	4.5
饮料	吨	2541564	2434555	4.4
精制茶	吨	3894	3846	1.3
复烤烟叶	吨	397293	419169	-5.2
卷烟	万支	7916070	7927535	-0.1
纱	吨	714	694	2.9
蚕丝	吨	37	208	-82.0
非织造布(无纺布)	吨	285	66	331.8
服装	万件	182	178	1.9
鞋	万双	223	735	-69.7
人造板	立方米	445010	386408	15.2

10-3 续表 1

指　　标	单位	2019年	2018年	2019年比2018年增长(%)
人造板表面装饰板	平方米	5619321	6016767	-6.6
实木木地板	平方米	22390	80495	-72.2
复合木地板	平方米	176221	153781	14.6
家具	件	3102	7907	-60.8
机制纸及纸板(外购原纸加工除外	吨	217825	244733	-11.0
纸制品	吨	215995	215233	0.3
单色印刷品	令	563230	590046	-4.5
多色印刷品	对开色令	10819993	9735208	11.1
硫酸(折100%)	吨	9634727	9618816	0.2
盐酸(氯化氢，含量31%)	吨	86367	65006	32.9
磷酸(含量85%)	吨	4042054	3925784	3.0
烧碱(折100%)	吨	139169	172385	-19.3
碳化钙(电石，折300升/千克)	吨	636		100.0
甲醛*	吨	122634	148215	-17.3
精甲醇	吨	4521		100.0
黄磷	吨	83871	92329	-9.2
合成氨(无水氨)	吨	644581	628017	2.6
农用氮、磷、钾化学肥料(折纯)	吨	961586	1027582	-6.4
磷酸一铵(实物量)	吨	1575120	1516227	3.9
磷酸二铵(实物量)	吨	4201072	3957002	6.2
涂料	吨	131618	108146	21.7
初级形态塑料	吨	291550	319846	-8.8
合成橡胶	吨	280943	221256	27.0
化学试剂	吨	106941	91593	16.8
表面活性剂	吨	21878	16623	31.6
合成洗涤剂	吨	105765	105743	
化学药品原药	吨	177	173	2.2
中成药	吨	24190	22730	6.4
化学纤维	吨	35345	34410	2.7
塑料制品	吨	190573	221768	-14.1
硅酸盐水泥熟料	吨	14506277	13498036	7.5
水泥	吨	19230645	18698279	2.9
石灰	吨	46194	45645	1.2
商品混凝土	立方米	21292419	17066565	24.8
水泥混凝土排水管	千米	9	14	-34.8
水泥混凝土压力管	千米	11	18	-35.8
水泥混凝土电杆	根	15894	15272	4.1
预应力混凝土桩	米	3509109	2647465	32.5
石膏板	万平方米	853	710	20.1

10-3 续表 2

指　　标	单位	2019年	2018年	2019年比2018年增长(%)
砖	万块	7896	20137	-60.8
天然大理石建筑板材	平方米	1575093	1570573	0.3
沥青和改性沥青防水卷材	平方米	35620886	25458983	39.9
平板玻璃	重量箱	3965328	4087023	-3.0
钢化玻璃	平方米	1363962	1525369	-10.6
夹层玻璃	平方米	156400	128831	21.4
中空玻璃	平方米	927491	552708	67.8
日用玻璃制品	吨	14894	19818	-24.9
纤维增强塑料制品	吨	3471	4546	-23.6
耐火材料制品	吨	174079	192752	-9.7
石墨及碳素制品	吨	11824	245495	-95.2
生铁	吨	4273141	4039780	5.8
粗钢	吨	4698855	4507522	4.2
钢材	吨	5604413	5415242	3.5
用外购钢材再加工生产钢材	吨	942008	714262	31.9
铁合金	吨	619	450	37.6
十种有色金属	吨	923365	942541	-2.0
黄金	千克	49095	47488	3.4
白银(银锭)	千克	719553	600485	19.8
铝合金	吨	14741	14626	0.8
锌合金	吨	14939	17821	-16.2
铜材	吨	197979	201624	-1.8
铝材	吨	295662	315802	-6.4
钢结构	吨	497102	506353	-1.8
金属门窗及类似制品	吨	33828	43096	-21.5
金属包装容器	吨	8187	6919	18.3
钢绞线	吨	54219	31548	71.9
铸铁件	吨	13488	34596	-61.0
铸钢件	吨	1160	2111	-45.0
锻件	吨	1307	1063	23.0
发动机	千瓦	34635059	32166565	7.7
金属切削机床	台	6388	12995	-50.8
铸造机械	台	63	325	-80.6
起重机	吨	17676	19188	-7.9
输送机械(输送机和提升机)	吨	1316	586	124.4
电梯、自动扶梯及升降机	台	66	23	187.0
泵	台	3568	3794	-6.0
液压元件	件	2440	3434	-28.9

10-3 续表 3

指　　标	单位	2019年	2018年	2019年比2018年增长(%)
风机	台	3853	2703	42.5
矿山专用设备	吨	11362	10212	11.3
建筑工程用机械	台	116	140	-17.1
混凝土机械	台	377	750	-49.7
金属冶炼设备	吨		3122	-100.0
金属轧制设备	吨	2909	949	206.5
炼油、化工生产专用设备	吨	1416	1191	18.9
模具	套	648	620	4.5
农产品加工专用设备	台	6374	4826	32.1
农产品初加工机械	台	73477	90321	-18.6
饲料生产专用设备	台	60513	57863	4.6
小型拖拉机	台	6070	8251	-26.4
机械化农业及园艺机具	台		4054	-100.0
环境污染防治专用设备	台(套)	18	838	-97.8
服务机器人	套	1202	3471	-65.4
汽车	辆	2860	2488	14.9
改装汽车	辆	216	420	-48.6
城市轨道车辆	辆	11	16	-31.3
发电机组(发电设备)	千瓦	620460	587590	5.6
电动机	千瓦	404541	572435	-29.3
变压器	千伏安	17624141	11873283	48.4
高压开关板	面	532	819	-35.0
低压开关板	面	84210	226274	-62.8
高压开关设备(11万伏以上)	台	3767	10343	-63.6
安全、自动化监控设备	台(套)	10404	16875	-38.4
电力电缆	千米	251954	234966	7.2
绝缘制品	吨	9383	17142	-45.3
锂离子电池	只(自然只	815	1851	-56.0
太阳能热水器	平方米	143185	179523	-20.2
灯具及照明装置	套(台、个	398371	477740	-16.6
打印机	台	61769	66065	-6.5
移动通信手持机(手机)	台	7643668	7897121	-3.2
集成电路	万块	759	600	26.5
电子元件	万只	2	2	15.2
工业自动调节仪表与控制系统	台(套)	418	352	18.8
表	只		14972	-100.0
光学仪器	台(个)	6408922	6878780	-6.8
自来水生产量	万立方米	37802	35084	7.8

10-4 年主营业务收入2000万元及以上独立核算工业企业能源购进、消费与库存

（2019年）

能源名称	单位	年初库存量	购进量	购自省外	消费量	工业生产消费	年末库存量
原煤	吨	800534	9186517	1858674	9254706	9254430	863442
无烟煤	吨	405175	2229696	667180	2352249	2352225	282114
炼焦烟煤	吨	999	52547	36427	52715	52715	831
一般烟煤	吨	245570	3829462	1153273	3769397	3769175	311144
褐煤	吨	148790	3074812	1794	3080344	3080315	269353
洗精煤(用于炼焦)	吨	68231	1594665	1366716	1601319	1601319	61847
其它洗煤	吨	804	10035		10403	10403	128
煤制品	吨	46836	1596		48279	48279	153
焦炭	吨	97422	1932523	355843	1919479	1919479	110713
其它焦化产品	吨	884	605		52	52	1436
焦炉煤气	万立方米		18957		44585	44585	
高炉煤气	万立方米		475711		910769	910769	
转炉煤气	万立方米		3087		42343	42343	
发生炉煤气	万立方米						
天然气	万立方米		60421		60421	60362	1
液化天然气	吨		1197		1197	1185	
煤层气	万立方米						
原油	吨	388486	10851095	10851095	10865100	10865100	370902
汽油	吨	277	10564	27	10537	7391	296
煤油	吨	9	77		70	70	16
柴油	吨	5288	108774	1	109356	107575	4897
燃料油	吨		643		643	643	
液化石油气	吨	2372	504		416159	416108	2932
炼厂干气	吨				166250	166250	
石脑油	吨						
润滑油	吨	319	2133	662	2034	2034	405
石蜡	吨		17		17	17	
溶剂油	吨	78	995	995	916	916	157
石油焦	吨	19478	19422	13177	199431	199431	10029
石油沥青	吨	4692	55680	54233	58555	58555	1817
其它石油制品	吨	4282	136539	136539	487224	487224	3347
热力	百万千焦		8327012	75573	8372446	8372446	
电力	万千瓦时		1873271		2137592	2130302	
煤矸石(用于燃料)	吨						
城市生活垃圾(用于燃料)	吨		398787		1530870	1530870	
生物燃料	吨标准煤	1617	34330		34929	34152	1008
余热余压	百万千焦		1317413		15007662	15007662	
工业废料(用于燃料)	吨	70	1980		2020	2020	50
其他燃料	吨标准煤	47	3922		3769	3767	200

10-5 年主营业务收入2000万元及以上独立核算工业企业用水情况

（2019年）

指　　标	单位	取水量	外供水量
合计	**立方米**	**681171101**	**528807941**
陆表淡水	立方米	621365062	9900934
地下淡水	立方米	13872633	1618653
自来水	立方米	38690022	513655222
矿井水	立方米	2478551	
雨水	立方米	268614	
再生水(中水)	立方米	1375401	
其他水	立方米	3120829	3633132

主要统计指标解释

工业　指从事自然资源的开采，对采掘品和农产品进行加工和再加工的物质生产部门。具体包括：(1)对自然资源的开采，如采矿、晒盐、森林采伐等(但不包括禽兽捕猎和水产捕捞)；(2)对农副产品的加工、再加工，如粮油加工、食品加工、轧花、缫丝、纺织、制革等；(3)对采掘品的加工、再加工，如炼铁、炼钢、化工生产、石油加工、机器制造、木材加工等，以及电力、自来水、煤气的生产和供应等；(4)对工业品的修理、翻新，如机器设备的修理、交通运输工具的修理等，不包括属于居民服务业的日用品修理、摩托车修理、汽车修理和自行车修理。

国有企业　是指企业全部资产归国家所有，并按《中华人民共和国企业法人登记管理条例》规定登记注册的非公司制的经济组织。包括国有企业、国有独资公司和国有联营企业，不包括有限责任公司中的国有独资公司。

集体企业　指企业资产归集体所有，并按《中华人民共和国企业法人登记管理条例》规定登记注册的经济组织。是社会主义公有制经济的组成部分。包括城乡所有使用集体投资举办的企业，以及部分个人通过集资自愿放弃所有权并依法经工商行政管理机关认定为集体所有制的企业。

股份有限公司　指根据《中华人民共和国公司登记管理条例》规定登记注册，其全部注册资本由等额股份构成并通过发行股票筹集资本，股东以其认购的股份对公司承担有限责任，公司以其全部资产对其债务承担责任的经济组织。

港、澳、台商投资企业　指企业注册登记类型中的港、澳、台资合资、合作、独资经营企业和股份有限公司、其他港、澳、台商投资企业之和。

外商投资企业　指企业注册登记类型中的中外合资、合作经营企业、外资企业和外商投资股份有限公司、其他外商投资企业之和。

其他　指除国有企业、集体企业、股份有限公司、港、澳、台投资企业及外商投资企业以外的其他企业。

工业总产值　是以货币形式表现的，工业企业在一定时期内生产的工业最终产品和提供工业劳务活动的总价值量。工业总产值包括三个部分：即生产的成品价值、对外加工费收入、自制半成品在制品期末期初差额价值。工业总产值计算应遵循的原则:（1）工业生产的原则。即凡是企业在报告期内生产的最终产品和提供的劳务，均应包括在内。其中的最终产品，不管是否在报告期内销售，只要是报告期内生产的，就应包括在内。凡不是工业生产的产品，均不得计入工业总产值。（2）最终产品的原则。即企业生产的成品价值必须是本企业生产的，经检验合格不需再进行任何加工的最终产品。企业对外销售的半成品也应视为最终产品计入工业总产值。而在本企业内各车间转移的半成品和在制品只能计算其期末期初差额价值。（3）“工厂法”原则。即以法人工业企业作为一个整体计算工业总产值，是其报告期内生产的最终产品和提供劳务的总价值量。

工业销售产值 指以货币形式表现的，工业企业在报告期内销售的本企业生产的工业产品或提供工业性劳务价值的总价值量。

出口交货值 指工业企业自营（委托）出口（包括销往香港、澳门、台湾地区）或交给外贸部门出口的产品价值，以及外商来样、来料加工、来件装配和补偿贸易等生产的产品价值。

资产合计 指企业过去的交易或者事项形成的、由企业拥有或者控制的、预期会给企业带来经济利益的资源。资产一般按流动性（资产的变现或耗用时间长短）分为流动资产和非流动资产。其中流动资产可分为货币资金、交易性金融资产、应收票据、应收账款、预付款项、其他应收款、存货等；非流动资产可分为长期股权投资、固定资产、无形资产及其他非流动资产等。

固定资产合计 指企业为生产商品、提供劳务、出租或经营管理而持有的，使用寿命超过一个会计年度的有形资产。包括使用期限超过一年的房屋、建筑物、机器、机械、运输工具以及其他与生产、经营有关的设备、器具、工具等。

固定资产原价 指固定资产的成本，包括企业在购置、自行建造、安装、改建、扩建、技术改造某项固定资产时所发生的全部支出总额。

流动资产 资产满足以下条件之一应归为流动资产：(1) 预计在一个正常营业周期中变现、出售或耗用，主要包括存货、应收账款等；(2) 主要为交易目的而持有；(3) 预计在资产负债表日起一年内（含一年）变现；(4) 自资产负债日起一年内，交换其他资产或清偿负债的能力不受限制的现金或现金等价物。包括货币资金、应收票据、应收账款、存货等项目。

负债合计 指企业过去的交易或者事项形成的，预期会导致经济利益流出企业的现时义务。负债一般按偿还期长短分为流动负债和非流动负债。

所有者权益 指企业资产扣除负债后由所有者享有的剩余权益。公司的所有者权益又称股东权益。包括实收资本、资本公积、盈余公积、未分配利润等。

营业收入 指企业经营主要业务和其他业务所确认的收入总额。营业收入包括“主营业务收入”和“其他业务收入”。

主营业务收入 指企业确认的销售商品、提供劳务等主营业务的收入。

营业成本 指企业经营主要业务和其他业务所发生的成本总额。

主营业务成本 指企业经营主要业务所发生的成本总额。

税金及附加 指企业因从事生产经营活动按税法规定应缴纳的消费税、城市维护建设税、资源税、教育费附加及房产税、土地使用税、车船使用税、印花税等相关税费。

主营业务税金及附加 指企业经营主要业务应负担的消费税、城市维护建设税、资源税、教育费附加及房产税、土地使用税、车船使用税、印花税等相关税费。

营业利润 指企业从事生产经营活动所取得的利润。执行《企业会计准则》或《小企业会计准则》的企业，营业利润为营业收入减去营业成本、税金及附加、销售费用、管理费用、财务费用、资产减值损失，再加上公允价值变动收益、投资收益和其他收益后的金额；执行其他企业会计制度的企业，营业利润为营业收入减去营业成本、税金及附加、销售费用、管理费用、财务费用，再加上投资收益后的金额。

利润总额　指企业在一定会计期间的经营成果，是生产经营过程中各种收入扣除各种耗费后的盈余，反映企业在报告期内实现的盈亏总额。利润总额为营业利润加上营业外收入，减去营业外支出后的金额。

资产负债率　该指标既反映企业经营风险的大小，也反映企业利用债权人提供的资金从事经营活动的能力。计算公式为：

$$资产负债率(\%)=\frac{负债总额}{资产总额}\times 100\%$$

产品销售率　指报告期工业销售产值与同期全部工业总产值之比，反映工业产品已实现销售的程度，分析工业产销衔接情况，研究工业产品满足社会需求程度的指标。计算公式为：

$$产品销售率(\%)=\frac{工业销售产值}{工业总产值}\times 100\%$$

期末用工人数　指报告期末最后一日 24 时企业实际拥有的、参与本企业生产经营活动的人员数，无论是否从本企业领取劳动报酬均视为用工人数，包括企业的正式人员、劳务派遣人员和其他临时人员。该指标为时点指标，不包括最后一日当天及以前已经不再参与本企业生产经营活动的人员。

能源库存量　指能源使用企业（单位）在报告期的某时间点所拥有的、用于企业（单位）消费的或转卖（不包括本企业自生产的）的各种能源的库存量。

能源购进量　指能源使用企业（单位）在报告期购进的各种能源数量。

工业企业能源消费量　指工业企业在工业生产活动和非工业生产活动中消费的能源，包括工业生产活动中作为燃料、动力、原料、辅助材料使用的能源，生产工艺中使用的能源，用于能源加工转换的能源；非工业生产活动中使用的能源。

工业生产能源消费量　指工业企业为进行工业生产活动所消费的能源。

用于原材料的能源消费量　指能源产品不作能源使用，即不作燃料、动力使用，而作为生产另外一种产品（非能源产品）的原料或作为辅助材料使用，作原料使用时通常构成这种产品的实体。

非工业生产能源消费量　指在工业企业能源消费中，非工业生产用能和工业企业附属的不从事工业生产活动的非独立核算单位用能。

运输工具能源消费量　指在厂区内、外进行交通运输活动的交通运输工具所消费的能源。

能源加工转换投入　能源加工转换，指为了特定的用途，将一种能源（一般为一次能源），经过一定的工艺，加工或转换成另外一种能源（二次能源）。

火力发电的加工转换投入　指火力发电企业为发电而投入发电锅炉燃烧室的燃料数量。

供热的加工转换投入　指热力生产企业为生产热力而投入供热锅炉燃烧室的燃料数量，以及热电联产机组按照热电产出比例分摊的用于供热的燃料投入量。

原煤入洗的加工转换投入　指洗煤企业为生产洗煤而投入煤炭洗选生产装置的原煤数量。

炼焦的加工转换投入　指焦化企业为生产焦化产品而投入炼焦生产设备的煤炭（原煤、洗煤）数量。

炼油及煤制油的加工转换投入　指炼油厂为生产成品油和其他石油制品而投入炼油生产装置的原油或其他原料油数量。煤制油加工转换投入是指煤化工企业以生产成品油为目的而投入煤制油化工生产装置的煤炭（原煤、洗煤）数量。

制气的加工转换投入　指煤气生产企业为生产煤气而投入煤气生产装置的煤炭、焦炭、燃料油等能源产品数量。

能源加工转换产出量　指一次能源经过加工转换产出的二次能源产品（包括不作能源使用的其他副产品和联产品）的数量。

工业企业回收能利用　指企业将废气、废液、废渣及其余热，产品和工艺生产介质余热，工艺温差、压差，以及其他非直接投入的能量形态和能量物质，作为能源进行使用的数量。

取水量　指企业从各种水源直接提取或者从市场购买的用于厂区、办公区内工业生产活动的水量，以实际获得的新水量为准。

外供水量　指企业外供给其他单位的水或水产品的量，以离厂水量为准。

地表淡水　指陆地表面形成的径流及地表贮存的淡水。

地下淡水　指地下径流或埋藏于地下的，经过提取可被利用的淡水。

自来水　指自来水厂将地表淡水、地下淡水经过“混凝、沉淀、过滤、消毒”等净水工序，达到国家饮用水标准，通过城镇自来水管网供给工业生产、居民生活使用的水。

矿井水　指在采矿过程中，由于矿床开采破坏了地下水原始赋存状态而产生导水裂隙，使周围水沿着原有的和新的裂隙渗入井下采掘空间进而形成的矿井涌水。

雨水　指通过集雨工程积蓄处理后被工业利用的雨水。

再生水（中水）　指以污（废）水为水源，经再生工艺净化处理后水质达到再利用标准的水。

其他水　指上述水资源品种没有涵盖的，或者界定不清的水及水的产品。

重复用水量　指在确定的用水单元或系统内，所有未经处理和处理后又重复使用的水量总和。

外排水量　指完成生产过程和生产活动之后，经过企业厂区、办公区所有排水口排到企业外部的水量。

直流冷却水量　指企业取自河流、水库、湖泊、海洋，经一次使用后，直接排放回河流、水库、湖泊、海洋的冷却水量，多见于火（核）电企业。

污水处理企业污水处理量　指污水处理企业取自企业外部并实际处理的污（废）水量。

昆明统计年鉴

KUNMING STATISTICAL YEARBOOK 2020

11 交通运输

JIAOTONGYUNSHU

11-1 主要年份客运量

单位：万人次

年　份	全市	铁路	公路	水路	民航
1978	641	512	92	30	7
1980	821	595	181	35	10
1985	2010	659	1289	43	19
1990	1872	436	1347	58	31
1995	2920	520	2210	21	169
1996	3173	455	2499	17	202
1997	3354	482	2636	14	222
1998	6073	511	5299	16	247
1999	5604	736	4464	18	386
2000	6276	768	5211	14	283
2001	6437	764	5329	16	328
2002	6602	738	5480	15	369
2003	5125	656	4081	12	376
2004	5316	754	4083	15	464
2005	8229	826	6907	1	495
2006	9227	961	7372	295	599
2007	9515	1101	7512	230	672
2008	10059	1127	8085	248	599
2009	9346	1399	7159	67	721
2010	10107	1274	7996	83	754
2011	10804	1445	8516	85	758
2012	11742	1432	9341	120	849
2013	10881	1590	8169	122	1000
2014	11119	1671	8173	170	1105
2015	11190	1817	8025	138	1210
2016	10559	1818	7376	182	1183
2017	9150	2348	5461	148	1193
2018	8664	2713	4446	157	1348
2019	9347	3212	4540	123	1472

注：公路数据2013年以后按云南省交通厅新方案统计。

11-2 主要年份货运量

单位：万吨

年 份	全市	铁路	公路	水路	民航
1978	1179	628	527	24	0.13
1980	1401	670	714	17	0.17
1985	2329	568	1743	18	0.34
1990	11626	1014	10585	27	0.40
1995	11441	1217	10215	7	2.11
1996	14798	1249	13539	7	2.78
1997	14898	1265	13624	5	3.88
1998	18048	1399	16637	7	4.78
1999	12042	1474	10555	7	5.88
2000	12655	1563	11086		5.94
2001	12084	1692	10385		6.78
2002	11108	1912	9188		8.25
2003	12334	2076	10252		6.00
2004	11646	2105	9534		7.46
2005	11225	2196	9021		7.93
2006	12146	2370	9717	50	8.60
2007	12854	2576	10201	68	8.70
2008	12782	2727	9928	119	7.60
2009	13660	2046	11606		7.70
2010	14691	2272	12410		8.70
2011	15787	2337	13443		6.80
2012	16725	2300	14418		7.00
2013	27224	2361	24817	37	8.80
2014	27677	2141	25467	60	9.37
2015	28491	1903	26528	51	9.20
2016	28504	1893	26065	37	9.03
2017	28269	1876	26352	33	8
2018	32641	1949	30660	24	8
2019	35187	1790	33377	12	9

11–3 全市运输情况

指　　标	单位	2018年	2019年	2019年比2018年 ± %
全市机动车拥有量	**辆**	**2648920**	**2824445**	**6.6**
#汽车	辆	2307520	2490131	7.9
摩托车	辆	338223	330679	-2.2
货物运输量	**万吨**	**32641**	**35187**	**7.8**
#铁路	万吨	1949	1790	-8.1
公路	万吨	30660	33377	8.9
水运	万吨	24	12	-51.1
民航	万吨	8	9	15.1
旅客运输量	**万人次**	**8664**	**9347**	**7.9**
#铁路	万人次	2713	3212	18.4
公路	万人次	4446	4540	2.1
水运	万人次	157	123	-21.5
民航	万人次	1348	1472	9.2
货物周转量	**万吨公里**	**3813288**	**4314066**	**13.1**
#铁路	万吨公里	1745503	1960752	12.3
公路	万吨公里	2055489	2337859	13.7
水运	万吨公里	48	30	-38.8
民航	万吨公里	12248	15426	25.9
旅客周转量	**万人公里**	**2803235**	**3206547**	**14.4**
#铁路	万人公里	600844	733031	22.0
公路	万人公里	467470	502668	7.5
水运	万人公里	899	920	2.3
民航	万人公里	1734022	1969928	13.6

11-4 民用车辆拥有量

（2019年） 单位：辆

指标	总计	营运	非营运	校车	总计中 进口	个人	新注册	报废
合　计	**2824445**	**170087**	**2654279**	**79**	**168522**	**2579329**	**270408**	**47697**
一、汽车	**2490131**	**164900**	**2325152**	**79**	**164811**	**2248733**	**239123**	**30464**
1.载客汽车	2303403	40600	2262724	79	164143	2105522	211335	26448
#大型	12970	10719	2202	49	55	91	1652	361
中型	3855	1455	2370	30	242	612	203	364
小型	2267743	28423	2239320		161224	2087533	209349	23571
微型	18835	3	18832		2622	17286	131	2152
#轿车	1331645	25572	1306073		62962	1227538	114079	14792
2.载货汽车	176009	123769	52240		616	138732	26233	3804
#重型	30154	28816	1338		201	15852	4441	493
中型	6792	6323	469		1	5578	138	304
轻型	139027	88624	50403		414	117285	21654	3003
微型	36	6	30			17		4
#普通载货	46263	17864	28399		402	37270	6000	1210
3.其它汽车	10719	531	10188		52	4479	1555	212
#三轮汽车	1	1				1		5
低速货车	9	8	1			9		4
二、摩托车	**330679**	**1656**	**329023**		**3705**	**329563**	**30627**	**17163**
1.普通	320444	1656	318788		3705	319345	24929	16828
2.轻便	10235		10235			10218	5698	335
三、挂车	**3634**	**3531**	**103**		**6**	**1033**	**658**	**70**
四、其它类型车	**1**		**1**					

主要统计指标解释

货（客）运量　指在一定时期内，各种运输工具实际运送的货物（旅客）数量。是反映运输业为国民经济和人民生活服务的数量指标，也是制定和检查运输生产计划，研究运输发展规模和速度的重要指标。货运按吨计算，客运按人计算。货物不论运输距离长短，货物类别，均按实际重量统计；旅客不论行程远近或票价多少，均按一人一次作为客运量统计。半价票、小孩票也按一人统计。

货物（旅客）周转量　指在一定时期内，由各种运输工具运送的货物（旅客）数量与其相应运输距离的乘积之总和，是反映运输业生产总成果的重要指标，也是编制和检查运输生产计划，计算运输效率、劳动生产率以及核算运输单位成本的主要基础资料。通常以吨公里和人公里为计算单位。计算货物周转量通常按发出站与到达站之间的最短距离，也就是计费距离计算。

昆明统计年鉴

KUNMING STATISTICAL YEARBOOK 2020

12 建筑业

JIANZHUYE

12-1 主要年份建筑业总产值

单位：万元

年 份	总计	国有经济	集体经济	其他经济
1991	191846	173793	18053	
1992	256427	225755	30672	
1993	440651	367940	72711	
1994	611703	502497	109206	
1995	676470	563473	112997	
1996	962300	676166	278833	7801
1997	1184765	792648	351993	40124
1998	1351242	830942	374028	146272
1999	1826106	1068424	504051	253631
2000	1852377	1028066	504161	320150
2001	1917808	1013703	421465	452640
2002	1993642	959679	385784	648179
2003	2334370	1127688	322777	883905
2004	2651715	1521902	307522	822291
2005	3490749	1839412	265472	1385865
2006	4418535	1720165	302053	2396317
2007	5044571	1891376	273849	2879346
2008	6005685	2938703	373262	2693720
2009	8310772	4315608	319765	3675399
2010	11209189	5271482	348480	5589227
2011	11999411	5996579	298543	5704289
2012	15069574	6637097	639714	7792763
2013	18464728	8585617	1454718	8424393
2014	18853152	8770379	1406053	8676720
2015	20719305	11185469	1428249	8105587
2016	24464438	14366312	1327720	8770406
2017	29661983	17886610	1148725	10626648
2018	32396857	10681005	399073	21316779
2019	35600953	24450130	761051	10389772

12-2 主要年份建筑施工企业数

单位：个

年 份	总计	国有经济	集体经济	其他经济
1991	90	45	45	
1992	96	45	51	
1993	170	63	107	
1994	181	61	120	
1995	150	51	99	
1996	254	54	195	5
1997	397	67	296	34
1998	388	68	275	45
1999	477	99	283	95
2000	489	90	257	142
2001	514	84	222	208
2002	455	66	158	231
2003	465	65	124	276
2004	733	89	120	524
2005	713	77	105	531
2006	877	85	107	685
2007	940	68	107	765
2008	1062	108	102	852
2009	2031	110	118	1803
2010	2048	121	92	1835
2011	1031	75	66	890
2012	1107	80	65	962
2013	1182	85	86	1011
2014	1209	86	81	1042
2015	1254	89	82	1083
2016	1370	97	78	1195
2017	1376	103	72	1201
2018	1434	41	40	1353
2019	1345	102	64	1179

12-3 主要年份建筑施工企业平均人数

单位：人

年　份	总计	国有经济	集体经济	其他经济
1991	127800	114700	13100	
1992	243100	122600	120500	
1993	153916	126501	27415	
1994	151692	119447	32245	
1995	149974	116791	33183	
1996	192157	114820	72507	4830
1997	223282	111543	98155	13584
1998	235164	123991	84493	26680
1999	271156	132790	94791	43575
2000	244497	116111	80435	47951
2001	254919	110227	76768	67924
2002	235553	95258	66513	73782
2003	292859	131027	52822	109010
2004	240184	114170	41083	84931
2005	290663	116181	36778	137704
2006	341410	93012	38941	209457
2007	376285	106130	27880	242275
2008	354805	130330	31029	193446
2009	446778	190660	64470	191648
2010	479754	175415	20794	283545
2011	542880	114203	17672	411005
2012	569519	229816	29632	310071
2013	609493	230948	61165	317380
2014	623873	205307	56351	362215
2015	681588	228365	61265	391958
2016	772152	336442	53867	381843
2017	851946	371333	49823	430790
2018	1031546	154925	15973	860648
2019	1043295	507250	30222	505823

12-4 总承包和专业

（2019年）

指　　标	建筑业企业个数(个)	合同情况(千元)			承包
		签订合同额	上年结转合同额	本年新签合同额	直接从建设单位承揽工程完成的产值
总计	**1345**	**993961172**	**495096754**	**498864418**	**352862174**
其中：国有及国有控股企业	102	785052120	421772842	363279278	244209145
一、按登记注册类型分组					
内资企业	**1344**	**993941746**	**495094027**	**498847719**	**352862174**
国有企业	24	33710145	16881798	16828347	15200071
集体企业	39	4671130	678821	3992309	3753297
股份合作企业	1	2433	1216	1217	13083
联营企业	1	401	1	400	390
集体联营企业	1	401	1	400	390
有限责任公司	263	721785718	379495830	342289888	222657481
国有独资公司	25	496754616	266012749	230741867	131970287
其他有限责任公司	238	225031102	113483081	111548021	90687194
股份有限公司	49	85203286	52217106	32986180	33861078
私营企业	967	148568633	45819255	102749378	77376774
私营独资企业	5	198736	28932	169804	72520
私营合伙企业	2	131557	62167	69390	58173
私营有限责任公司	915	144445237	44387374	100057863	74546342
私营股份有限公司	45	3793103	1340782	2452321	2699739
港、澳、台商投资企业					
外商投资企业	**1**	**19426**	**2727**	**16699**	
中外合资经营企业	1	19426	2727	16699	
二、按国民经济行业分组					
房屋建筑业	**458**	**449826959**	**216435927**	**233391032**	**168589084**
住宅房屋建筑业	415	437360880	212153464	225207416	163650080
其他房屋建筑业	43	12466079	4282463	8183616	4939004
土木工程建筑业	**397**	**510817557**	**268703643**	**242113914**	**163854334**
铁路、道路、隧道和桥梁工程建筑	194	462367719	251108198	211259521	138965112
铁路工程建筑	12	27971166	17326517	10644649	7514074
公路工程建筑	85	339603302	177855113	161748189	88598323
市政道路工程建筑	85	50134910	23668265	26466645	33832876
城市轨道交通工程建筑	3	7819667	6374450	1445217	1686968
其他道路、隧道和桥梁工程建筑	9	36838674	25883853	10954821	7332871
水利和水运工程建筑	45	28619593	11286446	17333147	12308717
水源及供水设施工程建筑	41	28300015	11091164	17208851	12170369
河湖治理及防洪设施工程建筑	3	260164	135868	124296	131226
港口及航运设施工程建筑	1	59414	59414		7122

承包企业生产情况

工程完成情况(千元)			建筑业总产值(千元)			按构成分	
自行完成施工产值	分包出去工程的产值	从建设单位以外承揽工程完成的产值		装饰装修产值	在外省完成的产值	建筑工程产值	安装工程产值
343561349	**9300825**	**12448176**	**356009525**	**7833923**	**49511529**	**327340011**	**22039761**
235829611	8379534	8671687	244501298	758215	46573421	232286715	9959862
343561349	**9300825**	**12429853**	**355991202**	**7833923**	**49496116**	**327340011**	**22021438**
15200071		2235698	17435769	8200	4486432	13343188	3463964
3748304	4993	4993	3753297	80971		3473438	59821
13083			13083			13083	
390			390				390
390			390				390
214078104	8579377	3791755	217869859	1884978	32144219	209761162	5580073
123593950	8376337	784210	124378160	88057	25959719	122175274	1330347
90484154	203040	3007545	93491699	1796921	6184500	87585888	4249726
33841325	19753	3697010	37538335	468660	11021583	33664814	3733877
76680072	696702	2700397	79380469	5391114	1843882	67084326	9183313
72520		5752	78272			68610	
58173			58173			58173	
73867996	678346	2364252	76232248	5361398	1765202	64579657	8596868
2681383	18356	330393	3011776	29716	78680	2377886	586445
		18323	**18323**		**15413**		**18323**
		18323	18323		15413		18323
159885075	**8704009**	**3619619**	**163504694**	**4499540**	**16837931**	**156574764**	**3709277**
154992622	8657458	3520909	158513531	4418164	16653400	152127054	3630295
4892453	46551	98710	4991163	81376	184531	4447710	78982
163452133	**402201**	**4782153**	**168234286**	**180968**	**30272166**	**159360009**	**6911246**
138776955	188157	3470460	142247415	63161	27234122	140084300	1311283
7514074		493597	8007671	130	1702211	7957878	
88475488	122835	2810309	91285797	54128	19639923	90003510	934800
33769299	63577	135771	33905070	4574	240393	33208015	242503
1686968			1686968	4329	171050	1673007	13961
7331126	1745	30783	7361909		5480545	7241890	120019
12305020	3697	736333	13041353	7656	1029727	12837164	73159
12168672	1697	734370	12903042	7656	1029727	12704600	68432
129226	2000	1963	131189			125442	4727
7122			7122			7122	

12-4 续表 1

（2019年）

指标	建筑业企业个数(个)	合同情况(千元)			承包
		签订合同额	上年结转合同额	本年新签合同额	直接从建设单位承揽工程完成的产值
工矿工程建筑	21	3638273	1678847	1959426	2554326
架线和管道工程建筑	60	10501000	2888393	7612607	6758222
架线及设备工程建筑	57	9745462	2488449	7257013	6405368
管道工程建筑	2	727444	399944	327500	352854
地下综合管廊工程建筑	1	28094		28094	
节能环保工程施工	14	358804	104347	254457	287016
环保工程施工	14	358804	104347	254457	287016
电力工程施工	17	1236505	368332	868173	909428
水力发电工程施工	1	44725	21735	22990	30199
其他 电力工程施工	16	1191780	346597	845183	879229
其他土木工程建筑	46	4095663	1269080	2826583	2071513
园林绿化工程施工	19	3562312	1042547	2519765	1736628
体育场地设施工程施工	4	79140	46891	32249	33661
其他土木工程建筑施工	23	454211	179642	274569	301224
建筑安装业	**231**	**18428520**	**6282077**	**12146443**	**11460884**
电气安装	107	8708842	2328479	6380363	6267827
管道和设备安装	28	1052123	369245	682878	508040
其他建筑安装业	96	8667555	3584353	5083202	4685017
建筑装饰、装修和其他建筑业	**259**	**14888136**	**3675107**	**11213029**	**8957872**
建筑装饰和装修业	197	6541935	1291444	5250491	4454449
公共建筑装饰和装修	25	1250357	286369	963988	910487
住宅装饰和装修	154	3488751	728089	2760662	2326284
建筑幕墙装饰和装修	18	1802827	276986	1525841	1217678
建筑物拆除和场地准备活动	41	6987434	2005442	4981992	3664096
建筑物拆除活动	7	81514	14104	67410	83145
场地准备活动	34	6905920	1991338	4914582	3580951
提供施工设备服务	3	59035	17560	41475	33314
其他未列明建筑业	18	1299732	360661	939071	806013
三、按隶属关系分组					
中央	11	322761831	162592709	160169122	61821622
省、自治区、直辖市	68	458069946	256699187	201370759	180852909
地区	17	3397507	2118819	1278688	1475553
县及县级以下	39	4056080	463726	3592354	3127582
其他	1210	205675808	73222313	132453495	105584508
四、按企业资质等级分组					
施工总承包	**771**	**954369590**	**482148998**	**472220592**	**329654052**
特级	8	422616740	263932338	158684402	134105707
一级	63	385962497	170528883	215433614	127616365
二级	244	100054841	28816214	71238627	42488582
三级及以下	456	45735512	18871563	26863949	25443398

工程完成情况(千元)			建筑业总产值(千元)				
						按构成分	
自行完成施工产值	分包出去工程的产值	从建设单位以外承揽工程完成的产值		装饰装修产值	在外省完成的产值	建筑工程产值	安装工程产值
2554326		307739	2862065		1476329	1962886	735594
6628152	130070	126814	6754966	2002	248744	2015982	4220247
6275298	130070	109184	6384482	2002	248744	1998352	3867393
352854			352854				352854
		17630	17630			17630	
287016			287016		2727	97347	110757
287016			287016		2727	97347	110757
863153	46275	9768	872921	56597		368444	428768
30199		6226	36425				36425
832954	46275	3542	836496	56597		368444	392343
2037511	34002	131039	2168550	51552	280517	1993886	31438
1736628		35195	1771823	25888	151948	1635318	
33661		9827	43488		600	42026	1462
267222	34002	86017	353239	25664	127969	316542	29976
11418615	**42269**	**2782242**	**14200857**	**88620**	**1889896**	**2997913**	**10492826**
6250210	17617	1609073	7859283	25541	927389	1381275	6374051
498804	9236	99129	597933	1590	16118	158266	433544
4669601	15416	1074040	5743641	61489	946389	1458372	3685231
8805526	**152346**	**1264162**	**10069688**	**3064795**	**511536**	**8407325**	**926412**
4417053	37396	138669	4555722	2935489	337304	3513922	805875
910351	136	61516	971867	587954	3093	809584	116237
2289024	37260	77153	2366177	1731839	214062	1805577	370819
1217678			1217678	615696	120149	898761	318819
3558801	105295	1108334	4667135	110	139536	4367791	52703
83145		4126	87271			75526	3809
3475656	105295	1104208	4579864	110	139536	4292265	48894
33314			33314	545	5714	33314	
796358	9655	17159	813517	128651	28982	492298	67834
61776787	44835	47868	61824655	80996	29251440	61270801	233386
172524667	8328242	8672939	181197606	819959	17234432	170862657	8498396
1472356	3197	3197	1475553		124060	760647	585540
3127582		1801	3129383	12600		2952075	129087
104659957	924551	3722371	108382328	6920368	2901597	91493831	12593352
320468002	**9186050**	**10078777**	**330546779**	**4647879**	**47343890**	**311766625**	**13392070**
125732630	8373077	19067	125751697	543564	19705444	124500650	179445
127524997	91368	6548471	134073468	389059	26231043	127008521	6565277
42241477	247105	1723784	43965261	2311516	904865	36827893	5082137
24968898	474500	1787455	26756353	1403740	502538	23429561	1565211

12-4 续表 2

（2019年）

指　　标	建筑业企业个数(个)	合同情况(千元)			承包
		签订合同额	上年结转合同额	本年新签合同额	直接从建设单位承揽工程完成的产值
专业承包	**574**	**39591582**	**12947756**	**26643826**	**23208122**
一级	95	20093357	6420278	13673079	11177268
二级	242	8302183	1954075	6348108	5555346
三级及以下	237	11196042	4573403	6622639	6475508
施工或专业承包	1345	993961172	495096754	498864418	352862174
无资质					
五、按地区分组					
五华区	306	78936335	38037926	40898409	43609729
盘龙区	274	104101368	31487301	72614067	53374830
官渡区	242	320480228	186729999	133750229	103892746
西山区	188	124951786	69286576	55665210	42741980
东川区	25	5398506	697750	4700756	4860386
呈贡区	64	326181632	160910712	165270920	83765604
晋宁区	34	1923475	623018	1300457	1556938
富民县	34	12960527	1077677	11882850	5324150
宜良县	33	4700140	598092	4102048	4199194
石林彝族自治县	19	2394540	369682	2024858	1585813
嵩明县	29	3967555	1800521	2167034	2308931
禄劝彝族苗族自治县	20	1377235	203237	1173998	1206224
寻甸回族彝族自治县	36	1425601	394301	1031300	982476
安宁市	41	5162244	2879962	2282282	3453173
六、按营业状态分					
营业	1340	993404382	494880014	498524368	352523360
停业(歇业)	2				
筹建					
当年关闭	2	340050		340050	338814
当年破产					
其他	1	216740	216740		
七、按控股情况分					
国有控股	102	785052120	421772842	363279278	244209145
集体控股	64	12816152	5355422	7460730	7668106
私人控股	1134	188250232	65280048	122970184	95646593
港澳台商控股					
外商控股	1	19426	2727	16699	
其他	44	7823242	2685715	5137527	5338330

工程完成情况(千元)			建筑业总产值(千元)	装饰装修产值	在外省完成的产值	按构成分	
自行完成施工产值	分包出去工程的产值	从建设单位以外承揽工程完成的产值				建筑工程产值	安装工程产值
23093347	**114775**	**2369399**	**25462746**	**3186044**	**2167639**	**15573386**	**8647691**
11170584	6684	1265423	12436007	1659592	1340662	8241992	3474244
5511073	44273	815954	6327027	1032896	436774	3097773	2791877
6411690	63818	288022	6699712	493556	390203	4233621	2381570
343561349	9300825	12448176	356009525	7833923	49511529	327340011	22039761
43392679	217050	6041009	49433688	1706848	7101315	40177038	8328681
53226536	148294	508941	53735477	3610717	1057695	44652248	7145659
103588615	304131	2697142	106285757	1061636	30211488	102044329	3078665
42694743	47237	280366	42975109	1012863	169388	41242458	1248780
4751621	108765	494561	5246182			4612196	176482
75319729	8445875	1850186	77169915	23890	10239500	76313895	429170
1556938		2875	1559813	6261	100734	1184976	214301
5322846	1304	130063	5452909	147167		4955127	70906
4199194		9918	4209112	359		4096965	102229
1585813		13991	1599804			1458760	104198
2308931		252516	2561447	213163	631388	1670449	778681
1193920	12304	68394	1262314			1028884	130047
978590	3886	45453	1024043	6607	21	756904	186551
3441194	11979	52761	3493955	44412		3145782	45411
343222535	9300825	12448176	355670711	7833923	49511529	327001197	22039761
338814			338814			338814	
235829611	8379534	8671687	244501298	758215	46573421	232286715	9959862
7563438	104668	47071	7610509	81260	200317	6608086	711907
94839674	806919	3651610	98491284	6707408	2592436	84115511	10913012
		18323	18323		15413		18323
5328626	9704	59485	5388111	287040	129942	4329699	436657

12-4 续表 3

（2019年）

指标	建筑业总产值(千元) 按构成分 其他产值	竣工产值	房屋建筑施工面积(平方米)	本年新开工面积	从业 从事建筑业活动的平均人数
总计	**6629753**	**90139949**	**104621867**	**35168367**	**1043295**
其中：国有及国有控股企业	2254721	33317483	58548140	13834841	507250
一、按登记注册类型分组					
内资企业	**6629753**	**90121626**	**104621867**	**35168367**	**1043230**
国有企业	628617	6255823	2540314	828697	43223
集体企业	220038	2465142	841886	725994	14536
股份合作企业		9070	4674	742	361
联营企业					2
集体联营企业					2
有限责任公司	2528624	30858660	51643681	14327978	464806
国有独资公司	872539	7420459	17149260	3616766	139169
其他有限责任公司	1656085	23438201	34494421	10711212	325637
股份有限公司	139644	7581025	11833344	3523736	113414
私营企业	3112830	42951906	37757968	15761220	406888
私营独资企业	9662	27565	240		280
私营合伙企业					358
私营有限责任公司	3055723	41759718	36952738	15225677	396040
私营股份有限公司	47445	1164623	804990	535543	10210
港、澳、台商投资企业					
外商投资企业		**18323**			**65**
中外合资经营企业		18323			65
二、按国民经济行业分组					
房屋建筑业	**3220653**	**56538135**	**97963540**	**31948631**	**434411**
住宅房屋建筑业	2756182	55579157	95503222	30791885	418774
其他房屋建筑业	464471	958978	2460318	1156746	15637
土木工程建筑业	**1963031**	**22733490**	**3469122**	**1552241**	**528407**
铁路、道路、隧道和桥梁工程建筑	851832	14216204	1290379	560298	345041
铁路工程建筑	49793	6717603	334465	32965	18104
公路工程建筑	347487	5577758	584105	229320	262980
市政道路工程建筑	454552	1698689	333578	264526	29730
城市轨道交通工程建筑		69118	38231	33487	2439
其他道路、隧道和桥梁工程建筑		153036			31788
水利和水运工程建筑	131030	2863509	1996262	900044	141446
水源及供水设施工程建筑	130010	2863509	1996262	900044	140764
河湖治理及防洪设施工程建筑	1020				202
港口及航运设施工程建筑					480

人员情况(人)			房屋建筑竣工面积(平方米)				
建筑业企业期末人数	工程技术人员	现场施工人员		住宅房屋	商业及服务用房屋	办公用房屋	科研、教育、医疗用房屋
715524	**99052**	**268350**	**24127470**	**17129049**	**2340619**	**959715**	**1081822**
242763	32100	134839	8811900	7658972	90842	98772	530994
715489	**99043**	**268324**	**24127470**	**17129049**	**2340619**	**959715**	**1081822**
14606	4478	4365	214089	115346		21700	
16119	2792	8454	687890	375605	112724	4444	30865
353	13		4042	4042			
2	1						
2	1						
261810	32840	134516	9505852	7863920	499439	74722	435209
140047	11024	81320	2697589	2529659			89891
121763	21816	53196	6808263	5334261	499439	74722	345318
68877	9504	39658	1615118	1007565	303	48823	167609
353722	49415	81331	12100479	7762571	1728153	810026	448139
276	41	49	1540				
281	57	224					
344029	46720	76086	11686939	7643240	1652088	706382	396184
9136	2597	4972	412000	119331	76065	103644	51955
35	**9**	**26**					
35	9	26					
299535	**53058**	**132927**	**21509491**	**16293111**	**1570140**	**833018**	**1009592**
286749	51169	128503	21229001	16182111	1486219	828997	1008139
12786	1889	4424	280490	111000	83921	4021	1453
357326	**33138**	**115185**	**540049**	**291470**	**102265**	**18406**	**55923**
197634	24708	95510	295237	181739	13062	18406	49059
16581	3499	2278	7751	2575	506	2395	
143865	15599	78901	194874	160181	4400	3500	19025
26811	4683	11848	66868	16425	5627	8296	20728
2529	599	1770	25744	2558	2529	4215	9306
7848	328	713					
131221	3107	7204	157901	109731	29203		6864
130576	2914	6836	157901	109731	29203		6864
195	73	18					
450	120	350					

12-4 续表 4

（2019年）

指标	建筑业总产值(千元) 按构成分 其他产值	竣工产值	房屋建筑施工面积(平方米)	本年新开工面积	从业 从事建筑业活动的平均人数
工矿工程建筑	163585	708956	8525	6071	8952
架线和管道工程建筑	518737	3810403	90379	24686	23514
架线及设备工程建筑	518737	3537557	90379	24686	22216
管道工程建筑		255216			1178
地下综合管廊工程建筑		17630			120
节能环保工程施工	78912	67057			635
环保工程施工	78912	67057			635
电力工程施工	75709	334989	1688	1142	2691
水力发电工程施工					67
其他 电力工程施工	75709	334989	1688	1142	2624
其他土木工程建筑	143226	732372	81889	60000	6128
园林绿化工程施工	136505	381444			5069
体育场地设施工程施工		38549			247
其他土木工程建筑施工	6721	312379	81889	60000	812
建筑安装业	**710118**	**5704192**	**1312114**	**625248**	**45987**
电气安装	103957	2753564	65480	55480	22719
管道和设备安装	6123	411824			2445
其他建筑安装业	600038	2538804	1246634	569768	20823
建筑装饰、装修和其他建筑业	**735951**	**5164132**	**1877091**	**1042247**	**34490**
建筑装饰和装修业	235925	2166787	555423	387821	17714
公共建筑装饰和装修	46046	462782			2638
住宅装饰和装修	189781	1436765	555423	387821	10659
建筑幕墙装饰和装修	98	267240			4417
建筑物拆除和场地准备活动	246641	2473189	443402	63576	13846
建筑物拆除活动	7936	57417	374419	50000	265
场地准备活动	238705	2415772	68983	13576	13581
提供施工设备服务		5895			604
其他未列明建筑业	253385	518261	878266	590850	2326
三、按隶属关系分组					
中央	320468	5410969	5554834	932303	118007
省、自治区、直辖市	1836553	27360774	53306116	13148478	385036
地区	129366	294205	12247	1544	3571
县及县级以下	48221	2263752	1182053	1058666	11694
其他	4295145	54810249	44566617	20027376	524987
四、按企业资质等级分组					
施工总承包	**5388084**	**77949744**	**101029199**	**33723524**	**953484**
特级	1071602	14942860	33681234	8869292	299522
一级	499670	24121585	28662341	12007003	374579
二级	2055231	27376993	32930410	9530207	172267
三级及以下	1761581	11508306	5755214	3317022	107116

人员情况(人)			房屋建筑竣工面积(平方米)				
建筑业企业期末人数	工程技术人员	现场施工人员		住宅房屋	商业及服务用房屋	办公用房屋	科研、教育、医疗用房屋
4007	605	2433	5740				
18135	3372	7556	19370				
16822	3087	6665	19370				
1178	227	891					
135	58						
657	139	167					
657	139	167					
2401	458	1180					
45	25	30					
2356	433	1150					
3271	749	1135	61801		60000		
2143	502	907					
256	58	109					
872	189	119	61801		60000		
35076	**7830**	**11796**	**413938**	**28896**	**13767**	**1618**	
18734	4327	5811	18000				
2191	423	435					
14151	3080	5550	395938	28896	13767	1618	
23587	**5026**	**8442**	**1663992**	**515572**	**654447**	**106673**	**16307**
14426	2455	5337	367415	104866	260563	500	
1612	352	482					
9620	1785	3519	367415	104866	260563	500	
3194	318	1336					
6687	1908	2234	431420	182861	15098		9042
263	41	51	374419	150000			
6424	1867	2183	57001	32861	15098		9042
567	21	58					
1907	642	813	865157	227845	378786	106173	7265
90764	8689	31063	9641	4465	506	2395	
147443	22877	103697	9105782	7709850	350579	96377	530994
3362	1263	1207	826				
12734	2525	7010	767452	378942	101251	3364	27883
461221	63698	125373	14243769	9035792	1888283	857579	522945
650128	**84097**	**241504**	**21960225**	**16444553**	**1606066**	**851179**	**1019557**
122712	14581	86754	6837372	6129101	90336	19347	332692
296732	21014	62775	4152924	2736456	187561	504734	238208
133368	32231	52798	7501528	5366091	1040173	180951	304362
97316	16271	39177	3468401	2212905	287996	146147	144295

12-4 续表 5

（2019年）

指标	建筑业总产值(千元) 按构成分 其他产值	竣工产值	房屋建筑施工面积(平方米)	本年新开工面积	从业 从事建筑业活动的平均人数
专业承包	**1241669**	**12190205**	**3592668**	**1444843**	**89811**
一级	719771	5991203	1009934	360473	43430
二级	437377	2945933	2412050	1066654	24821
三级及以下	84521	3253069	170684	17716	21560
施工或专业承包	6629753	90139949	104621867	35168367	1043295
无资质					
五、按地区分组					
五华区	927969	18669281	17091004	4591531	151597
盘龙区	1937570	29774809	31197262	10686119	323404
官渡区	1162763	12771318	20302142	6648212	190734
西山区	483871	7075986	3645699	1389265	178245
东川区	457504	2713747	1297338	890669	18803
呈贡区	426850	9923683	22906259	5808087	105414
晋宁区	160536	782477	1266769	798852	4312
富民县	426876	1659129	2425633	1236085	16808
宜良县	9918	3569676	1248234	1182185	19599
石林彝族自治县	36846	180039	488411	446505	2121
嵩明县	112317	940875	499381	228703	9669
禄劝彝族苗族自治县	103383	825769	626943	444136	6147
寻甸回族彝族自治县	80588	498856	69978	40529	4162
安宁市	302762	754304	1556814	777489	12280
六、按营业状态分					
营业	6629753	89848569	104516607	35063107	1041232
停业(歇业)					
筹建					
当年关闭		291380	105260	105260	2051
当年破产					
其他					12
七、按控股情况分					
国有控股	2254721	33317483	58548140	13834841	507250
集体控股	290516	3669521	1474736	1332118	30222
私人控股	3462761	50687868	42678036	18998383	484916
港澳台商控股					
外商控股		18323			65
其他	621755	2446754	1920955	1003025	20842

人员情况(人)			房屋建筑竣工面积(平方米)				
建筑业企业期末人数	工程技术人员	现场施工人员		住宅房屋	商业及服务用房屋	办公用房屋	科研、教育、医疗用房屋
65396	**14955**	**26846**	**2167245**	**684496**	**734553**	**108536**	**62265**
27542	6120	11578	647118	95534	269108		
19899	4527	6288	1390588	545943	447735	108291	7265
17955	4308	8980	129539	43019	17710	245	55000
715524	99052	268350	24127470	17129049	2340619	959715	1081822
97895	15264	45180	5089805	4367499	103454	81091	66360
236496	31498	35639	7445179	5228279	1154402	195729	435503
129779	19219	61119	2646743	1714839	317784	67282	67154
58790	10167	28855	1318073	739808	15850	375992	104418
18912	2090	5987	733637	674120	17235		9387
98010	5992	57745	3178667	2909101	3609	2204	160157
4249	1042	580	951293	253167	405285	114637	23488
16067	2547	7643	724653	274761	10457	27268	50126
20462	4503	10997	1043636	513072	221574		31678
2402	284	1309	28545	28545			
9044	2156	7058	199619	101132	11921	24805	32576
4807	942	1621	442154	135562	21753	62620	95806
3866	830	1312	53630	25861	6520	2658	4369
14745	2518	3305	271836	163303	50775	5429	800
713281	98757	266570	24022470	17129049	2235619	959715	1081822
2231	290	1780	105000		105000		
12	5						
242763	32100	134839	8811900	7658972	90842	98772	530994
29319	4467	11731	914062	494976	217724	4602	31893
420694	59736	112030	13514102	8531574	1736535	849432	462136
35	9	26					
22713	2740	9724	887406	443527	295518	6909	56799

12-4 续表 6

（2019年）

指　　标	房屋建筑竣工面积(平方米)				竣工房屋价值(千元)
	文化、体育和娱乐用房	厂房及建筑物	仓库	其他未列明的房屋建筑物	
总计	**251642**	**1734097**	**179487**	**451039**	**50045730**
其中：国有及国有控股企业	4471	161136	86833	179880	18719273
一、按登记注册类型分组					
内资企业	**251642**	**1734097**	**179487**	**451039**	**50045730**
国有企业		60481	12103	4459	935318
集体企业	9882	138157		16213	1297055
股份合作企业					9070
联营企业					
集体联营企业					
有限责任公司	96851	273508	12482	249721	19456832
国有独资公司	4471	65080	8488		6482303
其他有限责任公司	92380	208428	3994	249721	12974529
股份有限公司	745	283054	83882	23137	2418637
私营企业	144164	978897	71020	157509	25928818
私营独资企业	240			1300	740
私营合伙企业					
私营有限责任公司	142199	930595	71020	145231	25034862
私营股份有限公司	1725	48302		10978	893216
港、澳、台商投资企业					
外商投资企业					
中外合资经营企业					
二、按国民经济行业分组					
房屋建筑业	**177632**	**1049136**	**156721**	**420141**	**48494095**
住宅房屋建筑业	167139	983214	155721	417461	48027036
其他房屋建筑业	10493	65922	1000	2680	467059
土木工程建筑业	**9122**	**34865**	**22456**	**5542**	**798961**
铁路、道路、隧道和桥梁工程建筑	9122	9755	10353	3741	406204
铁路工程建筑				2275	28135
公路工程建筑	5168	1000	1000	600	250768
市政道路工程建筑	1148	6661	7923	60	80377
城市轨道交通工程建筑	2806	2094	1430	806	46924
其他道路、隧道和桥梁工程建筑					
水利和水运工程建筑			12103		317537
水源及供水设施工程建筑			12103		317537
河湖治理及防洪设施工程建筑					
港口及航运设施工程建筑					

住宅房屋	商业及服务用房屋	办公用房屋	科研、教育、医疗用房屋	文化、体育和娱乐用房	厂房及建筑物	仓库	其他未列明的房屋建筑物
37062271	**4221605**	**1557685**	**2956209**	**350695**	**2493195**	**397554**	**1006516**
15398115	190231	156341	1435356	25350	665600	254874	593406
37062271	**4221605**	**1557685**	**2956209**	**350695**	**2493195**	**397554**	**1006516**
646253		18655			208561	51910	9939
618485	223860	8877	58176	19025	337881		30751
9070							
16121861	494860	146158	1127917	203372	610987	56504	695173
5781208			334643	25350	291102	50000	
10340653	494860	146158	793274	178022	319885	6504	695173
1385182	364	57919	404679	689	361743	162140	45921
18281420	3502521	1326076	1365437	127609	974023	127000	224732
				490			250
18049366	3409771	1155686	1075568	124604	887445	127000	205422
232054	92750	170390	289869	2515	86578		19060
36444898	**3905614**	**1513669**	**2845953**	**323007**	**2133986**	**339701**	**987267**
36196380	3799340	1509377	2842965	301023	2057219	337312	983420
248518	106274	4292	2988	21984	76767	2389	3847
417803	**103410**	**29613**	**82224**	**19867**	**76363**	**57673**	**12008**
234963	16945	29613	77902	19867	12239	5763	8912
9375	3108	8080					7572
201092	3872	3080	27102	13380	880	880	482
19892	5540	10866	33569	1436	6125	2881	68
4604	4425	7587	17231	5051	5234	2002	790
182840	78465		4322			51910	
182840	78465		4322			51910	

12-4 续表 7

（2019年）

指　　标	房屋建筑竣工面积(平方米)				竣工房屋价值(千元)
	文化、体育和娱乐用房	厂房及建筑物	仓库	其他未列明的房屋建筑物	
工矿工程建筑		5740			6824
架线和管道工程建筑		19370			57300
架线及设备工程建筑		19370			57300
管道工程建筑					
地下综合管廊工程建筑					
节能环保工程施工					
环保工程施工					
电力工程施工					
水力发电工程施工					
其他 电力工程施工					
其他土木工程建筑				1801	11096
园林绿化工程施工					
体育场地设施工程施工					
其他土木工程建筑施工				1801	11096
建筑安装业		**369447**	**210**		**305082**
电气安装		18000			8300
管道和设备安装					
其他建筑安装业		351447	210		296782
建筑装饰、装修和其他建筑业	**64888**	**280649**	**100**	**25356**	**447592**
建筑装饰和装修业	280	696	100	410	177731
公共建筑装饰和装修					
住宅装饰和装修	280	696	100	410	177731
建筑幕墙装饰和装修					
建筑物拆除和场地准备活动		224419			155893
建筑物拆除活动		224419			11210
场地准备活动					144683
提供施工设备服务					
其他未列明建筑业	64608	55534		24946	113968
三、按隶属关系分组					
中央				2275	31915
省、自治区、直辖市	4471	149073	86833	177605	18774973
地区		826			1732
县及县级以下	9464	230335		16213	1372701
其他	237707	1353863	92654	254946	29864409
四、按企业资质等级分组					
施工总承包	**186754**	**1248306**	**179177**	**424633**	**48933442**
特级	4471	79791	8488	173146	14100413
一级	102206	266049	116851	859	9105077
二级	18915	537503	32358	21175	20719958
三级及以下	61162	364963	21480	229453	5007994

住宅房屋	商业及服务用房屋	办公用房屋	科研、教育、医疗用房屋	文化、体育和娱乐用房	厂房及建筑物	仓库	其他未列明的房屋建筑物
					6824		
					57300		
					57300		
	8000						3096
	8000						3096
24499	**11026**	**1052**			**268425**	**80**	
					8300		
24499	11026	1052			260125	80	
175071	**201555**	**13351**	**28032**	**7821**	**14421**	**100**	**7241**
62807	108374	1200		780	2470	100	2000
62807	108374	1200		780	2470	100	2000
78056	45143		27036		5658		
5552					5658		
72504	45143		27036				
34208	48038	12151	996	7041	6293		5241
13155	3108	8080					7572
15385750	294617	148261	1435356	25350	644931	254874	585834
					1732		
633055	194874	5715	55679	18130	434497		30751
21030311	3729006	1395629	1465174	307215	1412035	142680	382359
36590098	**4024147**	**1543196**	**2888663**	**342874**	**2148653**	**397374**	**998437**
11962346	187123	58900	883704	25350	357095	50000	575895
5944600	215669	872125	891067	196602	697036	280410	7568
15284714	3219016	374765	816633	41619	891349	51580	40282
3398438	402339	237406	297259	79303	203173	15384	374692

12-4 续表 8

（2019年）

指　标	房屋建筑竣工面积(平方米)				竣工房屋价值(千元)
	文化、体育和娱乐用房	厂房及建筑物	仓库	其他未列明的房屋建筑物	
专业承包	**64888**	**485791**	**310**	**26406**	**1112288**
一级		282476			536999
二级	64888	203315	310	12841	474868
三级及以下				13565	100421
施工或专业承包	251642	1734097	179487	451039	50045730
无资质					
五、按地区分组					
五华区	7805	411261	26523	25812	8615192
盘龙区	22198	347628	35102	26338	21500070
官渡区		317863	3614	158207	3217635
西山区		15763	66242		2901896
东川区		5740		27155	1384243
呈贡区	6471	70281	20761	6083	7278203
晋宁区	78891	62454		13371	234751
富民县	7631	338437	1598	14375	1338557
宜良县	86874	114694		75744	1846206
石林彝族自治县					56371
嵩明县	6678	9031	13005	471	372278
禄劝彝族苗族自治县	7040	9760	11642	97971	674771
寻甸回族彝族自治县	4054	6457		3711	109523
安宁市	24000	24728	1000	1801	516034
六、按营业状态分					
营业	251642	1734097	179487	451039	49926714
停业(歇业)					
筹建					
当年关闭					119016
当年破产					
其他					
七、按控股情况分					
国有控股	4471	161136	86833	179880	18719273
集体控股	10016	138638		16213	1780418
私人控股	236007	1416002	92654	189762	28236889
港澳台商控股					
外商控股					
其他	1148	18321		65184	1309150

住宅房屋	商业及服务用房屋	办公用房屋	科研、教育、医疗用房屋	文化、体育和娱乐用房	厂房及建筑物	仓库	其他未列明的房屋建筑物
472173	**197458**	**14489**	**67546**	**7821**	**344542**	**180**	**8079**
273837	115472				147690		
191396	61856	14403	996	7821	196852	180	1364
6940	20130	86	66550				6715
37062271	4221605	1557685	2956209	350695	2493195	397554	1006516
7843376	74172	100855	184941	20292	346544	12861	32151
15214494	3274797	441618	1410531	37574	718344	69865	332847
2318908	207043	111666	122778		184887	5751	266602
1740714	34000	647862	300467		25889	152964	
1220988	48562		28771		6824		79098
6285999	5853	4630	473025	29550	365468	102270	11408
73832	69179	22766	16924	30008	19628		2414
645183	25391	69825	108775	15610	447755	2206	23812
856709	369250		60022	164871	274380		120974
56371							
180595	24529	46955	72723	17778	15334	13563	801
186551	30989	100351	167217	9562	15476	35685	128940
61224	19305	7123	7935	2480	7083		4373
377327	38535	4034	2100	22970	65583	2389	3096
37062271	4102589	1557685	2956209	350695	2493195	397554	1006516
	119016						
15398115	190231	156341	1435356	25350	665600	254874	593406
981482	342876	8995	58947	19125	338242		30751
19728364	3521899	1384677	1393201	304784	1474100	142680	287184
954310	166599	7672	68705	1436	15253		95175

12-5 总承包和专业

（2019年）

指　　标	年初存货	年末 流动资产合计	应收工程款	存货	固定资产减值准备
总计	**47545211**	**360806218**	**114015886**	**48620484**	**71093**
其中：国有及国有控股企业	31828935	265657245	82864930	33546845	6943
一、按登记注册类型分组					
内资企业	**47544610**	**360779947**	**113999091**	**48620298**	**71093**
国有企业	884803	23634648	10893459	1133858	
集体企业	113125	1508445	1004930	147203	2700
股份合作企业	1426	5322	1584		
联营企业		2247	2000		
国有联营企业					
集体联营企业		2247	2000		
国有与集体联营企业					
其他联营企业					
有限责任公司	30854632	229916779	67899523	31502273	15037
国有独资公司	18418826	133193970	26302934	18144725	319
其他有限责任公司	12435806	96722809	41596589	13357548	14718
股份有限公司	8018991	50073705	15995898	8001504	1093
私营企业	7671633	55638801	18201697	7835460	52263
私营独资企业					
私营合伙企业					
私营有限责任公司	7205903	51579688	17349537	7363387	42720
私营股份有限公司	465730	4059113	852160	472073	9543
其他企业					
港、澳、台商投资企业					
合资经营企业(港或澳、台资)					
合作经营企业(港或澳、台资)					
港、澳、台商独资经营企业					
港、澳、台商投资股份有限公司					
其他港澳台投资企业					
外商投资企业	**601**	**26271**	**16795**	**186**	
中外合资经营企业	601	26271	16795	186	
中外合作经营企业					
外资企业					
外商投资股份有限公司					
其他外商投资企业					
二、按国民经济行业分组					
房屋建筑业	**17977606**	**186639520**	**57247036**	**18165569**	**29099**
住宅房屋建筑	17455640	181148122	54640867	17512890	21453
其他房屋建筑业	521966	5491398	2606169	652679	7646
土木工程建筑业	**26625806**	**151396616**	**48075086**	**27268917**	**27446**
铁路、道路、隧道和桥梁工程建筑	20013614	119732512	36973886	19796936	2674
铁路工程建筑	879135	8698399	2161923	975372	990

承包企业财务情况

单位：千元

资产负债

固定资产原价	累计折旧	本年折旧	在建工程	资产总计	流动负债合计	应付账款	非流动负债合计
32615009	**14908515**	**2117265**	**4365923**	**525042998**	**317922501**	**128735765**	**50876969**
17336129	6647631	1079238	2929136	411756764	253589014	104477499	46996615
32614669	**14908192**	**2117209**	**4361737**	**525008114**	**317909121**	**128727023**	**50876969**
1115014	383272	62630	86997	27328465	22185157	9197193	695640
669211	316562	33753	165	1964009	920302	291434	23533
15963	1879	49		22853	3474	2083	
659	595			6628	6128		
659	595			6628	6128		
17697785	6754622	1028434	3071388	369762050	221495923	86225104	36294844
8594777	3551249	500902	2757557	254365165	141346490	46158042	32861889
9103008	3203373	527532	313831	115396885	80149433	40067062	3432955
4497657	3021652	347815	59738	59462454	37148728	18787573	11984870
8618380	4429610	644528	1143449	66461655	36149409	14223636	1878082
7802271	4010856	518106	1124704	61712010	33110361	11889709	1839937
816109	418754	126422	18745	4749645	3039048	2333927	38145
340	**323**	**56**	**4186**	**34884**	**13380**	**8742**	
340	323	56	4186	34884	13380	8742	
10849886	**4626245**	**600314**	**3450912**	**264591494**	**170902918**	**66858231**	**14493933**
10404233	4447192	581719	3443094	258554602	166544156	64977134	14489658
445653	179053	18595	7818	6036892	4358762	1881097	4275
16031992	**8473476**	**1226132**	**637603**	**230543832**	**130444344**	**55616764**	**34383167**
12494315	6832519	979322	326991	189810863	105651125	45926448	31956101
988583	478841	46033	2892	10189854	8154896	4141155	79320

12-5 续表 1

（2019年）

指标	年初存货	年末			
		流动资产合计	应收工程款	存货	固定资产减值准备
公路工程建筑	11255934	75607410	23287220	11115509	263
市政道路工程建筑	6052398	27831620	9610125	6013392	1421
城市管道交通工程建筑	69700	1340013	516308	78693	
其他道路、隧道和桥梁工程建筑	1756447	6255070	1398310	1613970	
水利和水运工程建筑	2607175	16124253	6516560	4223876	3744
水源及供水设施工程建筑	2590231	16053964	6484061	4223263	3744
河湖治理及防洪设施工程建筑	7078	45227	17437	380	
港口及航运设施工程建筑	9866	25062	15062	233	
工矿工程建筑	83659	2853304	1238323	143586	13337
架线和管道工程建筑	1028960	7358770	1857528	1122538	6675
架线及设备工程建筑	732050	6692715	1725047	799250	6675
管道工程建筑	296910	648714	127288	323288	
地下综合管廊工程建筑		17341	5193		
节能环保工程施工	37801	327882	49206	33162	
环保工程施工	37801	327882	49206	33162	
电力工程施工	35918	691202	262436	20760	
火力发电工程施工					
水力发电工程施工	11522	44638	7381	998	
其他发电工程施工	24396	646564	255055	19762	
其他土木工程建筑	2818679	4308693	1177147	1928059	1016
园林绿化工程施工	2737081	3875781	978847	1895639	1015
体育场地设施施工	10316	83818	23672	12620	
其他土木工程建筑	71282	349094	174628	19800	1
建筑安装业	**2024017**	**14322212**	**4916785**	**2133597**	**11107**
电气安装	643186	6000060	2468016	700767	9243
管道和设备安装	547174	2917688	256005	517675	
其他建筑安装业	833657	5404464	2192764	915155	1864
建筑装饰、装修和其他建筑业	**917782**	**8447870**	**3776979**	**1052401**	**3441**
建筑装饰和装修业	679202	4077579	1496001	523939	3441
公共建筑装饰和装修	418229	1002848	410689	315439	26
住宅建筑装饰和装修	224507	2366518	805852	184648	2871
建筑幕墙建筑装饰和装修	36466	708213	279460	23852	544
建筑物拆除和场地准备活动	136863	3674619	2057368	331327	
建筑物拆除活动		123095	54977	8547	
场地准备活动	136863	3551524	2002391	322780	
提供施工设备服务	2957	34962	24918	96	
其他未列明建筑业	98760	660710	198692	197039	
三、按隶属关系分组					
中央	4793451	47482405	12765761	4832935	990
地方	27230069	219869890	71091706	28920565	6052
其他	15521691	93453923	30158419	14866984	64051

单位：千元

资产负债

固定资产原价	累计折旧	本年折旧	在建工程	资产总计	流动负债合计	应付账款	非流动负债合计
7708012	3976499	644982	88009	137178235	70979954	26877771	30490256
1564290	716626	138778	80489	33534644	20838102	12322461	514040
102035	34640	7679	4277	1423846	1193601	591089	91153
2131395	1625913	141850	151324	7484284	4484572	1993972	781332
921793	338443	64028	183692	19818007	11544055	5710896	1656366
869591	328377	64019	173852	19657026	11452195	5696414	1651904
5757	2180	9		52490	18915	700	
46445	7886		9840	108491	72945	13782	4462
520217	270381	37236	42852	3227929	2024586	593387	11994
1584639	766752	106549	40876	10944041	6118863	1682917	704580
1557529	753972	101137	34111	10106636	5511986	1564072	704580
26199	12345	5192	6765	819587	599252	111220	
911	435	220		17818	7625	7625	
120515	59515	8957	29211	469520	228548	75283	25
120515	59515	8957	29211	469520	228548	75283	25
62993	34211	8324	5789	854732	460719	254858	20774
3561	3164	3164		45179	7734	2259	2000
59432	31047	5160	5789	809553	452985	252599	18774
327520	171655	21716	8192	5418740	4416448	1372975	33327
179909	93273	13620	6305	4897847	4158532	1262123	32926
4369	2361	497		85826	36398	6970	
143242	76021	7599	1887	435067	221518	103882	401
4561981	**1180303**	**202432**	**239437**	**20163654**	**10973854**	**3976027**	**1860501**
1369118	696191	143413	102527	6990730	4459839	1902053	47488
2430091	92021	27486	4328	6693894	2178060	262847	1736446
762772	392091	31533	132582	6479030	4335955	1811127	76567
1171150	**628491**	**88387**	**37971**	**9744018**	**5601385**	**2284743**	**139368**
292449	170054	25182	21226	4689307	2309579	849155	27534
43833	33524	1643	14814	1079703	418237	148013	5020
209267	119324	16520	6187	2735882	1322520	399457	22514
39349	17206	7019	225	873722	568822	301685	
782435	419503	54851	16699	4290356	2814156	1269260	97013
33144	15843	2569		153307	79381	3365	1163
749291	403660	52282	16699	4137049	2734775	1265895	95850
8156	5183	5183		37935	18586	14011	
88110	33751	3171	46	726420	459064	152317	14821
6919845	3570716	462474	2154937	100157427	57880706	20910363	20928822
10986830	3328854	637562	795996	312541353	196354227	84116586	25774314
14708334	8008945	1017229	1414990	112344218	63687568	23708816	4173833

12-5 续表 2

（2019年）

指　　标	年初存货	年末			
		流动资产合计	应收工程款	存货	固定资产减值准备
四、按企业资质等级分组					
施工总承包	**44471946**	**336362290**	**104911247**	**45144973**	**41292**
特级	16253558	138450650	37374118	14997790	124
一级	14788585	128587091	45662526	16190599	5316
二级	5602918	41068051	13675299	5300504	15132
三级及以下	7826885	28256498	8199304	8656080	20720
专业承包	**3073265**	**24443928**	**9104639**	**3475511**	**29801**
一级	1573518	12171163	5248905	1729393	6140
二级	738610	5943563	1990001	841321	7240
三级及以下	761137	6329202	1865733	904797	16421
五、按地区分组					
五华区	4891092	65988426	24567318	5656412	1639
盘龙区	6019641	37845372	13264591	5183643	23879
官渡区	16142840	98117452	32942970	16903683	11835
西山区	7401102	42563356	17178086	7961986	15527
东川区	401874	1429678	428548	376258	1221
呈贡区	6758072	91010332	18356510	5939262	8606
晋宁区	116684	1520711	693659	127237	
富民县	436631	3841502	757714	677000	
宜良县	130092	1657902	1085644	231943	2
石林彝族自治县	159665	878395	101976	412720	
嵩明县	183600	4040733	1767764	210015	83
禄劝彝族苗族自治县	138455	787309	238389	96012	2468
寻甸回族彝族自治县	238443	1387581	534585	246111	98
安宁市	4527020	9737469	2098132	4598202	5735
六、按营业状态分					
营业	47512474	360349054	113790479	48581773	71038
停业(歇业)	3837	118741	69784	3759	55
筹建					
当年关闭	4210	23850	11670	9900	
当年破产					
其他	24690	314573	143953	25052	
七、按控股情况分					
国有控股	31828935	265657245	82864930	33546845	6943
集体控股	1907056	7080054	2201852	2265913	2700
私人控股	13461201	78923755	25438964	12458101	61071
港澳台商控股					
外商控股	601	26271	16795	186	
其他	347418	9118893	3493345	349439	379

单位：千元

资产负债							
固定资产原价	累计折旧	本年折旧	在建工程	资产总计	流动负债合计	应付账款	非流动负债合计
28619346	**12739836**	**1745118**	**4002130**	**495111357**	**299842519**	**121798653**	**50408463**
9031291	4274497	585432	611992	243131342	137716531	54388578	31191301
7680893	4213770	515297	2664519	164483479	115889601	51478560	15213713
6425375	2823505	384337	554133	50929454	31585386	10510332	1214715
5481787	1428064	260052	171486	36567082	14651001	5421183	2788734
3995663	**2168679**	**372147**	**363793**	**29931641**	**18079982**	**6937112**	**468506**
1704682	874754	216714	222292	14662974	9699218	3850082	158900
1180273	720477	60115	82998	7123384	4107145	1309092	35564
1110708	573448	95318	58503	8145283	4273619	1777938	274042
3874527	1915812	314306	166199	74194827	48885773	22738585	10156551
6574986	2344654	409699	342580	46024037	27358957	12154341	3085196
12196654	6704985	765898	2331665	150149405	88257922	43298613	22468364
2770562	1321560	237069	499319	52721868	32108573	15968072	1149373
203860	99218	10918	67273	1779593	851612	216316	17213
3047415	808852	152200	746521	170886135	103856906	29506598	13115593
283355	156338	16934	10024	1816430	846669	400905	43713
629075	303008	50102	25084	4228523	2570924	398528	50060
877548	414360	36758	1482	2309179	961233	357829	
117267	49723	5399	1857	981740	650120	377282	12028
574258	277663	35695	4186	4704254	2359518	725076	541580
110527	55380	6277	6	968666	495270	277408	
223710	108115	29022	35346	1627354	847899	328896	1575
1131265	348847	46988	134381	12650987	7871125	1987316	235723
32491277	14848185	2114009	4365923	524469075	317386121	128671961	50871667
33279	11330	1438		151725	73510	4782	
25506	10434	400		38922	4100	862	
64947	38566	1418		383276	458770	58160	5302
17336129	6647631	1079238	2929136	411756764	253589014	104477499	46996615
2701624	1703616	136483	101533	9072836	4450111	1226527	713187
11768436	6153517	852314	1233981	93702005	53072208	20299319	2823808
340	323	56	4186	34884	13380	8742	
808480	403428	49174	97087	10476509	6797788	2723678	343359

12-5 续表 3

（2019年）

指标	年末资产负债			损益	
	负债合计	所有者权益合计	实收资本	营业收入	主营业务收入
总计	**370402448**	**154640549**	**83401117**	**337986388**	**332680371**
其中：国有及国有控股企业	300602203	111154561	57897137	232086851	228453505
一、按登记注册类型分组					
内资企业	**370389068**	**154619045**	**83381117**	**337970911**	**332664894**
国有企业	22897364	4431101	1206066	12071574	11791947
集体企业	1039141	924868	452344	3189992	3170462
股份合作企业	3474	19379	19379	26811	25984
联营企业	6128	500	500		
国有联营企业					
集体联营企业	6128	500	500		
国有与集体联营企业					
其他联营企业					
有限责任公司	258204764	111557286	58569843	214598136	211371783
国有独资公司	174208383	80156782	41655567	122260206	119940634
其他有限责任公司	83996381	31400504	16914276	92337930	91431149
股份有限公司	49185470	10276984	5486814	37182982	36606362
私营企业	39052727	27408927	17646171	70901416	69698356
私营独资企业					
私营合伙企业					
私营有限责任公司	35949497	25762512	16502991	67858788	66695928
私营股份有限公司	3103230	1646415	1143180	3042628	3002428
其他企业					
港、澳、台商投资企业					
合资经营企业(港或澳、台资)					
合作经营企业(港或澳、台资)					
港、澳、台商独资经营企业					
港、澳、台商投资股份有限公司					
其他港澳台投资企业					
外商投资企业	**13380**	**21504**	**20000**	**15477**	**15477**
中外合资经营企业	13380	21504	20000	15477	15477
中外合作经营企业					
外资企业					
外商投资股份有限公司					
其他外商投资企业					
二、按国民经济行业分组					
房屋建筑业	**186591475**	**78000019**	**46792367**	**154844004**	**151401158**
住宅房屋建筑	182107232	76447370	45648402	150377810	147153152
其他房屋建筑业	4484243	1552649	1143965	4466194	4248006
土木工程建筑业	**165034040**	**65509791**	**29964096**	**157232029**	**155831697**
铁路、道路、隧道和桥梁工程建筑	137774708	52036155	23820432	130354941	129387154
铁路工程建筑	8234217	1955637	1461536	7696200	7601306

单位：千元

及分配

营业成本	主营业务成本	税金及附加	主营业务税金及附加	其他业务利润	销售费用	管理费用	财务费用
307911433	**305023416**	**1828455**	**1680257**	**650572**	**629217**	**8440443**	**4151178**
213455191	212201699	617415	567314	548893	89635	4321948	3379920
307898027	**305010010**	**1828316**	**1680118**	**650572**	**629216**	**8439777**	**4151183**
11066904	11012854	44724	43131	259835	11067	458921	320800
2793578	2780683	121259	121254	16400	56017	93451	31849
25438	25331	238	234	716	163	2656	-6
						22	
						22	
195993690	195073168	696370	652171	236889	129430	4358526	2576589
112307966	111995741	280403	258505	122964	22227	1735541	1903852
83685724	83077427	415967	393666	113925	107203	2622985	672737
34992347	34372862	125374	116977	101308	45776	792657	925079
63026070	61745112	840351	746351	35424	386763	2733544	296872
60346770	59095724	821372	727430	33625	354937	2593679	291439
2679300	2649388	18979	18921	1799	31826	139865	5433
13406	**13406**	**139**	**139**		**1**	**666**	**-5**
13406	13406	139	139		1	666	-5
143036718	**141847536**	**1082530**	**973457**	**390414**	**255498**	**3003892**	**2341315**
138983605	137982403	1055138	949449	389727	230027	2853970	2344398
4053113	3865133	27392	24008	687	25471	149922	-3083
141841233	**140604805**	**625885**	**596936**	**247735**	**190215**	**3877468**	**1680317**
117602916	116710985	517235	500474	214021	118261	2334301	1302898
7252693	7219699	22651	22651	50161	12971	200628	67558

12-5 续表 4

（2019年）

指　　标	年末资产负债			损益	
	负债合计	所有者权益合计	实收资本	营业收入	主营业务收入
公路工程建筑	101470415	35707820	13430524	81026562	80319228
市政道路工程建筑	21518279	12016365	7936603	32872555	32734799
城市管道交通工程建筑	1285554	138292	128150	1519459	1496223
其他道路、隧道和桥梁工程建筑	5266243	2218041	863619	7240165	7235598
水利和水运工程建筑	13221163	6596844	2017891	12132414	11995317
水源及供水设施工程建筑	13124841	6532185	1956807	11941967	11930377
河湖治理及防洪设施工程建筑	18915	33575	30000	145117	19610
港口及航运设施工程建筑	77407	31084	31084	45330	45330
工矿工程建筑	2036581	1191348	727931	2838352	2820385
架线和管道工程建筑	6827587	4116454	2084330	8277244	8028943
架线及设备工程建筑	6220709	3885927	1952330	7910051	7663497
管道工程建筑	599253	220334	122000	314930	313183
地下综合管廊工程建筑	7625	10193	10000	52263	52263
节能环保工程施工	228573	240947	209505	313567	303442
环保工程施工	228573	240947	209505	313567	303442
电力工程施工	481494	373237	233099	1028410	1023352
火力发电工程施工					
水力发电工程施工	9734	35445	40000	41539	41539
其他发电工程施工	471760	337792	193099	986871	981813
其他土木工程建筑	4463934	954806	870908	2287101	2273104
园林绿化工程施工	4205348	692499	662229	1885805	1871852
体育场地设施施工	36660	49166	38600	44319	44275
其他土木工程建筑	221926	213141	170079	356977	356977
建筑安装业	**12938314**	**7225340**	**4211672**	**15081992**	**14868865**
电气安装	4549714	2441016	1438365	7783018	7697444
管道和设备安装	3914555	2779339	933437	1015895	992960
其他建筑安装业	4474045	2004985	1839870	6283079	6178461
建筑装饰、装修和其他建筑业	**5838619**	**3905399**	**2432982**	**10828363**	**10578651**
建筑装饰和装修业	2423943	2265364	1537645	5360112	5117376
公共建筑装饰和装修	466569	613134	338563	1013369	1013369
住宅建筑装饰和装修	1373557	1362325	985677	2741926	2499190
建筑幕墙建筑装饰和装修	583817	289905	213405	1604817	1604817
建筑物拆除和场地准备活动	2922195	1368161	733515	4618921	4613604
建筑物拆除活动	80544	72763	60719	117325	117325
场地准备活动	2841651	1295398	672796	4501596	4496279
提供施工设备服务	18586	19349	16522	67083	67083
其他未列明建筑业	473895	252525	145300	782247	780588
三、按隶属关系分组					
中央	78809529	21347898	6625338	56439694	56308548
地方	222208678	90332675	51488315	178475126	174971233
其他	69384241	42959976	25287464	103071568	101400590

单位：千元

及分配

营业成本	主营业务成本	税金及附加	主营业务税金及附加	其他业务利润	销售费用	管理费用	财务费用
72737956	72143051	344549	329954	86331	35556	1438815	932362
29225567	29180487	114859	112724	77515	61319	563880	104752
1481297	1446667	9064	9064		733	23170	583
6905403	6721081	26112	26081	14	7682	107808	197643
11161662	11036371	33092	32343	6857	5484	393444	82820
10987235	10981405	32028	32009	6857	5484	384194	81778
135311	15850	840	110			4362	146
39116	39116	224	224			4888	896
2546382	2515199	7756	7520	-13332	235	171015	53306
7368213	7198425	56551	45422	36303	34816	677919	81574
7049175	6880627	55578	44453	35800	34581	635043	74270
269740	268500	857	853	503		40572	7324
49298	49298	116	116		235	2304	-20
243459	240717	1603	1603	1117	4680	48601	2401
243459	240717	1603	1603	1117	4680	48601	2401
896738	893282	2699	2647	145	906	86088	2577
40385	40385	146	146			2005	96
856353	852897	2553	2501	145	906	84083	2481
2021863	2009826	6949	6927	2624	25833	166100	154741
1671400	1661017	5001	4981	3467	22614	129619	153281
32808	31154	152	152		2489	5146	121
317655	317655	1796	1794	-843	730	31335	1339
13521545	**13349597**	**62511**	**56303**	**12726**	**105480**	**872010**	**90688**
6906686	6839477	28169	27733	8860	64604	439600	42796
883874	868345	3829	3312	2036	7852	74450	1515
5730985	5641775	30513	25258	1830	33024	357960	46377
9511937	**9221478**	**57529**	**53561**	**-303**	**78024**	**687073**	**38858**
4782407	4537412	28507	24759	-1386	40553	306953	18880
869550	869288	3834	3834	-322	3842	55880	3583
2416396	2171663	18920	15172	-1064	29358	196333	9487
1496461	1496461	5753	5753		7353	54740	5810
4024310	3979336	24328	24108	1083	32024	336779	18746
95021	95021	395	389			11126	1182
3929289	3884315	23933	23719	1083	32024	325653	17564
55052	55052	322	322		272	5884	444
650168	649678	4372	4372		5175	37457	788
51720862	51472454	126189	116352	61245	24610	1026742	718887
164093396	163089692	604488	569136	511458	122123	3417400	2669402
92097175	90461270	1097778	994769	77869	482484	3996301	762889

12-5 续表 5

（2019年）

指　　标	年末资产负债			损益	
	负债合计	所有者权益合计	实收资本	营业收入	主营业务收入
四、按企业资质等级分组					
施工总承包	**351527535**	**143583821**	**76058161**	**311494782**	**306942314**
特级	168907832	74223510	40720213	128952065	126385686
一级	131271893	33211586	16643561	117015197	116044971
二级	33030466	17898988	9826705	40915167	40410688
三级及以下	18317344	18249737	8867682	24612353	24100969
专业承包	**18874913**	**11056728**	**7342956**	**26491606**	**25738057**
一级	9935546	4727428	2693164	12952462	12674387
二级	4280160	2843224	2282406	6419054	6097701
三级及以下	4659207	3486076	2367386	7120090	6965969
五、按地区分组					
五华区	59137676	15057151	8632418	43083557	42449221
盘龙区	30878378	15145658	7748537	48632904	48162723
官渡区	110744239	39405166	18355473	108293645	107194426
西山区	33426047	19295821	9286333	39965219	39490604
东川区	1301654	477939	305485	1913280	1863827
呈贡区	117018435	53867700	33879112	74837285	72500158
晋宁区	917136	899294	505601	2235911	2187238
富民县	2730801	1497722	795556	4043049	4036719
宜良县	989932	1319247	473270	4156212	4145396
石林彝族自治县	674904	306836	170008	866377	865137
嵩明县	2910877	1793377	1234309	2679824	2666218
禄劝彝族苗族自治县	544247	424419	256781	889806	882121
寻甸回族彝族自治县	955197	672157	521207	1032779	1026602
安宁市	8172925	4478062	1237027	5356540	5209981
六、按营业状态分					
营业	369858671	154610403	83198564	337425370	332133365
停业(歇业)	73510	78215	73553	38558	35442
筹建					
当年关闭	4100	34822	20000	338814	338814
当年破产					
其他	466167	-82891	109000	183646	172750
七、按控股情况分					
国有控股	300602203	111154561	57897137	232086851	228453505
集体控股	5551821	3521015	1416315	6786672	6673335
私人控股	57092496	36609508	22348875	92189752	90664658
港澳台商控股					
外商控股	13380	21504	20000	15477	15477
其他	7142548	3333961	1718790	6907636	6873396

单位：千元

及分配

营业成本	主营业务成本	税金及附加	主营业务税金及附加	其他业务利润	销售费用	管理费用	财务费用
284890042	**282709904**	**1699279**	**1562028**	**624163**	**408016**	**6542040**	**4016279**
118901378	118413836	341110	316223	81507	14743	1733761	1893660
107801472	107163503	567235	479994	414238	61487	2168059	1453118
36053145	35504800	509043	497535	113534	158648	1525450	552119
22134047	21627765	281891	268276	14884	173138	1114770	117382
23021391	**22313512**	**129176**	**118229**	**26409**	**221201**	**1898403**	**134899**
11544784	11236110	46291	44386	4779	71095	696514	84846
5548590	5276243	48484	40836	8955	66539	597774	28231
5928017	5801159	34401	33007	12675	83567	604115	21822
39588798	39368494	188120	178480	309695	78166	1661144	584612
43846443	43446217	441066	362391	31329	132959	1488525	247136
99068224	98015028	330862	313666	206687	127619	2386322	1248711
35686814	35295557	269249	262864	4140	50954	961450	187843
1678915	1662108	44969	44965	5996	15640	97821	592
70017247	69598916	164328	149899	6980	8428	1073703	1593068
1985324	1958598	17668	17544	16022	10256	77183	11108
3471828	3239099	97204	92147	2738	41958	119092	20203
3527170	3519446	145843	145640	3652	97722	159587	37829
778558	778491	20764	20764	1171	2191	21096	10017
2312499	2303756	20602	20499	2044	22782	142494	68353
816144	811287	13468	11757		15317	27469	3564
910925	861357	9468	9455		8106	58954	3203
4222544	4165062	64844	50186	60118	17119	165603	134939
307398072	304521119	1810773	1662678	650572	625371	8430506	4129613
26575	24020	922	922		1770	2996	3452
314881	314881	15402	15402		1295	1490	1342
171905	163396	1358	1255		781	5451	16771
213455191	212201699	617415	567314	548893	89635	4321948	3379920
5956242	5882491	170080	169035	40779	58662	368838	166522
82770032	81225925	995187	898203	60758	455906	3496998	469280
13406	13406	139	139		1	666	-5
5716562	5699895	45634	45566	142	25013	251993	135461

12-5 续表 6

（2019年）

指标	损益				
	财务费用		资产减值损失	公允价值变动收益	投资收益
	利息收入	利息支出			
总计	**344395**	**4630727**	**172565**	**13204**	**933505**
其中：国有及国有控股企业	342680	3914967	103676	748	733902
一、按登记注册类型分组					
内资企业	**344386**	**4630727**	**172565**	**13204**	**933505**
国有企业	-39628	340359	-1971	748	16879
集体企业	173	28106	1249		4
股份合作企业	-6				
联营企业					
国有联营企业					
集体联营企业					
国有与集体联营企业					
其他联营企业					
有限责任公司	297928	3124699	48386	897	742811
国有独资公司	227395	2383093	-22869		541303
其他有限责任公司	70533	741606	71255	897	201508
股份有限公司	65030	908039	54447	11539	118933
私营企业	20889	229524	70454	20	54878
私营独资企业					
私营合伙企业					
私营有限责任公司	8431	216429	59790	20	46138
私营股份有限公司	12458	13095	10664		8740
其他企业					
港、澳、台商投资企业					
合资经营企业(港或澳、台资)					
合作经营企业(港或澳、台资)					
港、澳、台商独资经营企业					
港、澳、台商投资股份有限公司					
其他港澳台投资企业					
外商投资企业	**9**				
中外合资经营企业	9				
中外合作经营企业					
外资企业					
外商投资股份有限公司					
其他外商投资企业					
二、按国民经济行业分组					
房屋建筑业	**123466**	**2758516**	**118079**	**12294**	**640716**
住宅房屋建筑	93985	2729024	123681	12288	641308
其他房屋建筑业	29481	29492	-5602	6	-592
土木工程建筑业	**193400**	**1777142**	**5764**	**900**	**286912**
铁路、道路、隧道和桥梁工程建筑	177827	1410185	-3730		19844
铁路工程建筑	1270	63413	-22307		251

单位：千元

及分配					应付职工薪酬(本年贷方累计发生额)	建筑业企业在境外完成的营业收入
营业利润	营业外收入	营业外支出	利润总额	所得税费用		
15220377	**424303**	**270316**	**15355724**	**2825158**	**45686868**	**11816100**
10074690	258143	147121	10185712	1652551	28967801	10109048
15219107	**424245**	**270052**	**15354660**	**2825102**	**45686025**	**11816100**
229232	27409	14907	241734	36103	2564077	125257
92601	2929	5116	90414	25263	532895	15173
-1678	1096	12	-594	173	9561	
-22			-22		17	
-22			-22		17	
10643906	241039	131356	10753565	1743913	24877798	9455969
5815070	93937	71800	5837207	951545	12960431	8345439
4828836	147102	59556	4916358	792368	11917367	1110530
627011	26372	26135	627248	109318	6709377	542569
3628057	125400	92526	3642315	910332	10992300	1677132
3472907	58443	82533	3430201	870952	10563971	1677132
155150	66957	9993	212114	39380	428329	
1270	**58**	**264**	**1064**	**56**	**843**	
1270	58	264	1064	56	843	
6088156	**208270**	**90118**	**6201661**	**1320947**	**24233915**	**5639438**
5876418	205565	88413	5988923	1245536	23821864	5638788
211738	2705	1705	212738	75411	412051	650
8286517	**188897**	**133788**	**8334330**	**1364395**	**17485984**	**5668198**
7392088	135228	96031	7423990	1218186	11733470	5193718
-36936	7029	8542	-38449	7742	944685	443359

12-5 续表 7

（2019年）

指　　标	损益				
	财务费用		资产减值损失	公允价值变动收益	投资收益
	利息收入	利息支出			
公路工程建筑	181240	1060370	4347		7307
市政道路工程建筑	-7897	103859	13781		12286
城市管道交通工程建筑	437	940	449		
其他道路、隧道和桥梁工程建筑	2777	181603			
水利和水运工程建筑	4138	66861	37246	900	7858
水源及供水设施工程建筑	4138	66857	37671	900	7858
河湖治理及防洪设施工程建筑		4			
港口及航运设施工程建筑			-425		
工矿工程建筑	1563	51335	-13487		451
架线和管道工程建筑	7972	84109	-4673		162137
架线及设备工程建筑	7895	76903	3225		136398
管道工程建筑	97	7206	-7898		25739
地下综合管廊工程建筑	-20				
节能环保工程施工	33	2403	-109		
环保工程施工	33	2403	-109		
电力工程施工	99	2384	-2171		17154
火力发电工程施工					
水力发电工程施工					
其他发电工程施工	99	2384	-2171		17154
其他土木工程建筑	1768	159865	-7312		79468
园林绿化工程施工	1808	159752	-7487		79468
体育场地设施施工	2	110			
其他土木工程建筑	-42	3	175		
建筑安装业	**22226**	**65640**	**28523**		**4880**
电气安装	3839	38177	28576		2970
管道和设备安装	836	2239	-865		357
其他建筑安装业	17551	25224	812		1553
建筑装饰、装修和其他建筑业	**5303**	**29429**	**20199**	**10**	**997**
建筑装饰和装修业	2694	15583	3044	10	633
公共建筑装饰和装修	77	2515	2271		124
住宅建筑装饰和装修	2051	8194	772	10	509
建筑幕墙建筑装饰和装修	566	4874	1		
建筑物拆除和场地准备活动	2599	13189	15335		364
建筑物拆除活动	-8	1191			
场地准备活动	2607	11998	15335		364
提供施工设备服务	28	413			
其他未列明建筑业	-18	244	1820		
三、按隶属关系分组					
中央	180927	933837	-63572		-2065
地方	165781	2987942	162752	748	703910
其他	-2313	708948	73385	12456	231660

单位：千元

及分配						
营业利润	营业外收入	营业外支出	利润总额	所得税费用	应付职工薪酬(本年贷方累计发生额)	建筑业企业在境外完成的营业收入
4497833	80144	65444	4504904	724961	5163883	4733945
2825578	29247	15539	2839286	465721	4577282	
5822	2922	2514	6230	435	553675	
99791	15886	3992	112019	19327	493945	16414
421950	8684	10303	420331	72925	3507029	159878
416861	8646	7903	417604	72622	3490986	159878
4458		2311	2147	239	6893	
631	38	89	580	64	9150	
40956	2073	3171	39858	10822	583880	
236545	27494	8628	255411	40177	1242812	314602
206141	27286	8607	224820	39500	1193239	314602
30074	208	21	30261	653	41069	
330			330	24	8504	
5292	2969	1981	6280	1616	41818	
5292	2969	1981	6280	1616	41818	
58761	661	1865	57556	3805	150546	
-1093		56	-1150	36	6324	
59854	661	1809	58706	3769	144222	
130925	11788	11809	130904	16864	226429	
124220	5266	9653	119833	14716	196912	
3603	127	76	3654	351	3975	
3102	6395	2080	7417	1797	25542	
397999	**14408**	**34054**	**371656**	**63904**	**2540495**	**416336**
265417	10521	26404	242837	35130	1357820	298666
46005	702	697	46010	7026	145502	2039
86577	3185	6953	82809	21748	1037173	115631
447705	**12728**	**12356**	**448077**	**75912**	**1426474**	**92128**
179238	3311	6056	176493	29194	730649	89120
75395	517	1738	74174	9106	121339	
69144	2742	3976	67910	16838	408426	89120
34699	52	342	34409	3250	200884	
180821	8969	5618	184172	36274	621682	3008
9601	786	472	9915	1076	19111	
171220	8183	5146	174257	35198	602571	3008
5109	5	313	4801	1002	6750	
82537	443	369	82611	9442	67393	
2001892	59622	34646	2026868	321134	3138389	6158930
8200414	203939	116061	8288292	1371657	26334766	3709266
5018071	160742	119609	5040564	1132367	16213713	1947904

12-5 续表 8

（2019年）

指标	损益				
	财务费用		资产减值损失	公允价值变动收益	投资收益
	利息收入	利息支出			
四、按企业资质等级分组					
施工总承包	**332971**	**4513175**	**138464**	**12297**	**901789**
特级	243488	2281819	71504		535806
一级	112410	1599567	65376	12287	107524
二级	-27082	556213	3342	9	252555
三级及以下	4155	75576	-1758	1	5904
专业承包	**11424**	**117552**	**34101**	**907**	**31716**
一级	7376	77638	38376		4058
二级	966	18256	-5310		23213
三级及以下	3082	21658	1035	907	4445
五、按地区分组					
五华区	14323	585020	36406	758	20664
盘龙区	15461	215171	80349	9	56912
官渡区	180523	1459791	-9315	12436	212350
西山区	12905	230412	30346		54115
东川区	1276	1345	1108	1	6
呈贡区	113993	1886066	16542		530205
晋宁区	1009	3255	1703		848
富民县	162	12310	46		
宜良县	259	36776	665		251
石林彝族自治县	-148	666			
嵩明县	2066	64527	4342		2912
禄劝彝族苗族自治县	452	1878			
寻甸回族彝族自治县	226	1886	20		
安宁市	1888	131624	10353		55242
六、按营业状态分					
营业	327574	4626593	171065	13204	933505
停业(歇业)	52	2792			
筹建					
当年关闭		1342			
当年破产					
其他	16769		1500		
七、按控股情况分					
国有控股	342680	3914967	103676	748	733902
集体控股	4256	166098	3551		51467
私人控股	27609	376351	68259	12456	83861
港澳台商控股					
外商控股	9				
其他	-30159	173311	-2921		64275

单位：千元

及分配					应付职工薪酬(本年贷方累计发生额)	建筑业企业在境外完成的营业收入
营业利润	营业外收入	营业外支出	利润总额	所得税费用		
14126930	**376204**	**222847**	**14275974**	**2632722**	**42266740**	**11573766**
5419200	108170	84484	5442886	939985	15193032	5808399
5409302	187709	62211	5534800	793946	16865351	4065557
2501672	53815	35421	2520400	663357	6302617	1678352
796756	26510	40731	777888	235434	3905740	21458
1093447	**48099**	**47469**	**1079750**	**192436**	**3420128**	**242334**
474721	30738	15075	490384	86439	1740608	197400
153556	6607	13434	146729	28865	778719	31823
465170	10754	18960	442637	77132	900801	13111
967160	79500	72017	967946	192899	9480914	865583
2447330	51993	25606	2473717	637772	8872182	100582
4572356	113152	90010	4595498	791492	13978419	6532763
3007875	121167	29226	3092521	469525	2298572	1677622
74393	1302	1588	74107	11346	571451	1255
2541648	41454	38274	2544827	458737	7492582	2622472
135981	1558	5403	132136	36013	228277	
292742	16	269	292465	65896	768297	
187744	808	620	187932	30704	809599	
33759	1901	111	35549	8154	134594	
111664	2217	1363	112518	33619	378227	
13843	3968	1689	11499	15037	98349	15173
44565	813	1223	44155	8840	134430	
789317	4454	2917	790854	65124	440975	650
15227250	424175	270133	15362652	2823523	45556757	11816100
2843	128	183	2788	534	6528	
4404			4404	1101	88905	
-14120			-14120		34678	
10074690	258143	147121	10185712	1652551	28967801	10109048
113464	25754	9472	129746	43208	1397376	15173
4089892	137684	109503	4099433	1054895	14626839	1677132
1270	58	264	1064	56	843	
941061	2664	3956	939769	74448	694009	14747

主要统计指标解释

建筑施工企业　是指从事：1.各种房屋、建筑物和构筑物的建造；2.各种线路、管道和机械设备的安装；3.原有房屋、建筑物的修理；4.部分非标准设备的制造；5.原有房屋、建筑和构筑物的装饰装修等。建筑施工企业同时还应具备下述条件：①依法成立、有自己的名称、组织机构和场所，能够独立承担民事责任；②独立拥有和使用(或授权使用)资产，承担负债，有权与其他单位签订合同；③会计上独立核算，能够编制资产负债表；④具有新的建筑业资质等级的总承包、专业承包、劳务分包的建筑业企业(包括各地区建设行政主管部门按照新的建筑业资质管理规定自行批准的资质企业)。

国有企业　指企业全部资产归国家所有，并按《中华人民共和国企业法人登记管理条例》规定登记注册的非公司制的经济组织。不包括有限责任公司中的国有独资公司。

集体企业　指企业资产归集体所有，并按《中华人民共和国企业法人登记管理条例》规定登记注册的经济组织。

股份合作企业　指以合作制为基础，由企业职工共同出资入股，吸收一定比例的社会资产投资组建，实行自主经营，自负盈亏，共同劳动，民主管理，按劳分配与按股分红相结合的一种集体经济组织。

联营企业　指两个及两个以上相同或不同所有制性质的企业法人或事业单位法人，按自愿、平等、互利的原则，共同投资组成的经济组织。联营企业包括国有联营企业、集体联营企业、国有与集体联营企业和其他联营企业。

国有联营企业　指所有联营单位均为国有。

集体联营企业　指所有联营单位均为集体。

国有与集体联营企业　指联营单位既有国有也有集体。

其他联营企业　指上述三种联营企业之外的其他联营形式的企业。

有限责任公司　指根据《中华人民共和国公司登记管理条例》规定登记注册，由两个以上，五十个以下的股东共同出资，每个股东以其所认缴的出资额对公司承担有限责任，公司以其全部资产对其债务承担责任的经济组织。有限责任公司包括国有独资公司以及其他有限责任公司。

国有独资公司　指国家授权的投资机构或者国家授权的部门单独投资设立的有限责任公司。

其他有限责任公司　指国有独资公司以外的其他有限责任公司。

股份有限公司　指根据《中华人民共和国公司登记管理条例》规定登记注册，其全部注册资本由等额股份构成并通过发行股票筹集资本，股东以其认购的股份对公司承担有限责任，公司以其全部资产对其债务承担责任的经济组织。

私营企业　指由自然人投资设立或由自然人控股，以雇佣劳动为基础的营利性经济组织。包括按照《公司法》、《合伙企业法》、《私营企业暂行条例》以及《个人独资企业法》规定登记注册的私营独资企业、私营有限责任公司、私营股份有限公司、私营合伙企业和个人独资企业。

私营独资企业　指按《私营企业暂行条例》的规定，由一名自然人投资经营，以雇佣劳动为基础，投资者对企业债务承担无限责任的企业。

私营有限责任公司　指按《公司法》、《私营企业暂行条例》的规定，由两个以上自然人投资或由单个自然人控股的有限责任公司。

私营股份有限公司　指按《公司法》的规定，由五个以上自然人投资，或由单个自然人控股的股份有限公司。

私营合伙企业　指按《合伙企业法》或《私营企业暂行条例》的规定，由两个以上自然人按照协议共同投资、共同经营、共负盈亏，以雇佣劳动为基础，对债务承担无限责任的企业。

个人独资企业　指按《个人独资企业法》、《个人独资企业登记管理办法》的规定，由一个自然人投资，财产为投资人个人所有，投资人以其个人财产对企业债务承担无限责任的经营实体。个人独资企业填表时归入私营独资企业。

其他内资企业　指上述第（1）条至第（7）条之外的其他内资经济组织。

与港澳台商合资经营企业　指港澳台地区投资者与内地的企业依照《中华人民共和国中外合资经营企业法》及有关法律的规定，按合同规定的比例投资设立，分享利润和分担风险的企业。

与港澳台商合作经营企业　指港澳台地区投资者与内地企业依照《中华人民共和国中外合作经营企业法》及有关法律的规定，依照合作合同的约定进行投资或提供条件设立，分配利润、分担风险和亏损的企业。

港澳台商独资经营企业　指依照《中华人民共和国外资企业法》及有关法律的规定，在内地由港澳台地区投资者全额投资设立的企业。

港澳台商投资股份有限公司　指根据国家有关规定，经商务部（原外经贸部）批准设立，并且其中港、澳、台商的股本占公司注册资本的比例达25%以上的股份有限公司。凡其中港、澳、台商的股本占公司注册资本的比例小于25%的，属于内资中的股份有限公司。

其他港、澳、台商投资企业　指在中国境内参照《外国企业或个人在中国境内设立合伙企业管理办法》和《外商投资合伙企业登记管理规定》，依法设立的港、澳、台商投资合伙企业。

中外合资经营企业　指外国企业或外国人与中国内地企业依照《中华人民共和国中外合资经营企业法》及有关法律的规定，按合同规定的比例投资设立，分享利润和分担风险的企业。

中外合作经营企业　指外国企业或外国人与中国内地企业依照《中华人民共和国中外合作经营企业法》及有关法律的规定，依照合作合同的约定进行投资或提供条件设立，分配利润、分担风险和亏损的企业。

外资企业　指依照《中华人民共和国外资企业法》及有关法律的规定，在中国内地由外国投资者全额投资设立的企业。

外商投资股份有限公司　指根据国家有关规定，经商务部（原外经贸部）批准设立，并且其中外资的股本占公司注册资本的比例达25%以上的股份有限公司。凡其中外资股本占公司注册资本的比例小于25%的，属于内资中的股份有限公司。

其他外商投资企业　指在中国境内依照《外国企业或个人在中国境内设立合伙企业管理办法》和《外商投资合伙企业登记管理规定》，依法设立的外商投资合伙企业。

1–本季平均人数　季报基层表中应填报的平均人数是"1–本季平均人数"，以年初至报告季内各月平均人数之和除以报告季内月数求得。计算公式为：

$$一季度：1–本季平均人数=\frac{1月平均人数+2月平均人数+3月平均人数}{3}$$

$$二季度：1–本季平均人数=\frac{1月平均人数+...+6月平均人数}{6}$$

$$三季度：1–本季平均人数=\frac{1月平均人数+...+9月平均人数}{9}$$

或（用本季平均人数计算）

一季度：1–本季平均人数=1季度本季平均人数

$$二季度：1–本季平均人数=\frac{1季度本季平均人数+2季度本季平均人数}{2}$$

三季度：1–本季平均人数

$$=\frac{1季度本季平均人数+2季度本季平均人数+3季度本季平均人数}{3}$$

本季平均人数以报告季内三个月的平均人数之和除以3求得。计算公式为：

$$本季平均人数=\frac{报告季内3个月平均人数之和}{3}$$

年平均人数　是以12个月的平均人数相加之和除以12求得，或以4个季度的平均人数之和除以4求得。计算公式为：

$$年平均人数=\frac{报告年内12个月平均人数之和}{12}$$

或：

$$年平均人数=\frac{报告年内4个季度平均人数之和}{4}$$

在年内新成立的单位年平均人数计算方法为：从实际开工之月起到年底的月平均人数相加除以12个月。

资产总计　指企业过去的交易或者事项形成的、由企业拥有或者控制的、预期会给企业带来经济利益的资源。资产一般按流动性分为流动资产和非流动资产。其中流动资产可分为货币资金、交易性金融资产、应收票据、应收账款、预付款项、其他应收款、存货等；非流动资产可分为长期股权投资、固定资产、无形资产及其他非流动资产等。根据会计“资产负债表”中“资产总计”项目的期末余额数填报。

营业利润 指企业从事生产经营活动所取得的利润。执行2006年《企业会计准则》的企业，营业利润为营业收入减去营业成本、营业税金及附加、销售费用、管理费用、财务费用、资产减值损失，再加上公允价值变动收益和投资收益。未执行2006年《企业会计准则》的企业，营业利润为主营业务收入减去主营业务成本、主营业务税金及附加，加上其他业务利润后，再减去销售费用、管理费用、财务费用后的金额。根据会计“利润表”中“营业利润”项目的本期金额数填报。

利润总额 指企业在一定会计期间的经营成果，是生产经营过程中各种收入扣除各种耗费后的盈余，反映企业在报告期内实现的亏盈总额。根据会计“利润表”中“利润总额”项目的本期金额数填报。执行2006年《企业会计准则》的企业，利润总额为营业利润加上营业外收入，减去营业外支出后的金额；未执行2006年《企业会计准则》的企业，利润总额为营业利润加上投资收益、补贴收入、营业外收入，再减去营业外支出后的金额。

建筑业总产值 建筑业总产值是以货币表现的建筑业企业在一定时期内生产的建筑业产品和服务的总和。建筑业总产值包括建筑工程产值、安装工程产值和其他产值三部分内容。

劳务分包企业建筑业总产值指劳务分包企业与总承包企业或专业承包企业签定劳务分包合同后，从事建筑安装工程取得的所有劳务收入。

装饰装修产值 包括装饰、装修两部分产值。装修装饰指对新旧房屋及建筑物进行的内外装修装饰；对新建房屋及建筑物经过施工后，尚未完全达到使用标准，而进行的二次装修装饰；以及对原有房屋经使用若干年后进行的二次内外装饰。包括抹灰、门窗、玻璃、吊顶、隔断、饰面板(砖)、涂料、裱糊、刷浆、花饰等。

在外省完成的产值 指建筑业企业在其他省份施工所完成的建筑业产值。

房屋施工面积 指报告期内施过工的全部房屋建筑面积，它包括本期新开工的面积、上期跨入本期继续施工的房屋面积、上期停缓建在本期恢复施工的房屋面积、本期竣工的房屋面积以及本期施工后又停缓建的房屋面积。

房屋新开工面积 指在报告期内新开工的各个房屋单位工程的建筑面积之和。它不包括在上期开工跨入报告期继续施工的房屋建筑面积和上期停缓建而在本期复工的建筑面积。新开工面积用于反映报告期内投入施工的房屋建筑规模，为科学组织施工提供依据。

房屋竣工面积 指在报告期内房屋建筑按照设计要求已全部完工，达到了使用条件，经检查验收鉴定合格的房屋建筑面积。计算房屋竣工面积，必须严格执行房屋竣工验收标准。对民用建筑来讲，一般应按设计要求在土建工程和房屋本身附属的水、卫、气、暖等工程已经完工，通风、电梯等设备已安装完毕，做到水通、灯亮、经验收鉴定合格，并正式交付给使用单位后，才能计算竣工面积。对于工业及科研等生产性房屋建筑：一般应按设计要求在土建工程(包括水、暖、电、卫、通风)及属于房屋组成部分的生活间、操作间等已经完成，经验收合格后才计算竣工面积。只差安装工艺设备、管线工程的亦可以计算竣工面积。

房屋竣工价值　指在报告期内按规定已经上报竣工的房屋本身的建造价值。一般按房屋设计和预算规定的内容计算。可按“竣工结算价”或“中标价”填报。

昆明统计年鉴

KUNMING STATISTICAL YEARBOOK 2020

13 国内贸易

GUONEIMAOYI

13-1 分县(市)区社会消费品零售总额

单位：万元

地　区	2018年	2019年	2019年比2018年增长(%)
昆明市	**29062419**	**31867367**	**9.7**
五华区	5809774	6242602	7.5
盘龙区	5494008	6046156	10.1
官渡区	6305107	6831584	8.4
西山区	4326083	4769507	10.3
东川区	398203	447779	12.5
呈贡区	1310703	1477704	15.1
晋宁区	679870	767913	13.0
富民县	355667	394968	11.1
宜良县	759518	844204	11.2
石林县	413995	462226	11.7
嵩明县	707577	810529	14.6
禄劝县	548380	608428	11.0
寻甸县	590872	657346	11.3
安宁市	1362662	1506423	10.6

注：以上数据按第四次经济普查结果测算。

13-2 限额以上批发和零

（2019年）

指标	法人企业数（个）	从业人员期末人数（人）	商品购进额	进口	商品销售额
总计	**716**	**88156**	**63814177.5**	**1442342.0**	**72812611.2**
一、批发业	**355**	**27776**	**56180294.7**	**1100818.1**	**61445278.1**
1.按批发行业小类分					
农、林、牧、渔产品批发	**14**	**535**	**583440.0**	**116855.4**	**568957.5**
谷物、豆及薯类批发	4	135	451155.9	116762.7	424761.2
种子批发	2	99	37843.5		43256.5
畜牧渔业饲料批发	1	72	63168.3	82.3	64493.0
棉、麻批发					
林业产品批发	1	2	13.0		2808.7
牲畜批发	1	6	8011.7		8034.7
渔业产品批发					
其他农牧产品批发	5	221	23247.6	10.4	25603.4
食品、饮料及烟草制品批发	**52**	**4987**	**3757272.8**	**23001.2**	**4501322.5**
米、面制品及食用油批发	13	796	385031.2		473301.4
糕点、糖果及糖批发	8	354	1425977.2	405.5	1433716.5
果品、蔬菜批发	6	409	96429.4		116373.9
肉、禽、蛋、奶及水产品批发	1	41	6221.4		8459.8
盐及调味品批发	1	80	10754.3		13115.3
营养和保健品批发	2	160	39774.2		38893.1
酒、饮料及茶叶批发	9	396	89113.9	1096.2	91960.0
烟草制品批发	3	1872	1558566.8	16431.4	2182748.4
其他食品批发	9	879	145404.4	5068.1	142754.1
纺织、服装及家庭用品批发	**15**	**1084**	**846095.8**		**823536.6**
纺织品、针织品及原料批发	1	15	1566.5		2170.9
服装批发	1	31	6527.5		6294.6
鞋帽批发					
化妆品及卫生用品批发	4	252	37458.6		41140.4
厨具卫具及日用杂品批发					
灯具、装饰物品批发					
家用视听设备批发	2	558	29913.8		35614.9
日用家电批发	5	100	759786.5		725024.7
其他家庭用品批发	2	128	10842.9		13291.1
文化、体育用品及器材批发	**12**	**681**	**531733.7**		**544167.1**
文具用品批发	4	170	127887.0		154737.9
体育用品及器材批发					
图书批发	4	416	313973.4		295111.3
报刊批发					
音像制品、电子和数字出版物批发					
首饰、工艺品及收藏品批发	1	49	43938.5		44711.4
乐器批发					
其他文化用品批发	3	46	45934.8		49606.5

售业法人企业经营情况

单位：万元

通过公共网络实现的销售额	通过非自营平台实现的商品销售额	批发额	出口	零售额	通过公共网络实现的零售额	通过非自营平台实现的零售额	期末商品库存额	服务营业额	年末零售营业面积(平方米)
5894132.9	**199377.4**	**61988553.5**	**1453373.0**	**10824057.7**	**369261.2**	**38013.1**	**3823481.6**	**127531.4**	**3599978.0**
5509124.7	**149624.5**	**60624400.3**	**1451847.0**	**820877.8**	**15808.5**	**6016.2**	**2836438.1**	**69978.2**	**558416.0**
40782.1	**40782.1**	**563008.2**	**19547.1**	**5949.3**			**233439.2**	**5217.1**	**4478.0**
40494.1	40494.1	420126.2	9386.4	4635.0			226726.8	1636.4	190.0
		43256.5					1660.3		1200.0
		64493.0					2975.1	3499.6	
		2808.7					834.0		
		8034.7					67.9		300.0
288.0	288.0	24289.1	10160.7	1314.3			1175.1	81.1	2788.0
1243087.0	**102826.2**	**4463631.5**	**327532.9**	**37691.0**	**29.3**		**617301.9**	**16611.7**	**35975.0**
		459778.9		13522.5			266046.9		25425.0
12907.5	6270.6	1433716.5					37422.4	5079.6	3614.0
3882.4		94586.3	4476.2	21787.6			3793.3		1300.0
		8459.8					99.7		
		13115.3					1436.2	444.1	
		38893.1					7192.9		
29.3		90596.6	14653.6	1363.4	29.3		20994.8	2.6	1400.0
1226241.3	96555.6	2182748.4	307816.8				267340.5	2286.6	
26.5		141736.6	586.3	1017.5			12975.2	8798.8	4236.0
		819346.8	**8187.8**	**4189.8**			**109515.1**		**3189.0**
		1940.1		230.8			140.8		120.0
		5042.7		1251.9			622.9		
		41140.4	8187.8				1927.5		
		35614.9					10596.6		69.0
		725024.7					94317.9		500.0
		10584.0		2707.1			1909.4		2500.0
175.0		**541683.4**		**2483.7**	**104.8**		**78465.3**	**1927.2**	**7065.0**
175.0		154563.0		174.9	104.8		12288.8	7.8	165.0
		292802.5		2308.8			56492.6	1666.3	2900.0
		44711.4					4342.3		
		49606.5					5341.6	253.1	4000.0

13-2 续表 1

（2019年）

指　　标	法人企业数(个)	从业人员期末人数(人)	商品购进额	进口	商品销售额
医药及医疗器材批发	**60**	**10641**	**4508513.6**	**4753.0**	**4891982.7**
西药批发	36	8526	3826702.4		4101312.0
中药批发	9	1447	527007.2		583297.4
动物用药品批发					
医疗用品及器材批发	15	668	154804.0	4753.0	207373.3
矿产品、建材及化工产品批发	**154**	**6524**	**42504599.9**	**402444.5**	**45703659.5**
煤炭及制品批发	5	204	1121872.7		1125832.5
石油及制品批发	15	956	6774399.4		7514690.8
非金属矿及制品批发	9	219	110250.4		143191.9
金属及金属矿批发	62	2603	22012784.4	133021.0	23259539.5
建材批发	24	663	3371232.2		3431699.8
化肥批发	16	1024	7551591.7	240874.1	8594573.5
农药批发	3	321	79891.5	941.3	109775.5
农用薄膜批发					
其他化工产品批发	20	534	1482577.6	27608.1	1524356.0
机械设备、五金产品及电子产品批发	**41**	**2879**	**1884571.8**	**546116.4**	**2760309.2**
农业机械批发					
汽车及零配件批发	7	161	68348.9		72229.9
摩托车及零配件批发	3	126	105809.3		100050.4
五金产品批发	1	44	10522.2		11154.3
电气设备批发	1	20	4093.2		5363.2
计算机、软件及辅助设备批发	4	125	37565.9		48097.8
通讯设备批发	3	652	966693.3	510569.8	1787579.8
广播影视设备批发					
其他机械设备及电子产品批发	22	1751	691539.0	35546.6	735833.8
贸易经纪与代理	**2**	**35**	**17618.5**	**7647.6**	**22524.0**
贸易代理	2	35	17618.5	7647.6	22524.0
一般物品拍卖					
艺术品、收藏品拍卖					
艺术品代理					
其他贸易经纪与代理					
其他批发业	**5**	**410**	**1546448.6**		**1628819.0**
再生物资回收与批发					
宠物食品用品批发					
互联网批发					
其他未列明批发业	5	410	1546448.6		1628819.0
2.按登记注册类型分					
内资企业	**347**	**26076**	**55644134.6**	**1098039.1**	**60880294.8**
国有企业	7	1998	1661594.2	415.4	2318022.7

单位：万元

通过公共网络实现的销售额	通过非自营平台实现的商品销售额	批发额	出口	零售额	通过公共网络实现的零售额	通过非自营平台实现的零售额	期末商品库存额	服务营业额	年末零售营业面积(平方米)
1793967.0	**6016.2**	**4550648.0**	**3800.0**	**341334.7**	**15418.2**	**6016.2**	**518378.4**	**16855.2**	**171377.0**
1787950.8		3902065.6		199246.4	9402.0		439870.2	16855.2	130030.0
6016.2	6016.2	453501.1		129796.3	6016.2	6016.2	53548.4		35640.0
		195081.3	3800.0	12292.0			24959.8		5707.0
1311660.1		**45608650.0**	**999980.6**	**95009.5**	**256.2**		**785660.3**	**14297.6**	**165008.0**
		1125832.5					2474.8		
		7455986.9		58703.9			47579.3		72432.0
9995.6		141986.4		1205.5			8127.1	48.2	11498.0
505683.6		23231454.3	448105.1	28085.2	180.0		407314.8	12656.4	29918.0
795980.9		3429120.6		2579.2	76.2		78079.4		27983.0
		8594573.5	551391.3				168473.3	1593.0	16042.0
		107927.7		1847.8			8542.0		1240.0
		1521768.1	484.2	2587.9			65069.6		5895.0
		2689664.6	**92798.6**	**70644.6**			**457536.8**	**3942.6**	**164693.0**
		64221.5		8008.4			6700.4		5192.0
		98809.8		1240.6			24683.9		1500.0
		10596.6		557.7			1.8		136.0
		5363.2	558.1				369.5		
		42619.0		5478.8			4269.8	653.1	2900.0
		1747061.1		40518.7			337317.7	237.5	12200.0
		720993.4	92240.5	14840.4			84193.7	3052.0	142765.0
		22524.0					**8879.8**	**110.0**	
		22524.0					8879.8	110.0	
1119453.5		**1365243.8**		**263575.2**			**27261.3**	**11016.8**	**6631.0**
1119453.5		1365243.8		263575.2			27261.3	11016.8	6631.0
5502487.8	**149624.5**	**60081384.2**	**1451847.0**	**798910.6**	**15808.5**	**6016.2**	**2822895.4**	**62090.0**	**552608.0**
1170179.8	40494.1	2316202.7	4709.9	1820.0			487085.6	1636.4	990.0

13-2 续表 2

（2019年）

指　　　标	法人企业数(个)	从业人员期末人数(人)	商品购进额	进口	商品销售额
集体企业	1	9	2643.0		2493.0
股份合作企业					
联营企业					
国有联营企业					
集体联营企业					
国有与集体联营企业					
其他联营企业					
有限责任公司	137	11056	40852093.4	1077281.5	44120979.9
国有独资公司	21	1641	6498888.9	281331.2	6614471.2
其他有限责任公司	116	9415	34353204.5	795950.3	37506508.7
股份有限公司	22	3197	8969474.3	2693.8	9811306.4
私营企业	178	9758	4081303.5	17648.4	4539938.9
私营独资企业	1	2	13.0		2808.7
私营合伙企业					
私营有限责任公司	176	9670	4005254.2	17468.7	4457267.6
私营股份有限公司	1	86	76036.3	179.7	79862.6
其他企业	2	58	77026.2		87553.9
港、澳、台商投资企业	**3**	**1024**	**420042.0**	**405.5**	**425609.2**
与港澳台商合资经营企业	2	891	87503.8		89164.2
与港澳台商合作经营企业					
港澳台商独资企业	1	133	332538.2	405.5	336445.0
港澳台商投资股份有限公司					
其他港澳台投资企业					
外商投资企业	**5**	**676**	**116118.1**	**2373.5**	**139374.1**
中外合资经营企业	2	50	48828.5		61373.9
中外合作经营企业					
外资企业	2	398	61760.5	2373.5	69531.2
外商投资股份有限公司					
其他外商投资企业	1	228	5529.1		8469.0
3.按控股情况分					
国有控股	86	11087	46576233.7	568869.2	50411959.4
集体控股	6	339	176209.2	10.4	212128.4
私人控股	225	13824	5585975.0	18589.7	6171477.3
港澳台商控股	1	133	332538.2	405.5	336445.0
外商控股	4	422	323626.1	2373.5	325395.5
其他	31	1913	3108686.3	510569.8	3900318.6
4.按经营形式分					
独立门店	148	10442	19024197.0	159579.4	20242382.0
连锁总店(总部)	4	989	2020302.0		2036649.5
连锁直营店	1	476	133358.8		130357.0
连锁加盟店					
其他	202	15869	35002436.9	941238.7	39035889.6

单位：万元

通过公共网络实现的销售额	通过非自营平台实现的商品销售额	批发额	出口	零售额	通过公共网络实现的零售额	通过非自营平台实现的零售额	期末商品库存额	服务营业额	年末零售营业面积(平方米)
		2493.0					160.0		
4281247.4	102826.2	43572275.0	1265249.0	548704.9	285.5		1829045.9	37884.1	246478.0
497956.2	96555.6	6597756.4	320992.9	16714.8	180.0		261223.8	11697.7	16320.0
3783291.2	6270.6	36974518.6	944256.1	531990.1	105.5		1567822.1	26186.4	230158.0
9690.0	288.0	9786864.4	117390.7	24442.0	9402.0		184768.7	15550.0	21251.0
41249.1	6016.2	4337688.3	64497.4	202250.6	6121.0	6016.2	321801.6	7019.5	283289.0
		2808.7					834.0		
41249.1	6016.2	4255017.0	64346.9	202250.6	6121.0	6016.2	317634.2	7019.5	283289.0
		79862.6	150.5				3333.4		
121.5		65860.8		21693.1			33.6		600.0
6636.9		**408475.4**		**17133.8**			**5525.6**	**7888.2**	**5198.0**
		72030.4		17133.8			2260.9	7888.2	5198.0
6636.9		336445.0					3264.7		
		134540.7		**4833.4**			**8017.1**		**610.0**
		61373.9					5460.2		
		69531.2					2496.2		
		3635.6		4833.4			60.7		610.0
5387742.1	143320.3	50042606.3	902147.6	369353.1	285.5		1798979.6	41199.1	104959.0
		212040.2	44011.9	88.2			24433.9	81.1	8692.0
50939.1	6304.2	5928233.7	505284.0	243243.6	15523.0	6016.2	477382.7	28444.9	314353.0
6636.9		336445.0					3264.7		
		325395.5					38468.6		
63685.1		3713818.8	403.5	186499.8			493875.0	253.1	129812.0
1804810.1	40782.1	19671860.5	37192.3	570521.5	104.8		1165684.9	15750.7	235095.0
		2014382.0		22267.5			3802.5	103.5	10867.0
		76830.2		53526.8			17992.3		40400.0
3704314.6	108842.4	38861327.6	1414654.7	174562.0	15703.7	6016.2	1648958.4	54124.0	272054.0

13-2 续表 3

（2019年）

指标	法人企业数(个)	从业人员期末人数(人)	商品购进额	进口	商品销售额
5.按单位规模分					
大型	22	11677	16272510.1	5414.1	17162439.2
中型	176	13835	33486229.0	463328.1	35846567.2
小型	127	2175	3193971.9	5158.8	3405186.1
微型	30	89	3227583.7	626917.1	5031085.6
6.按经营地分					
城镇	331	26489	55022990.2	1100735.8	60257796.1
其中：城区	307	25803	54780315.0	1100735.8	59957255.0
乡村	24	1287	1157304.5	82.3	1187482.0
7.按港澳台商投资情况分					
港商投资	3	1024	420042.0	405.5	425609.2
澳商投资					
台商投资					
二、零售业	**361**	**60380**	**7633882.8**	**341523.9**	**11367333.1**
1.按零售行业小类分					
综合零售	**68**	**15243**	**1213969.2**	**3945.4**	**1472163.3**
百货零售	28	3999	398799.7	4.2	537713.5
超级市场零售	32	10443	785674.9	3941.2	902230.7
便利店零售	2	240	23398.3		24652.3
其他综合零售	6	561	6096.3		7566.8
食品、饮料及烟草制品专门零售	**36**	**3051**	**133523.5**	**4320.3**	**191598.8**
粮油零售	5	568	27724.3		35796.0
糕点、面包零售					
果品、蔬菜零售	8	956	36496.9		53383.6
肉、禽、蛋、奶及水产品零售	3	129	5633.7		7040.1
营养和保健品零售	1	98	10190.2	123.2	11284.8
酒、饮料及茶叶零售	8	437	22800.7		45150.2
烟草制品零售	4	652	19102.4		24504.9
其他食品零售	7	211	11575.3	4197.1	14439.2
纺织、服装及日用品专门零售	**24**	**3949**	**317024.9**	**10974.6**	**421244.6**
纺织品及针织品零售					
服装零售	13	2274	211938.9		301760.6
鞋帽零售	3	209	23058.3		25412.3
化妆品及卫生用品零售	5	1354	80850.5	10974.6	92262.6
厨具卫具及日用杂品零售	1	14	273.6		413.1
钟表、眼镜零售	1	60	598.7		687.5
箱包零售					
自行车等代步设备零售					
其他日用品零售	1	38	304.9		708.5

单位：万元

通过公共网络实现的销售额	通过非自营平台实现的商品销售额	批发额	出口	零售额	通过公共网络实现的零售额	通过非自营平台实现的零售额	期末商品库存额	服务营业额	年末零售营业面积(平方米)
3629319.6		16774456.4	50.6	387982.8	9478.2		731638.3	13738.5	168955.0
1838868.6	149336.5	35451117.3	948536.4	395449.9	6225.5	6016.2	1452109.3	53743.8	308125.0
30940.9	288.0	3372581.1	38111.9	32605.0	104.8		194554.0	2495.9	78098.0
9995.6		5026245.5	465148.1	4840.1			458136.5		3238.0
5478794.8	149624.5	59447753.3	1434633.0	810042.8	15808.5	6016.2	2698244.5	66034.5	550071.0
5478358.8	149336.5	59183098.0	1429336.8	774157.0	15808.5	6016.2	2678829.5	66034.5	511837.0
30329.9		1176647.0	17214.0	10835.0			138193.6	3943.7	8345.0
6636.9		408475.4		17133.8			5525.6	7888.2	5198.0
385008.2	**49752.9**	**1364153.2**	**1526.0**	**10003179.9**	**353452.7**	**31996.9**	**987043.5**	**57553.2**	**3041562.0**
19958.7	**9012.7**	**4369.3**		**1467794.0**	**19938.6**	**9012.7**	**147583.9**	**878.8**	**814645.0**
2376.3	1517.3	4056.8		533656.7	2356.3	1517.3	33518.7	55.0	315833.0
17422.1	7460.6			902230.7	17422.1	7460.6	111493.0	822.1	460613.0
				24652.3			2241.0		11240.0
160.3	34.8	312.5		7254.3	160.2	34.8	331.2	1.7	26959.0
35152.7	**8948.0**	**22552.8**	**1475.8**	**169046.0**	**18905.4**	**1772.4**	**31288.6**	**4979.4**	**150930.0**
626.5		1980.8		33815.2	626.5		5293.9		8792.0
8185.7	414.1	472.2		52911.4	8185.7	414.1	5144.6		103314.0
674.5		5707.5		1332.6	585.2		88.4		4708.0
8880.7	2243.7	6128.8		5156.0	4018.1	971.3	1497.8		15451.0
9910.0	45.0	4545.5		40604.7	4517.8	45.0	12274.6		5587.0
				24504.9			4543.3	4789.9	7032.0
6875.3	6245.2	3718.0	1475.8	10721.2	972.1	342.0	2446.0	189.5	6046.0
18277.7	**851.2**	**110559.1**		**310685.5**	**18277.7**	**851.2**	**82647.2**	**2016.7**	**135715.0**
851.2	851.2	37634.9		264125.7	851.2	851.2	69562.1	437.4	124109.0
19.7		21065.2		4347.1	19.7		9474.1		1753.0
17406.8		51859.0		40403.6	17406.8		3236.4	1180.8	8603.0
				413.1			61.2		400.0
				687.5			303.1		510.0
				708.5			10.3	398.5	340.0

13-2 续表 4

（2019年）

指　　标	法人企业数（个）	从业人员期末人数（人）	商品购进额	进口	商品销售额
文化、体育用品及器材专门零售	**20**	**1678**	**167743.3**		**196936.4**
文具用品零售	3	121	5927.4		7216.2
体育用品及器材零售	1	15	363.4		712.7
图书、报刊零售	7	1211	123103.4		122276.9
音像制品、电子和数字出版物零售					
珠宝首饰零售	6	296	33363.1		61177.5
工艺美术品及收藏品零售	1	18	583.6		601.4
乐器零售					
照相器材零售					
其他文化用品零售	2	17	4402.4		4951.7
医药及医疗器材专门零售	**20**	**20376**	**605949.9**		**1189301.3**
西药零售	17	16377	599482.9		973028.8
中药零售	2	3989	3465.4		211336.8
动物用药品零售					
医疗用品及器材零售	1	10	3001.6		4935.7
保健辅助治疗器材零售					
汽车、摩托车、零配件和燃料及其他动力销售	**147**	**12294**	**4685557.9**	**322283.6**	**7234280.6**
汽车新车零售	99	7048	2778150.3	295188.3	3024105.4
汽车旧车零售	11	1047	427346.4	23605.3	429717.1
汽车零配件零售	4	253	88084.5		91655.9
摩托车及零配件零售	3	49	12171.0	3415.0	13502.6
机动车燃油零售	29	3874	1377006.1	75.0	3670641.4
机动车燃气零售	1	23	2799.6		4658.2
机动车充电销售					
家用电器及电子产品专门零售	**25**	**3046**	**447256.4**		**583124.4**
家用视听设备零售	6	1269	196942.0		309119.5
日用家电零售	6	84	7013.8		8148.6
计算机、软件及辅助设备零售	8	1285	179026.2		193131.4
通信设备零售	5	408	64274.4		72724.9
其他电子产品零售					
五金、家具及室内装饰材料专门零售	**11**	**566**	**49961.1**		**62420.5**
五金零售	1	20	1484.7		1760.9
灯具零售	1	51	1528.9		1988.5
家具零售	2	56	2782.2		3088.3
涂料零售					
卫生洁具零售	1	96	16714.1		18651.4
木质装饰材料零售					
陶瓷、石材装饰材料零售	5	305	16550.7		26607.7
其他室内装饰材料零售	1	38	10900.5		10323.7

单位：万元

通过公共网络实现的销售额	通过非自营平台实现的商品销售额	批发额	出口	零售额	通过公共网络实现的零售额	通过非自营平台实现的零售额	期末商品库存额	服务营业额	年末零售营业面积(平方米)
63.8		**27245.4**	**50.2**	**169691.0**	**63.8**		**44916.5**		**117588.0**
13.8		1392.4		5823.8	13.8		1905.1		3109.0
				712.7			640.8		1500.0
50.0		7625.9	50.2	114651.0	50.0		33354.6		99781.0
		14319.9		46857.6			8869.5		11950.0
				601.4			34.2		800.0
		3907.2		1044.5			112.3		448.0
11979.5	**4885.8**	**66329.2**		**1122972.1**	**8504.1**	**4885.8**	**157908.2**	**1327.4**	**556191.0**
11979.5	4885.8	61264.6		911764.2	8504.1	4885.8	156724.4	1327.4	434230.0
		128.9		211207.9			1130.6		121863.0
		4935.7					53.2		98.0
125647.8	**14905.9**	**1046078.2**		**6188202.4**	**115910.7**	**4857.4**	**444309.1**	**40602.7**	**1045253.0**
124886.3	14905.9	26106.5		2997998.9	115149.2	4857.4	350499.8	40008.3	382521.0
761.5				429717.1	761.5		41958.7	420.0	46504.0
				91655.9			10118.3	9.2	19844.0
				13502.6			1101.6		1155.0
		1019971.7		2650669.7			40630.2	165.2	581780.0
				4658.2			0.5		13449.0
158012.5	**6125.2**	**54416.9**		**528707.5**	**157851.2**	**6125.2**	**66176.3**	**7052.1**	**193598.0**
56037.2		9838.9		299280.6	56037.2		8096.6	782.6	183043.0
		940.7		7207.9			929.2		2540.0
99103.3	6125.2			193131.4	99103.3	6125.2	49139.0	5834.3	4029.0
2872.0		43637.3		29087.6	2710.7		8011.5	435.2	3986.0
1760.9		**31694.8**		**30725.7**			**10995.7**	**679.1**	**26346.0**
1760.9		1760.9					29.0		400.0
				1988.5			214.2		5000.0
				3088.3			1864.8		5188.0
		16409.2		2242.2			3587.3		4411.0
		13524.7		13083.0			4263.3	97.5	4347.0
				10323.7			1037.1	581.6	7000.0

13-2 续表 5

（2019年）

指标	法人企业数(个)	从业人员期末人数(人)	商品购进额	进口	商品销售额
货摊、无店铺及其他零售业	**10**	**177**	**12896.6**		**16263.2**
流动货摊零售					
互联网零售	8	155	12041.1		14930.4
邮购及电视、电话零售					
自动售货机零售					
旧货零售					
生活用燃料零售					
宠物食品用品零售					
其他未列明零售业	2	22	855.5		1332.8
2.按登记注册类型分					
内资企业	**340**	**47990**	**5903967.6**	**216029.8**	**9377959.3**
国有企业	2	76	10619.4		11869.7
集体企业	3	85	29902.1		31303.3
股份合作企业					
联营企业	1	17	688.3		694.2
国有联营企业					
集体联营企业	1	17	688.3		694.2
国有与集体联营企业					
其他联营企业					
有限责任公司	131	19735	3358355.7	137043.5	4762993.2
国有独资公司	3	1986	596479.3		1295801.0
其他有限责任公司	128	17749	2761876.4	137043.5	3467192.2
股份有限公司	10	1650	146875.4	2369.4	1674260.4
私营企业	192	26418	2356872.9	76616.9	2895997.1
私营独资企业	17	517	23253.7		26642.3
私营合伙企业	1	30	7381.8		7465.7
私营有限责任公司	170	10905	1826673.1	76616.9	1998833.7
私营股份有限公司	4	14966	499564.3		863055.4
其他企业	1	9	653.8		841.4
港、澳、台商投资企业	**14**	**4718**	**954533.3**	**70940.3**	**1132624.1**
与港澳台商合资经营企业	3	593	224109.8	70940.3	259039.4
与港澳台商合作经营企业					
港澳台商独资企业	11	4125	730423.5		873584.7
港澳台商投资股份有限公司					
其他港澳台投资企业					
外商投资企业	**7**	**7672**	**775381.9**	**54553.8**	**856749.7**
中外合资经营企业	3	1937	259688.5		281947.2
中外合作经营企业					
外资企业	4	5735	515693.4	54553.8	574802.5
外商投资股份有限公司					
其他外商投资企业					

单位：万元

通过公共网络实现的销售额	通过非自营平台实现的商品销售额	批发额	出口	零售额	通过公共网络实现的零售额	通过非自营平台实现的零售额	期末商品库存额	服务营业额	年末零售营业面积(平方米)
14154.6	**5024.1**	**907.5**		**15355.7**	**14001.2**	**4492.2**	**1218.0**	**17.0**	**1296.0**
14154.6	5024.1	907.5		14022.9	14001.2	4492.2	1060.9	17.0	980.0
				1332.8			157.1		316.0
365439.8	**40267.4**	**1314917.5**	**1526.0**	**8063041.8**	**333884.3**	**22511.4**	**754956.4**	**52525.5**	**2456442.0**
				11869.7			1890.0		194.0
		131.8		31171.5			882.3		3738.0
				694.2			120.1		205.0
				694.2			120.1		205.0
177538.3	7519.5	808758.6		3954234.6	167283.4	5935.7	290088.8	35452.0	1095534.0
311.4	311.4	355660.1		940140.9	311.4		21238.6	309.1	138069.0
177226.9	7208.1	453098.5		3014093.7	166972.0	5935.7	268850.2	35142.9	957465.0
7638.7	4857.4	338601.3		1335659.1	7638.7	4857.4	9726.8	1154.9	316712.0
179927.3	27555.0	167425.8	1526.0	2728571.3	158626.7	11382.8	452228.3	15918.6	1039559.0
				26642.3			3928.0		28610.0
				7465.7			11.5		1744.0
172922.6	27555.0	108224.5	1526.0	1890609.2	155097.4	11382.8	314323.9	14901.1	607276.0
7004.7		59201.3		803854.1	3529.3		133964.9	1017.5	401929.0
335.5	335.5			841.4	335.5	335.5	20.1		500.0
2146.3	**2024.9**	**49175.3**		**1083448.8**	**2146.3**	**2024.9**	**132861.3**	**3427.7**	**231747.0**
		128.9		258910.5			25093.1	1406.0	21412.0
2146.3	2024.9	49046.4		824538.3	2146.3	2024.9	107768.2	2021.7	210335.0
17422.1	**7460.6**	**60.4**		**856689.3**	**17422.1**	**7460.6**	**99225.8**	**1600.0**	**353373.0**
5815.7	3564.8			281947.2	5815.7	3564.8	26536.2	1600.0	97087.0
11606.4	3895.8	60.4		574742.1	11606.4	3895.8	72689.6		256286.0

13-2 续表 6

（2019年）

指标	法人企业数（个）	从业人员期末人数（人）	商品购进额	进口	商品销售额
3.按控股情况分					
国有控股	27	6621	1571770.7	10974.6	3899164.7
集体控股	8	947	171824.8	12354.6	196335.6
私人控股	278	35835	3258158.7	116575.7	4204629.4
港澳台商控股	14	4718	954533.3	70940.3	1132624.1
外商控股	6	7394	710260.4	54553.8	782126.3
其他	27	4856	966681.1	76124.9	1151611.6
4.按经营形式分					
独立门店	290	40737	5650732.5	337459.5	6653155.7
连锁总店(总部)	23	13648	1315963.2	3941.2	3880906.7
连锁直营店	3	598	22641.1		45071.8
连锁加盟店	1	27	3357.2		4386.5
其他	44	5370	641188.8	123.2	783812.4
5.按单位规模分					
大型	21	37825	2425020.6	3945.4	5479236.0
中型	147	18144	3955728.1	300004.5	4511439.9
小型	163	4224	1213216.8	37574.0	1329735.7
微型	30	187	39917.3		46921.5
6.按零售业态分(汇总口径1)					
有店铺零售	338	59608	7502561.7	341400.7	11217533.6
食杂店	3	124	5996.7		7001.0
便利店	13	1353	80693.6		101726.1
折扣店	2	140	9986.2		11364.2
超市	45	3170	128745.4	4197.1	151643.1
大型超市	11	8970	716822.8	3941.2	802298.7
仓储会员店					
百货店	17	3195	391266.7	10978.8	541140.7
专业店	104	29769	3386326.2	71461.4	6469547.1
专卖店	127	11432	2647282.4	244604.1	2972808.4
家居建材商店	7	140	20060.5		20234.7
购物中心	4	337	26539.1		40739.5
厂家直销中心	5	978	88842.1	6218.1	99030.1
无店铺零售	23	772	131321.1	123.2	149799.5
电视购物	1	99	6510.5		7449.1
邮购					
网上商店	8	155	12041.1		14930.4
自动售货亭					
电话购物					
其他	14	518	112769.5	123.2	127420.0

单位：万元

通过公共网络实现的销售额	通过非自营平台实现的商品销售额	批发额	出口	零售额	通过公共网络实现的零售额	通过非自营平台实现的零售额	期末商品库存额	服务营业额	年末零售营业面积(平方米)
5197.2	5197.2	1019971.7		2879193.0	5197.2	4885.8	70498.3	6426.4	658225.0
16.7		43618.3		152717.3	16.7		13209.3	5089.3	20493.0
209656.3	34734.7	188620.1	1526.0	4016009.3	178100.8	17290.1	554999.3	30439.7	1487263.0
2146.3	2024.9	49175.3		1083448.8	2146.3	2024.9	132861.3	3427.7	231747.0
17422.1	7460.6	60.4		782065.9	17422.1	7460.6	95321.8	207.1	347493.0
150234.1		62707.4		1088904.2	150234.1		120133.4	11963.0	295841.0
238025.1	19744.8	472901.5	1475.8	6180254.2	222777.0	13477.0	761625.7	54852.0	1877171.0
72538.0	8450.6	622195.9	50.2	3258710.8	72538.0	8450.6	137350.8	1534.5	818994.0
				45071.8			1610.4		23978.0
				4386.5			420.4		1692.0
74445.1	21557.5	269055.8		514756.6	58137.7	10069.3	86036.2	1166.7	319727.0
175595.7	12724.6	760414.3		4718821.7	172120.3	12724.6	366125.5	6880.2	1534029.0
164272.8	21544.6	257158.6	1526.0	4254281.3	147953.5	14057.6	512117.9	43885.7	1131222.0
43686.1	15148.2	342230.5		987505.2	32053.3	4879.2	104708.8	6710.6	365287.0
1453.6	335.5	4349.8		42571.7	1325.6	335.5	4091.3	76.7	11024.0
350053.9	42485.1	1326883.2	1526.0	9890650.4	323514.4	26533.4	975899.0	57423.4	3015225.0
		5618.2		1382.8			165.2		4508.0
976.5	378.4	784.1		100942.0	976.5	378.4	7240.2	475.2	61206.0
19.7				11364.2	19.7		1024.0		68717.0
15395.7	6376.2	8250.3	1475.8	143392.8	9492.4	473.0	20375.2	1188.4	134289.0
18144.4	8161.3			802298.7	18144.4	8161.3	96374.3	1.7	426891.0
287.7		4056.8		537083.9	267.7		36969.7	655.7	190437.0
152163.7	5695.1	1096688.0	50.2	5372859.1	146784.9	5641.9	366101.5	22754.5	1646258.0
139442.2	21874.1	155517.8		2817290.6	124204.8	11878.8	429081.8	31742.4	452151.0
		3719.3		16515.4			4146.3	581.6	11266.0
		1980.8		38758.7			14279.1	14.3	16866.0
23624.0		50267.9		48762.2	23624.0		141.7	9.6	2636.0
34954.3	7267.8	37270.0		112529.5	29938.3	5463.5	11144.5	129.8	26337.0
				7449.1			1774.1		
14154.6	5024.1	907.5		14022.9	14001.2	4492.2	1060.9	17.0	980.0
20799.7	2243.7	36362.5		91057.5	15937.1	971.3	8309.5	112.8	25357.0

13-2 续表 7

（2019年）

指标	法人企业数(个)	从业人员期末人数(人)	商品购进额	进口	商品销售额
7.按经营地分					
城镇	339	59257	7580245.5	341523.9	11291966.7
其中：城区	267	56519	7436376.9	341448.9	11131527.0
乡村	22	1123	53637.3		75366.4
8.按港澳台商投资情况分					
港商投资	12	4111	940622.4	70940.3	1113712.3
澳商投资	3	1203	374692.1		441136.0
台商投资	4	1225	327342.2		362818.1
三、批发业按地区分组	**355**	**27776**	**56180294.7**	**1100818.1**	**61445278.1**
五华区	66	6855	9245422.9	525164.0	11325228.8
盘龙区	40	5863	5951759.6	41949.0	6770442.7
官渡区	87	5064	9365575.4	156117.7	9557636.1
西山区	48	3987	19077784.0	251077.2	20767069.7
东川区	4	108	24520.6		26747.8
呈贡区	39	2686	4024564.6	5483.5	4170511.1
晋宁区	16	1389	823739.2	82.3	951495.0
富民县	5	178	32813.4		35069.8
宜良县	10	265	171111.5		189980.2
石林彝族自治县	1	12	6721.0		6066.3
嵩明县	5	275	18623.4		63188.1
禄劝彝族苗族自治县	2	39	10161.8		11265.0
寻甸回族彝族自治县	6	88	25398.2		25627.5
安宁市	26	967	7402099.1	120944.4	7544950.0
四、零售业按地区分组	**361**	**60380**	**7633882.8**	**341523.9**	**11367333.1**
五华区	56	18224	1957154.6	10775.3	2290620.1
盘龙区	58	9809	1582351.4	142643.6	2045305.4
官渡区	65	5510	1482349.0	49887.9	3199432.7
西山区	59	6356	1857582.5	138142.1	2662197.0
东川区	5	126	7160.6		8212.8
呈贡区	13	15561	517200.5		878518.8
晋宁区	12	313	22603.7		24560.0
富民县	9	307	11945.4		13695.0
宜良县	13	546	17213.2		19507.7
石林彝族自治县	17	508	23888.2		23886.5
嵩明县	12	1018	67092.3		90376.1
禄劝彝族苗族自治县	21	561	27434.4	75.0	31892.6
寻甸回族彝族自治县	8	396	13263.9		15360.3
安宁市	13	1145	46643.1		63768.1

单位：万元

通过公共网络实现的销售额	通过非自营平台实现的商品销售额	批发额	出口	零售额	通过公共网络实现的零售额	通过非自营平台实现的零售额	期末商品库存额	服务营业额	年末零售营业面积(平方米)
384198.3	48996.8	1361334.6	1526.0	9930632.1	352642.8	31240.8	980716.2	57440.4	2936825.0
380960.5	48975.1	1358967.6	1526.0	9772559.4	349642.4	31219.1	960645.3	56829.1	2810619.0
809.9	756.1	2818.6		72547.8	809.9	756.1	6327.3	112.8	104737.0
851.2	851.2	49175.3		1064537.0	851.2	851.2	132861.3	3426.0	201962.0
				441136.0			49094.7		90381.0
1295.1	1173.7			362818.1	1295.1	1173.7	22951.2	1.7	87866.0
5509124.7	**149624.5**	**60624400.3**	**1451847.0**	**820877.8**	**15808.5**	**6016.2**	**2836438.1**	**69978.2**	**558416.0**
163194.1	108842.4	11121105.6	187743.7	204123.2	6016.2	6016.2	721489.9	11426.7	69894.0
2264078.4		6721706.4	168593.6	48736.3	9402.0		355266.0	30587.8	61062.0
873899.2		9283039.7	551193.8	274596.4	210.3		569649.0	9947.0	27061.0
6915.3		20693832.8	504188.9	73236.9			538440.3	10965.8	57643.0
		24700.7		2047.1			161.3		12920.0
1768871.2	40494.1	4058107.2	10145.4	112403.9			474803.6	3098.7	218258.0
30329.9		903417.1	3762.4	48077.9			32679.6	3737.1	26427.0
288.0	288.0	31131.0	21923.9	3938.8			1326.5		5535.0
121.5		163547.0		26433.2			7160.3		2064.0
		6066.3					655.8		8000.0
		59427.1		3761.0			5519.0		7182.0
		7064.8		4200.2			1621.5		1178.0
26.5		25392.5	586.3	235.0			3325.4		17852.0
401400.6		7525862.1	3709.0	19087.9	180.0		124339.9	215.1	43340.0
385008.2	**49752.9**	**1364153.2**	**1526.0**	**10003179.9**	**353452.7**	**31996.9**	**987043.5**	**57553.2**	**3041562.0**
230150.6	18662.7	157101.9	50.2	2133518.2	225126.7	17390.3	290524.0	13099.1	911886.0
90945.2	11433.0	6021.3	1475.8	2039284.1	79649.8	5218.4	204130.7	11852.4	402179.0
41792.8	13748.6	711861.7		2487571.0	30322.6	3532.8	165038.6	11889.6	520669.0
8016.3	5096.0	417924.9		2244272.1	7963.1	5042.8	158525.5	17662.9	502540.0
				8212.8			387.8	8.5	2816.0
9899.4		61300.7		817218.1	6424.0		135839.1	112.8	436254.0
		6945.3		17614.7			3664.5	1536.8	10256.0
674.5		89.3		13605.7	585.2		2141.4	414.8	12115.0
998.5	420.6	1161.3		18346.4	870.4	420.6	1451.7	14.3	18283.0
335.5	335.5			23886.5	335.5	335.5	2960.5		36440.0
817.4	21.7	806.1		89570.0	817.4	21.7	11119.1	17.0	112068.0
32.0		940.7		30951.9	32.0		3689.0	165.2	19329.0
1189.8				15360.3	1169.8		2929.3		13832.0
156.2	34.8			63768.1	156.2	34.8	4642.3	779.8	42895

13-3 限额以上批发和零

（2019年）

指标	法人企业数(个)	年初存货	期末	
			流动资产合计	应收账款
总计	**716**	**3503771.4**	**23360960.9**	**5659480.0**
一、批发业	**355**	**2517125.2**	**19851042.5**	**5236533.3**
1.按批发行业小类分				
农、林、牧、渔产品批发	**14**	**208612.5**	**408326.2**	**40699.3**
谷物、豆及薯类批发	4	204368.1	367756.9	34575.1
种子批发	2	1796.5	5376.5	938.8
畜牧渔业饲料批发	1		24779.6	3119.6
棉、麻批发				
林业产品批发	1	980.4	2009.6	498.7
牲畜批发	1		91.7	
渔业产品批发				
其他农牧产品批发	5	1467.5	8311.9	1567.1
食品、饮料及烟草制品批发	**52**	**691160.3**	**2462516.1**	**139101.2**
米、面制品及食用油批发	13	322930.1	405895.8	47421.7
糕点、糖果及糖批发	8	21598.5	449499.5	21137.9
果品、蔬菜批发	6	1959.0	13896.3	2922.9
肉、禽、蛋、奶及水产品批发	1	109.9	941.4	788.9
盐及调味品批发	1	1091.6	5894.7	3069.3
营养和保健品批发	2	5137.6	9455.1	1181.0
酒、饮料及茶叶批发	9	25959.9	64535.9	5085.9
烟草制品批发	3	304016.8	1464895.3	45103.8
其他食品批发	9	8356.9	47502.1	12389.8
纺织、服装及家庭用品批发	**15**	**66917.8**	**843873.3**	**59017.7**
纺织品、针织品及原料批发	1	383.4	806.3	664.8
服装批发	1	622.9	2625.6	710.8
鞋帽批发				
化妆品及卫生用品批发	4	3913.3	18747.7	3316.2
厨具卫具及日用杂品批发				
灯具、装饰物品批发				
家用视听设备批发	2	12644.7	20959.1	2545.3
日用家电批发	5	47059.0	794461.4	51277.1
其他家庭用品批发	2	2294.5	6273.2	503.5
文化、体育用品及器材批发	**12**	**35059.1**	**226753.5**	**61434.8**
文具用品批发	4	16002.7	38642.6	12229.4
体育用品及器材批发				
图书批发	4	5338.4	169987.9	43195.2
报刊批发				
音像制品、电子和数字出版物批发				
首饰、工艺品及收藏品批发	1	7571.8	5883.9	834.8
乐器批发				
其他文化用品批发	3	6146.2	12239.1	5175.4

售业法人企业财务状况

单位：万元

资产负债

存货	固定资产原价	房屋和构筑物	机器设备	累计折旧	本年折旧	固定资产净额	在建工程	资产总计
3795404.6	**1627256.5**	**624907.9**	**376981.9**	**694790.1**	**112210.7**	**896922.6**	**351835.5**	**36646188.7**
2835090.4	**752023.7**	**308975.7**	**165461.8**	**343439.2**	**45226.2**	**392795.1**	**108379.5**	**30968651.9**
228822.4	**27951.8**	**21690.5**	**878.6**	**8241.0**	**968.0**	**19710.7**	**1553.4**	**446487.4**
221735.4	21168.3	19332.4	812.3	5062.3	624.4	16106.1	1384.9	398553.2
1660.3	2520.1	1923.6	24.8	1145.8	39.9	1374.2		9083.2
2975.1	213.8			188.8	8.9	24.9		24804.6
1277.8	33.7	26.5	7.2	6.1	3.5	27.6		2061.8
								91.7
1173.8	4015.9	408.0	34.3	1838.0	291.3	2177.9	168.5	11892.9
606460.0	**304939.5**	**93681.6**	**104061.5**	**144227.0**	**12774.9**	**158715.6**	**50358.2**	**3152626.1**
271999.0	134068.1	67832.6	4776.9	35601.2	5134.1	99530.4	27605.4	587402.4
20446.9	12348.5	3812.8	1026.5	4412.5	712.7	7935.9	8.3	610729.6
2152.7	4372.0	1090.8	1690.8	1470.8	213.4	2989.3	21587.6	49696.7
99.7	13.3			10.7	10.7	2.6		944.2
1436.2	350.2			263.4	31.0	86.8		5981.5
7065.7	840.2	805.4	34.8	92.5	44.5	747.7		10230.1
36486.5	1791.5	45.8	565.8	1037.6	286.7	480.9	8.1	66574.8
252914.6	130862.4	5374.3	94860.3	98579.0	5453.0	32283.3	692.0	1742308.6
13858.7	20293.3	14719.9	1106.4	2759.3	888.8	14658.7	456.8	78758.2
68298.6	**5618.8**	**2456.3**	**650.1**	**3004.6**	**296.6**	**1614.8**		**851275.9**
140.8	59.5			56.5		3.0		847.9
622.9	52.0			51.8		51.8		2786.7
2726.8	2661.6	686.8	562.0	1233.6	117.8	377.1		23827.2
11284.0	2532.5	1769.5		1455.4	122.9	1077.1		22525.5
50779.5	142.0		21.1	132.0	4.1	10.0		794771.5
2744.6	171.2		67.0	75.3	51.8	95.8		6517.1
47354.1	**23314.8**	**16209.6**	**2627.7**	**12829.9**	**829.4**	**10947.3**	**541.9**	**472873.1**
10616.9	3411.2	2103.4	336.0	1384.9	119.1	2636.0		41112.8
27053.3	16491.6	11542.6	1782.6	10021.2	534.4	6323.2	537.3	351541.3
4342.3	57.1		57.1	6.1	5.4	51.0		5938.3
5341.6	3354.9	2563.6	452.0	1417.7	170.5	1937.1	4.6	74280.7

13-3 续表 1

（2019年）

指标	法人企业数(个)	年初存货	期末	
			流动资产合计	应收账款
医药及医疗器材批发	**60**	**480757.9**	**2764473.6**	**1431488.2**
西药批发	36	406629.5	2385695.2	1236812.8
中药批发	9	54989.6	245720.7	121477.5
动物用药品批发				
医疗用品及器材批发	15	19138.8	133057.7	73197.9
矿产品、建材及化工产品批发	**154**	**834063.6**	**10972143.9**	**2535023.8**
煤炭及制品批发	5	1318.5	100515.6	30052.9
石油及制品批发	15	30846.8	342838.5	64128.6
非金属矿及制品批发	9	8583.8	101467.3	20203.3
金属及金属矿批发	62	308689.2	5780716.4	1299063.2
建材批发	24	49906.9	684819.3	203917.5
化肥批发	16	357814.7	3433746.0	800295.1
农药批发	3	5256.8	21334.1	4109.7
农用薄膜批发				
其他化工产品批发	20	71646.9	506706.7	113253.5
机械设备、五金产品及电子产品批发	**41**	**124694.5**	**1808598.7**	**782883.0**
农业机械批发				
汽车及零配件批发	7	6005.8	62791.3	42579.8
摩托车及零配件批发	3	17411.3	39080.8	2588.9
五金产品批发	1	3.6	5634.9	3838.8
电气设备批发	1	529.5	4156.7	3135.6
计算机、软件及辅助设备批发	4	7216.9	37795.5	8573.9
通讯设备批发	3	18125.9	1007809.7	579780.7
广播影视设备批发				
其他机械设备及电子产品批发	22	75401.5	651329.8	142385.3
贸易经纪与代理	**2**	**9081.0**	**32724.3**	**5638.7**
贸易代理	2	9081.0	32724.3	5638.7
一般物品拍卖				
艺术品、收藏品拍卖				
艺术品代理				
其他贸易经纪与代理				
其他批发业	**5**	**66778.5**	**331632.9**	**181246.6**
再生物资回收与批发				
宠物食品用品批发				
互联网批发				
其他未列明批发业	5	66778.5	331632.9	181246.6
2.按登记注册类型分				
内资企业	**347**	**2495473.1**	**19703206.0**	**5210503.5**
国有企业	7	599077.7	1647557.9	60251.4

单位：万元

资产负债

存货	固定资产原价	房屋和构筑物	机器设备	累计折旧	本年折旧	固定资产净额	在建工程	资产总计
528113.5	**117901.8**	**47364.9**	**24860.3**	**43265.0**	**8823.5**	**69590.4**	**6907.6**	**3008851.2**
449947.4	93513.8	42479.4	9901.2	30914.7	6082.7	57556.4	6812.1	2578232.6
51180.7	9681.8	4430.1	4125.1	4697.0	863.7	4983.8	14.2	283517.5
26985.4	14706.2	455.4	10834.0	7653.3	1877.1	7050.2	81.3	147101.1
826587.2	**198643.7**	**87966.1**	**26057.0**	**93130.9**	**16556.3**	**102889.3**	**42876.6**	**20708621.8**
3011.4	625.1		376.5	252.6	117.8	356.2		101035.6
108018.6	40103.1	217.1	510.7	9856.7	6666.0	29189.3	5229.9	474123.8
7420.7	5412.5	2233.0	2396.5	3260.8	292.4	1082.6	29470.2	135770.9
376769.4	49281.9	23223.7	8091.6	20017.2	4520.5	29127.2	247.6	11094318.9
63234.6	9889.3	5097.5	1902.7	4409.1	1041.1	5453.1		731516.4
195987.1	71262.7	44624.6	10650.4	44215.7	2578.3	26781.1	7928.9	7372073.1
5529.0	3234.1	2282.3	574.2	1995.8	244.3	1238.2		23660.7
66616.4	18835.0	10287.9	1554.4	9123.0	1095.9	9661.6		776122.4
473970.9	**44181.3**	**16496.2**	**5851.9**	**15156.5**	**3302.0**	**23477.3**	**5822.4**	**1923804.2**
6324.0	1021.2		393.7	858.3	82.3	154.3	354.5	63474.2
22857.7	11460.6	1326.4		3690.5	543.9	7144.2		46810.5
1.6	498.1			315.8	27.6	182.2		5817.2
369.6	126.1			28.3	28.3			4254.6
5235.2	404.4	156.3		392.7	179.8	65.4		41261.3
338649.5	994.4			173.8	170.8	820.6		1013975.5
100533.3	29676.5	15013.5	5458.2	9697.1	2269.3	15110.6	5467.9	748210.9
7918.7	**207.3**		**79.2**	**169.4**	**17.2**			**32763.0**
7918.7	207.3		79.2	169.4	17.2			32763.0
47565.0	**29264.7**	**23110.5**	**395.5**	**23414.9**	**1658.3**	**5849.7**	**319.4**	**371349.2**
47565.0	29264.7	23110.5	395.5	23414.9	1658.3	5849.7	319.4	371349.2
2817421.2	**736398.1**	**307397.4**	**160230.7**	**335676.0**	**41858.5**	**389882.4**	**102573.8**	**30709038.8**
467462.9	150565.2	20948.8	94799.1	100922.4	6631.0	50742.8	7172.9	1839637.4

13-3 续表 2

（2019年）

指　　标	法人企业数(个)	年初存货	期末	
			流动资产合计	应收账款
集体企业	1	355.5	365.8	97.6
股份合作企业				
联营企业				
国有联营企业				
集体联营企业				
国有与集体联营企业				
其他联营企业				
有限责任公司	137	1428237.6	15362879.6	4398512.8
国有独资公司	21	217171.4	1982257.9	524484.9
其他有限责任公司	116	1211066.2	13380621.7	3874027.9
股份有限公司	22	132609.1	1230963.6	257895.3
私营企业	178	335136.8	1460946.2	493608.7
私营独资企业	1	980.4	2009.6	498.7
私营合伙企业				
私营有限责任公司	176	331999.6	1441207.4	488459.9
私营股份有限公司	1	2156.8	17729.2	4650.1
其他企业	2	56.4	492.9	137.7
港、澳、台商投资企业	**3**	**9323.4**	**84311.1**	**6789.9**
合资经营企业(港或澳、台资)	2	4102.9	26499.3	3310.6
合作经营企业(港或澳、台资)				
港、澳、台商独资经营企业	1	5220.5	57811.8	3479.3
港、澳、台商投资股份有限公司				
其他港澳台投资企业				
外商投资企业	**5**	**12328.7**	**63525.4**	**19239.9**
中外合资经营企业	2	8235.1	15462.1	5164.2
中外合作经营企业				
外资企业	2	3375.5	42803.5	14075.7
外商投资股份有限公司				
其他外商投资企业	1	718.1	5259.8	
3.按控股情况分				
国有控股	86	1872253.0	14777330.6	3652638.0
集体控股	6	27384.5	113265.0	23919.6
私人控股	225	464144.6	2443160.7	665868.6
港澳台商控股	1	5220.5	57811.8	3479.3
外商控股	4	30750.0	153808.3	48144.0
其他	31	117316.2	2305173.2	842346.1
4.按经营形式分				
独立门店	148	1144055.4	4822073.4	1835503.8
连锁总店(总部)	4	45234.0	1168865.1	251442.8
连锁直营店	1	36794.0	59064.0	18528.0
连锁加盟店				
其他	202	1291041.8	13801040.0	3131058.7

单位：万元

资产负债

存货	固定资产原价	房屋和构筑物	机器设备	累计折旧	本年折旧	固定资产净额	在建工程	资产总计
268.2	389.3			0.1	0.1	389.3		953.5
1756306.7	395823.8	190076.6	43220.5	167818.2	23343.2	224741.7	64548.3	25715596.0
257013.0	109277.5	83409.4	7805.2	36991.1	6185.8	72283.5	16678.0	2832979.1
1499293.7	286546.3	106667.2	35415.3	130827.1	17157.4	152458.2	47870.3	22882616.9
246688.5	50380.1	33609.2	2775.7	16713.9	2270.7	33745.7	23981.3	1487372.2
346660.2	138869.1	62613.7	19213.9	50063.2	9587.5	80050.6	6847.8	1664719.9
1277.8	33.7	26.5	7.2	6.1	3.5	27.6		2061.8
341962.8	136673.2	62509.6	18929.3	50036.1	9574.9	77860.8	6752.9	1642367.2
3419.6	2162.2	77.6	277.4	21.0	9.1	2162.2	94.9	20290.9
34.7	370.6	149.1	221.5	158.2	26.0	212.3	23.5	759.8
7723.0	**6531.5**	**746.8**	**563.1**	**3666.6**	**2524.0**	**2864.9**	**545.7**	**177838.6**
4458.3	4561.6		550.3	2448.4	2430.8	2113.2	545.7	41044.4
3264.7	1969.9	746.8	12.8	1218.2	93.2	751.7		136794.2
9946.2	**9094.1**	**831.5**	**4668.0**	**4096.6**	**843.7**	**47.8**	**5260.0**	**81774.5**
5460.2	162.1			121.2	15.0	40.9		19579.9
3829.8	6594.3	831.5	4668.0	2694.9	555.5	6.9	5260.0	53589.9
656.2	2337.7			1280.5	273.2			8604.7
1829100.7	478658.9	195658.2	128916.9	247239.2	25082.7	230571.9	63090.9	25208705.8
22773.1	8606.1	6015.5	164.4	5687.5	440.4	2918.7	2242.1	125532.7
485430.2	193074.1	97118.8	26593.2	67630.1	12020.6	116686.8	31977.8	2799255.8
3264.7	1969.9	746.8	12.8	1218.2	93.2	751.7		136794.2
39802.2	6728.7	831.5	4730.0	2818.0	559.1	18.2	5260.0	171351.2
454684.8	62615.4	8455.8	4823.0	18688.0	7004.2	41635.5	5785.2	2526252.4
1184745.6	264355.5	84256.4	20492.8	93566.2	20345.1	166457.2	41885.3	5883582.4
33312.6	23220.1	7273.9	7893.8	14062.5	2790.3	9157.6	1408.8	2671719.0
9594.0	19676.8	13724.5	698.8	5238.3	821.9	10443.1		81166.1
1607438.2	444771.3	203720.9	136376.4	230572.2	21268.9	206737.2	65085.4	22332184.4

13-3 续表 3

（2019年）

指　　标	法人企业数(个)	年初存货	期末流动资产合计	应收账款
5.按单位规模分				
大型	22	815083.8	6002622.1	1858262.4
中型	176	1497570.5	10575880.6	2351947.9
小型	127	159641.2	906474.3	305814.0
微型	30	44829.7	2366065.5	720509.0
6.按经营地分				
城镇	331	2390833.9	19513676.2	5157928.2
其中：城区	307	2365783.0	19444541.6	5127340.7
乡村	24	126291.3	337366.3	78605.1
7.按港澳台商投资情况分				
港商投资	3	9323.4	84311.1	6789.9
澳商投资				
台商投资				
二、零售业	**361**	**986646.2**	**3509918.4**	**422946.7**
1.按零售行业小类分				
综合零售	**68**	**117326.7**	**772262.7**	**44911.8**
百货零售	28	28879.1	352854.6	34140.1
超级市场零售	32	86357.4	403738.7	6080.2
便利店零售	2	1731.2	7991.5	329.8
其他综合零售	6	359.0	7677.9	4361.7
食品、饮料及烟草制品专门零售	**36**	**31295.0**	**110096.3**	**10436.2**
粮油零售	5	2993.2	12182.3	-470.4
糕点、面包零售				
果品、蔬菜零售	8	7001.0	17576.3	6566.5
肉、禽、蛋、奶及水产品零售	3	591.0	2798.8	968.5
营养和保健品零售	1	2294.1	17567.2	509.4
酒、饮料及茶叶零售	8	11126.9	39595.2	1847.5
烟草制品零售	4	4437.4	14802.3	321.8
其他食品零售	7	2851.4	5574.2	692.9
纺织、服装及日用品专门零售	**24**	**77740.9**	**202584.2**	**37459.1**
纺织品及针织品零售				
服装零售	13	65962.3	151296.3	18180.9
鞋帽零售	3	8426.2	18164.5	7658.4
化妆品及卫生用品零售	5	3119.8	31363.9	11194.8
厨具卫具及日用杂品零售	1	72.8	509.8	417.5
钟表、眼镜零售	1	122.8	673.3	
箱包零售				
自行车等代步设备零售				
其他日用品零售	1	37.0	576.4	7.5

单位：万元

资产负债								
存货	固定资产原价	房屋和构筑物	机器设备	累计折旧	本年折旧	固定资产净额	在建工程	资产总计
713315.3	247876.3	66342.8	111690.8	129850.0	16181.7	110348.7	6068.5	11455739.9
1524059.3	455485.5	221078.9	48374.8	191344.9	24735.8	258696.0	74815.6	16012666.9
174317.2	44336.2	17957.5	5064.2	21319.7	4002.6	20393.5	27407.2	1119117.6
423398.6	4325.7	3596.5	332.0	924.6	306.1	3356.9	88.2	2381127.5
2695669.8	658114.0	307017.2	164758.9	317812.9	39010.2	326252.0	84959.0	30511308.7
2675943.6	631847.4	293712.6	163199.2	311163.3	37832.9	309059.1	78360.7	30404143.2
139420.6	93909.7	1958.5	702.9	25626.3	6216.0	66543.1	23420.5	457343.2
7723.0	6531.5	746.8	563.1	3666.6	2524.0	2864.9	545.7	177838.6
960314.2	**875232.8**	**315932.2**	**211520.1**	**351350.9**	**66984.5**	**504127.5**	**243456.0**	**5677536.8**
141645.1	**164578.9**	**33771.0**	**22115.2**	**81519.2**	**22864.2**	**66452.8**	**2734.4**	**976505.8**
32627.3	63731.3	17365.9	1627.8	29338.3	4040.6	34217.1	102.9	457233.0
105761.4	80826.4	2693.7	15333.4	49674.4	18098.1	15389.0	479.1	473308.2
2282.2	1885.0	825.9	317.1	903.4	85.7	313.7		9855.3
974.2	18136.2	12885.5	4836.9	1603.1	639.8	16533.0	2152.4	36109.3
36377.7	**127284.8**	**82890.3**	**10364.5**	**40979.0**	**3452.8**	**80010.6**	**1233.8**	**242868.0**
9694.3	10769.1	6915.9	1704.7	1396.2	-119.2	4041.2	110.3	39824.1
5627.1	23864.2	437.8	90.8	5009.4	748.1	18769.7	982.3	41608.4
48.4	2090.1	18.5	979.3	473.3	65.6	704.8	129.3	4854.3
1325.5	1392.7	847.1	545.6	602.0	100.8	790.7		22159.8
12441.9	9382.0	6797.6	1240.2	2248.5	499.5	6978.9		57561.8
4535.1	74533.6	63045.2	5764.0	30781.9	1938.6	43752.4		64766.1
2705.4	5253.1	4828.2	39.9	467.7	219.4	4972.9	11.9	12093.5
77240.8	**10134.8**	**93.9**	**7875.4**	**6519.5**	**1484.0**	**25239.3**	**81.2**	**214111.5**
65142.7	9348.1	93.9	7703.5	5935.8	1328.9	25057.1	81.2	161212.2
8502.0	196.1		94.8	119.0	38.5	59.4		18357.5
3213.9	449.7		21.8	342.7	65.5	106.8		32654.0
61.2	85.6			71.5	0.6	11.2		627.3
311.9								673.3
9.1	55.3		55.3	50.5	50.5	4.8		587.2

13-3 续表 4

（2019年）

指标	法人企业数(个)	年初存货	期末 流动资产合计	期末 应收账款
文化、体育用品及器材专门零售	**20**	**62520.2**	**136108.6**	**23320.9**
文具用品零售	3	2941.9	7112.2	1820.0
体育用品及器材零售	1		712.0	12.5
图书、报刊零售	7	27330.1	75314.0	18913.1
音像制品、电子和数字出版物零售				
珠宝首饰零售	6	32180.4	49148.8	373.2
工艺美术品及收藏品零售	1		89.3	14.9
乐器零售				
照相器材零售				
其他文化用品零售	2	67.8	3732.3	2187.2
医药及医疗器材专门零售	**20**	**145680.2**	**573594.8**	**94417.7**
西药零售	17	144149.5	499128.9	86219.1
中药零售	2	1287.2	73327.9	7354.7
动物用药品零售				
医疗用品及器材零售	1	243.5	1138.0	843.9
保健辅助治疗器材零售				
汽车、摩托车、零配件和燃料及其他动力销售	**147**	**486291.3**	**1379635.4**	**142827.8**
汽车新车零售	99	354179.3	1015795.2	68343.0
汽车旧车零售	11	49279.4	146992.5	10067.7
汽车零配件零售	4	12180.3	27971.2	6090.6
摩托车及零配件零售	3	1137.5	2127.4	217.1
机动车燃油零售	29	69506.1	186710.2	58105.0
机动车燃气零售	1	8.7	38.9	4.4
机动车充电销售				
家用电器及电子产品专门零售	**25**	**54457.7**	**294664.9**	**60857.8**
家用视听设备零售	6	7563.4	88560.3	10675.6
日用家电零售	6	1390.9	3830.0	307.7
计算机、软件及辅助设备零售	8	35714.1	128339.1	20136.7
通信设备零售	5	9789.3	73935.5	29737.8
其他电子产品零售				
五金、家具及室内装饰材料专门零售	**11**	**10227.4**	**35357.0**	**6942.0**
五金零售	1	19.5	767.8	
灯具零售	1	245.3	400.1	16.0
家具零售	2	780.3	2387.1	130.2
涂料零售				
卫生洁具零售	1	3940.0	9265.4	2032.5
木质装饰材料零售				
陶瓷、石材装饰材料零售	5	4104.5	13965.1	4451.9
其他室内装饰材料零售	1	1137.8	8571.5	311.4

单位：万元

资产负债

存货	固定资产原价	房屋和构筑物	机器设备	累计折旧	本年折旧	固定资产净额	在建工程	资产总计
43426.0	**59275.8**	**47842.9**	**4406.5**	**19296.2**	**3783.9**	**39725.4**	**1559.8**	**192919.9**
4112.0	594.7		16.8	582.1	578.6	3.5		7554.2
699.5	89.6			14.0	1.0			712.0
29537.6	39843.5	29734.7	4107.4	15748.8	2146.7	23929.8	421.2	111926.4
8964.5	18576.3	18106.5	282.2	2784.2	892.2	15792.1	1138.6	68525.6
34.2	3.1			0.1	0.1			110.5
78.2	168.6	1.7	0.1	167.0	165.3			4091.2
160962.1	**79438.7**	**42044.1**	**2164.0**	**34447.3**	**3599.5**	**44911.4**	**4022.4**	**851471.4**
159373.2	72427.3	41889.0	1882.9	29609.6	3256.7	42737.6	4013.1	764154.1
1587.8	6730.3	155.1		4623.5	306.5	2106.8	9.3	86112.3
1.1	281.1		281.1	214.2	36.3	67.0		1205.0
408516.5	**416350.0**	**104945.6**	**163494.1**	**161134.2**	**28997.4**	**244521.0**	**233813.6**	**2844225.1**
302276.0	166384.8	76757.6	24635.0	63071.5	17216.0	94076.1	2054.0	1278654.4
41341.5	10963.5	4604.7	1227.2	4898.8	1064.6	4453.6		326184.5
12613.9	3244.2	1730.7	224.2	1824.2	189.0	1420.0		30672.6
1000.0	308.8		21.0	150.9	115.4	159.4		2652.1
51278.2	229246.1	16594.8	137355.9	89590.1	10179.1	139807.9	231757.4	1194691.6
6.9	6202.6	5257.8	30.8	1598.7	233.3	4604.0	2.2	11369.9
79683.4	**14678.3**	**2580.9**	**733.8**	**6129.0**	**2643.2**	**2156.7**		**311882.7**
8016.6	8396.2			3928.8	2189.0	340.8		100980.8
963.3	2600.0	1200.4	2.8	279.8	27.5	265.9		4907.1
49935.6	3035.0	1380.5	691.6	1503.1	353.4	1411.9		131460.5
20767.9	647.1		39.4	417.3	73.3	138.1		74534.3
11469.4	**2651.9**	**1202.7**	**298.9**	**1151.9**	**53.7**	**330.4**	**10.0**	**37031.8**
29.0	4.9		4.9	4.9	1.0			767.8
214.3	235.5			226.8	0.6	9.3		408.7
1866.3	73.8	52.7		31.3	4.4	42.5		2434.0
4537.3	172.5			121.6	25.0	50.9		9316.4
4149.4	1495.8	1150.0	294.0	194.2	11.2	131.4		15533.4
673.1	669.4			573.1	11.5	96.3	10.0	8571.5

13-3 续表 5

（2019年）

指　　标	法人企业数(个)	年初存货	期末	
			流动资产合计	应收账款
货摊、无店铺及其他零售业	**10**	**1106.8**	**5614.5**	**1773.4**
流动货摊零售				
互联网零售	8	930.7	2450.0	735.5
邮购及电视、电话零售				
自动售货机零售				
旧货零售				
生活用燃料零售				
宠物食品用品零售				
其他未列明零售业	2	176.1	3164.5	1037.9
2.按登记注册类型分				
内资企业	**340**	**771243.6**	**2597167.1**	**378287.9**
国有企业	2	1934.2	4143.8	841.2
集体企业	3	814.0	3997.4	172.4
股份合作企业				
联营企业	1	109.7	231.0	
国有联营企业				
集体联营企业	1	109.7	231.0	
国有与集体联营企业				
其他联营企业				
有限责任公司	131	308147.0	1151645.7	175279.0
国有独资公司	3	12740.0	50154.2	8186.8
其他有限责任公司	128	295407.0	1101491.5	167092.2
股份有限公司	10	52206.5	91898.2	11873.4
私营企业	192	407932.7	1345162.6	190110.2
私营独资企业	17	2364.3	6538.9	2410.3
私营合伙企业	1	30.5	404.1	225.7
私营有限责任公司	170	273820.2	865178.7	103765.7
私营股份有限公司	4	131717.7	473040.9	83708.5
其他企业	1	99.5	88.4	11.7
港、澳、台商投资企业	**14**	**135429.0**	**530720.4**	**42432.4**
合资经营企业(港或澳、台资)	3	22398.1	76995.5	7365.7
合作经营企业(港或澳、台资)				
港、澳、台商独资经营企业	11	113030.9	453724.9	35066.7
港、澳、台商投资股份有限公司				
其他港澳台投资企业				
外商投资企业	**7**	**79973.6**	**382030.9**	**2226.4**
中外合资经营企业	3	26148.2	107744.6	1492.3
中外合作经营企业				
外资企业	4	53825.4	274286.3	734.1
外商投资股份有限公司				
其他外商投资企业				

单位：万元

资产负债

存货	固定资产原价	房屋和构筑物	机器设备	累计折旧	本年折旧	固定资产净额	在建工程	资产总计
993.2	**839.6**	**560.8**	**67.7**	**174.6**	**105.8**	**779.9**	**0.8**	**6520.6**
836.1	190.0	4.0	59.0	62.3	28.1	242.6	0.8	2801.3
157.1	649.6	556.8	8.7	112.3	77.7	537.3		3719.3
741604.0	**732736.2**	**292934.2**	**186835.9**	**273915.0**	**41395.6**	**433445.4**	**241767.1**	**4429654.3**
1872.7	4162.1	3828.7	239.8	428.0	5.5	3734.1		9176.0
947.0	830.9	433.8	118.6	471.4	27.0	359.5		4357.2
91.4	12.3		2.9	11.5	0.2	0.9		231.9
91.4	12.3		2.9	11.5	0.2	0.9		231.9
274400.2	367370.3	183705.9	36152.8	138148.3	21453.4	216563.1	68105.2	2005294.9
20983.4	55665.1		403.2	20084.9	3151.3	35580.2	56743.7	535762.1
253416.8	311705.2	183705.9	35749.6	118063.4	18302.1	180982.9	11361.5	1469532.8
24974.7	153920.7	7732.3	129254.5	62487.5	5944.7	90714.8	167791.3	570372.2
439297.9	206389.9	97233.5	21017.3	72361.8	13964.3	122029.5	5870.6	1840104.5
1712.9	2991.9	1985.8	673.3	887.3	308.4	2067.9		9461.2
11.5	992.1	301.1	691.0	585.4	120.1	406.7		810.8
293392.3	131324.5	53818.3	17523.2	42240.0	10310.6	77212.9	1857.5	1093386.1
144181.2	71081.4	41128.3	2129.8	28649.1	3225.2	42342.0	4013.1	736446.4
20.1	50.0		50.0	6.5	0.5	43.5		117.6
129330.4	**72573.1**	**20648.2**	**12001.6**	**32707.3**	**8254.4**	**60902.7**	**1577.6**	**808763.8**
24392.7	12086.0			6689.0	3446.6	5397.1		90595.5
104937.7	60487.1	20648.2	12001.6	26018.3	4807.8	55505.6	1577.6	718168.3
89379.8	**69923.5**	**2349.8**	**12682.6**	**44728.6**	**17334.5**	**9779.4**	**111.3**	**439118.7**
25367.6	18220.3		848.1	13127.0	1447.1	2177.6		120856.3
64012.2	51703.2	2349.8	11834.5	31601.6	15887.4	7601.8	111.3	318262.4

13-3 续表 6

（2019年）

指标	法人企业数(个)	年初存货	期末	
			流动资产合计	应收账款
3.按控股情况分				
国有控股	27	103785.2	264309.5	74597.9
集体控股	8	14967.8	82631.0	33134.0
私人控股	278	514958.2	1782375.5	216668.7
港澳台商控股	14	135429.0	530720.4	42432.4
外商控股	6	71641.5	355913.0	813.1
其他	27	145765.0	493880.6	55288.9
4.按经营形式分				
独立门店	290	741856.4	2480947.1	272888.0
连锁总店(总部)	23	141270.9	704547.2	74545.1
连锁直营店	3	1889.7	7613.4	210.5
连锁加盟店	1	507.6	3052.2	424.9
其他	44	101121.6	313758.5	74878.2
5.按单位规模分				
大型	21	350580.5	1405073.4	177994.3
中型	147	544492.8	1710015.1	152063.6
小型	163	87670.5	374756.1	87373.1
微型	30	3902.4	20073.8	5515.7
6.按零售业态分				
有店铺零售	338	969613.0	3451877.5	418356.2
食杂店	3	645.2	2698.0	969.2
便利店	13	6065.8	32907.0	6071.1
折扣店	2	1141.5	3289.9	206.8
超市	45	16699.8	45725.5	41.0
大型超市	11	74145.2	374698.6	5329.7
仓储会员店				
百货店	17	30416.6	359580.4	34022.1
专业店	104	418322.5	1335622.9	207929.3
专卖店	127	403617.2	1225818.1	138113.3
家居建材商店	7	2677.2	20145.1	2544.9
购物中心	4	15018.3	31049.0	10827.7
厂家直销中心	5	863.7	20343.0	12301.1
无店铺零售	23	17033.2	58040.9	4590.5
电视购物	1	2712.7	4721.8	471.2
邮购				
网上商店	8	930.7	2450.0	735.5
自动售货亭				
电话购物				
其他	14	13389.8	50869.1	3383.8

单位：万元

资产负债

存货	固定资产原价	房屋和构筑物	机器设备	累计折旧	本年折旧	固定资产净额	在建工程	资产总计
77327.6	341821.9	108961.2	145176.4	133334.9	13861.4	208505.2	233262.7	1371103.5
20130.6	13132.8	7735.0	2168.7	5796.5	749.4	7244.7	28.3	92701.5
536241.9	308045.8	167637.8	29398.5	104476.6	19272.5	187945.4	7982.6	2437312.4
129330.4	72573.1	20648.2	12001.6	32707.3	8254.4	60902.7	1577.6	808763.8
83897.8	68464.7	2349.8	12682.6	43698.8	17214.7	9350.5	111.3	409527.5
113365.8	71144.5	8600.2	10042.3	31330.3	7631.6	30135.5	493.5	558010.5
729948.4	507177.2	245645.6	47908.3	200125.0	34189.3	276365.5	16193.7	3480000.8
140547.1	286196.3	34837.5	145543.5	127560.9	27535.8	151547.3	224259.0	1772608.0
1730.9	590.0	52.7	537.3	420.3	26.3	169.7	0.4	8176.1
372.0	126.6			66.2	26.5	60.4		3112.6
87715.8	81142.7	35396.4	17531.0	23178.5	5206.6	75984.6	3002.9	413639.3
381404.4	409145.0	69445.7	153278.4	179016.2	35288.3	232456.7	228321.7	2780681.8
468070.2	380507.4	188865.9	48669.9	150062.1	26162.4	213982.8	5681.3	2379218.7
106895.5	79974.2	54819.6	9180.5	21192.5	4999.6	54821.9	9371.0	492633.4
3944.1	5606.2	2801.0	391.3	1080.1	534.2	2866.1	82.0	25002.9
949349.6	841957.2	287903.7	209016.9	344449.1	65265.6	477632.8	242417.8	5583301.3
125.2	1093.6	18.5	979.3	381.3	46.3	704.8	129.3	3631.8
7535.1	18912.4	13611.7	2981.0	3455.3	924.5	14786.1	2065.9	62057.7
1024.4	350.9		70.6	177.7	96.4	155.4	62.1	7647.0
19177.1	12241.7	1387.7	2582.3	4433.2	656.3	5121.8	110.3	61852.6
92450.9	81282.4	2693.7	16799.8	49835.0	17929.8	16154.8	1225.6	437390.8
36481.9	59432.1	17106.3	919.7	26153.4	3676.9	33238.7	489.4	463158.4
389373.9	421755.3	111436.0	152268.8	161781.2	22071.8	252660.0	235968.9	2769233.9
382289.2	237782.0	136855.8	30298.7	95060.8	19461.0	153391.0	2356.3	1683791.9
3668.4	2859.9	1706.8	287.9	915.2	103.0	771.6	10.0	22392.2
17078.1	4959.1	2598.4	1256.3	1494.0	157.9	122.9		50768.5
145.4	1287.8	488.8	572.5	762.0	141.7	525.7		21376.5
10964.6	33275.6	28028.5	2503.2	6901.8	1718.9	26494.7	1038.2	94235.5
1774.1	1523.3			1272.9	79.5	250.4		6612.5
836.1	190.0	4.0	59.0	62.3	28.1	242.6	0.8	2801.3
8354.4	31562.3	28024.5	2444.2	5566.6	1611.3	26001.7	1037.4	84821.7

13-3 续表 7

（2019年）

指　　　标	法人企业数(个)	年初存货	期末	
			流动资产合计	应收账款
7.按经营地分				
城镇	28	44533.1	134687.4	16698.5
其中：城区	25	44410.6	134287.1	16583.2
乡村	2	315.1	1833.9	994.0
8.按港澳台商投资情况分				
港商投资	2	26075.2	41596.5	2130.6
澳商投资				
台商投资				
三、批发业按地区分组	**355**	**2517125.2**	**19851042.5**	**5236533.3**
五华区	66	344820.8	3292874.6	1276638.4
盘龙区	40	453834.2	3769886.8	422753.8
官渡区	87	420719.1	4484533.6	952997.5
西山区	48	692546.4	4918206.3	1017367.0
东川区	4	4036.2	11173.0	1371.2
呈贡区	39	458516.0	2089852.3	952640.0
晋宁区	16	38860.0	191056.8	31102.1
富民县	5	1992.0	12476.3	6631.0
宜良县	10	11114.6	34458.8	21148.7
石林彝族自治县	1	125.1	1342.8	387.6
嵩明县	5	5238.7	19822.9	3817.1
禄劝彝族苗族自治县	2	2593.5	4895.1	1087.9
寻甸回族彝族自治县	6	3513.4	10334.1	4258.6
安宁市	26	79215.2	1010129.1	544332.4
四、零售业按地区分组	**361**	**986646.2**	**3509918.4**	**422946.7**
按全国地区分组				
五华区	56	252418.2	1280185.9	134786.8
盘龙区	58	230366.7	686781.3	40673.6
官渡区	65	176243.2	420492.2	93541.0
西山区	59	165779.4	532324.1	43891.8
东川区	5	515.4	3268.1	200.5
呈贡区	13	132516.2	485092.8	90378.3
晋宁区	12	2164.2	7779.2	1336.1
富民县	9	628.5	4172.6	788.7
宜良县	13	2764.6	4045.3	330.1
石林彝族自治县	17	2002.7	7431.2	2187.2
嵩明县	12	13355.9	21909.3	6327.8
禄劝彝族苗族自治县	21	3586.3	9999.5	1330.9
寻甸回族彝族自治县	8	1649.1	5586.6	1097.4
安宁市	13	2655.8	40850.3	6076.5

单位：万元

资产负债								
存货	固定资产原价	房屋和构筑物	机器设备	累计折旧	本年折旧	固定资产净额	在建工程	资产总计
32888.6	39666.0	30770.9	5015.5	9670.9	2082.8	30120.5	1038.2	186021.4
32756.6	39647.3	30766.9	5000.8	9667.7	2080.6	30109.6	1037.4	185607.4
336.3	4287.5	4202.6		223.8	157.9	4059.1		7822.2
21036.2	19752.8	18106.5	1593.5	3862.2	996.2	15890.6	1037.4	61297.6
2835090.4	**752023.7**	**308975.7**	**165461.8**	**343439.2**	**45226.2**	**392795.1**	**108379.5**	**30968651.9**
717195.8	70203.4	24377.7	26968.3	35639.4	4916.3	34519.4	2438.9	3926016.3
368540.0	207469.5	61004.3	97931.1	135541.8	11850.7	71863.2	3715.8	9153215.3
489471.3	146130.5	99591.3	16789.5	45100.7	6221.5	97070.8	26075.7	5147450.6
616389.2	197965.8	71337.9	13939.9	78680.9	11605.7	112835.3	7547.5	8851840.0
3311.7	3789.5	2515.2	784.9	1681.9	247.2	2107.6		14435.7
483861.2	61702.5	23768.7	1687.0	19715.7	5130.8	41951.0	5432.2	2271701.1
34418.6	10276.3	3589.4	2244.0	6033.0	747.8	2142.6	34842.2	237564.8
1862.5	4539.9		2.3	2678.9	314.9	1861.0	156.4	16505.4
8179.2	11786.6	8043.2	1603.7	3074.4	272.4	6907.1	2969.6	51145.2
177.1	247.0	247.0		51.3	51.3	195.7		2923.4
3879.2	4555.5			1268.4	315.6	3375.3	24963.4	62060.8
1612.8	1705.1	1167.1	70.0	402.4	3.0	1302.8		6247.9
3678.1	4154.9	2844.7	98.7	378.9	271.6	3156.8	85.1	14474.7
102513.7	27497.2	10489.2	3342.4	13191.5	3277.4	13506.5	152.7	1213070.7
960314.2	**875232.8**	**315932.2**	**211520.1**	**351350.9**	**66984.5**	**504127.5**	**243456.0**	**5677536.8**
296601.2	180852.9	61841.8	22560.9	90417.5	26651.3	63959.9	2292.3	1538576.5
202519.2	90218.2	22123.4	11251.3	39925.5	9543.2	71327.1	148.9	973359.5
132565.1	244982.4	70041.4	141714.2	89663.0	14214.9	148966.1	175803.7	1037320.9
148151.2	204388.3	83064.2	23103.3	84332.4	10101.6	116192.0	58107.9	1182500.9
1111.7	845.5	488.8	354.2	494.0	75.4	323.2		4026.8
145494.3	90476.5	58878.4	3260.1	30264.0	3961.6	60191.6	6078.6	779952.6
1799.0	2840.4	771.9	1646.3	800.5	238.6	1778.2	129.3	10803.2
1799.8	2550.8	406.6	395.1	690.0	129.2	945.8		6806.2
1777.8	1903.5	938.9	251.8	723.2	241.2	1474.1	0.8	7451.7
1724.9	2490.8	331.6	434.6	936.9	127.1	1483.9		10232.9
10776.3	28348.3	5132.6	728.5	5468.1	653.8	22796.2		47976.8
2922.3	6698.4	3079.8	370.2	1595.7	373.5	2613.4		14706.7
2748.4	2706.9	371.4	29.1	590.1	92.4	1600.8		7934.4
10323	15929.9	8461.4	5420.5	5450	580.7	10475.2	894.5	55887.7

13-3 续表 8

（2019年）

指标	期末资产			
	流动负债合计	应付账款	负债合计	所有者权益合计
总计	**20884499.1**	**4633352.6**	**23054669.2**	**13591519.5**
一、批发业	**17340074.3**	**3872998.3**	**19179526.8**	**11789125.1**
1.按批发行业小类分				
农、林、牧、渔产品批发	**385349.3**	**52033.6**	**389609.4**	**56878.0**
谷物、豆及薯类批发	354817.2	50358.7	357720.7	40832.5
种子批发	5123.2	907.2	5176.1	3907.1
畜牧渔业饲料批发	23032.7	190.3	24242.7	561.9
棉、麻批发				
林业产品批发	219.5	219.5	289.5	1772.3
牲畜批发			7.5	84.2
渔业产品批发				
其他农牧产品批发	2156.7	357.9	2172.9	9720.0
食品、饮料及烟草制品批发	**1183385.0**	**217153.8**	**1271928.0**	**1880698.1**
米、面制品及食用油批发	391305.7	8276.7	461790.8	125611.6
糕点、糖果及糖批发	354307.8	63850.0	365214.5	245515.1
果品、蔬菜批发	20639.4	10454.8	21882.7	27814.0
肉、禽、蛋、奶及水产品批发	1482.0	1306.1	1482.1	-537.9
盐及调味品批发	5318.3		5318.3	663.2
营养和保健品批发	5228.1	-864.9	5228.1	5002.0
酒、饮料及茶叶批发	42751.6	10899.8	42858.3	23716.5
烟草制品批发	314146.2	92610.5	314146.3	1428162.3
其他食品批发	48205.9	30620.8	54006.9	24751.3
纺织、服装及家庭用品批发	**823818.5**	**59295.9**	**842265.3**	**9010.6**
纺织品、针织品及原料批发	75.1	71.1	75.1	772.8
服装批发	2218.9	2218.9	2286.7	500.0
鞋帽批发				
化妆品及卫生用品批发	28770.1	15555.1	28821.2	-4994.0
厨具卫具及日用杂品批发				
灯具、装饰物品批发				
家用视听设备批发	3350.8	109.2	21178.6	1346.9
日用家电批发	784915.3	41100.2	784915.4	9856.1
其他家庭用品批发	4488.3	241.4	4988.3	1528.8
文化、体育用品及器材批发	**220573.3**	**126746.6**	**233131.9**	**239741.2**
文具用品批发	29442.9	13116.8	29480.4	11632.4
体育用品及器材批发				
图书批发	119129.6	105690.4	119505.6	232035.7
报刊批发				
音像制品、电子和数字出版物批发				
首饰、工艺品及收藏品批发	1212.2	4.5	5518.3	420.0
乐器批发				
其他文化用品批发	70788.6	7934.9	78627.6	-4346.9

单位：万元

负债		损益及分配					
实收资本	个人资本	营业收入	主营业务收入	营业成本	税金及附加	其他业务利润	销售费用
9228863.8	**300216.5**	**65185256.5**	**64825507.3**	**61658126.4**	**315415.5**	**189864.8**	**1566249.3**
8567476.8	**179262.4**	**54972425.2**	**54816403.3**	**52799994.2**	**281815.7**	**85833.5**	**744932.2**
56650.2	**429.0**	**529394.0**	**524037.1**	**522306.3**	**240.1**		**2608.1**
33821.2		391764.1	390220.3	390294.4	149.8		568.8
3000.0		39825.3	39661.2	39262.4	44.1		477.7
11000.0		62111.1	58462.1	60927.0	19.3		522.8
30.0		2808.7	2808.7	1577.0	0.6		247.2
		8034.7	8034.7	7943.8	1.5		5.0
8799.0	429.0	24850.1	24850.1	22301.7	24.8		786.6
318206.9	**16375.6**	**4125865.1**	**4073878.6**	**3411451.7**	**161404.8**	**30897.0**	**130054.9**
86213.1	6975.0	461434.0	450994.4	458227.8	1266.0	24017.7	10402.5
150599.0	5890.0	1280288.3	1267456.4	1244790.4	778.3	1953.2	7207.5
2704.7	135.8	119437.3	119437.3	105534.1	378.1		1241.5
50.0		6921.1	6921.1	5572.6	16.5		897.9
50.0		11564.2	11145.3	10254.5	10.4	419.0	659.1
4500.0		34835.8	34835.8	32662.4	51.8		1624.0
9310.0	500.0	87266.6	83299.2	64304.3	467.5	1925.0	6381.1
56869.3		1984131.3	1960937.0	1364702.1	158040.9	2582.1	90397.3
7910.8	2874.8	139986.5	138852.1	125403.5	395.3		11244.0
1013141.6	**2088.0**	**729893.5**	**722754.5**	**713939.5**	**276.0**	**257.0**	**9253.5**
800.0		1909.6	1909.6	1809.0	2.5		45.4
500.0		5539.0	5539.0	5225.3	5.3		165.6
2588.0	1588.0	37307.3	36426.8	33326.6	73.1	61.9	4080.4
2000.0		31968.0	31968.0	29315.0	49.4		2171.7
1005613.6	500.0	641287.5	635270.5	634541.2	121.4	195.1	1420.2
1640.0		11882.1	11640.6	9722.4	24.3		1370.2
30443.2	**2066.0**	**496654.5**	**493187.0**	**447039.4**	**967.1**	**659.6**	**29610.2**
1849.3	1300.0	124276.4	124211.0	120643.3	126.9		1634.0
26100.0	100.0	288172.4	285274.9	245265.2	708.7	155.0	26451.3
666.0	666.0	39385.2	39385.2	38782.6	82.7		228.5
1827.9		44820.5	44315.9	42348.3	48.8	504.6	1296.4

13-3 续表 9

（2019年）

指　　标	期末资产			
	流动负债合计	应付账款	负债合计	所有者权益合计
医药及医疗器材批发	**2144520.0**	**877575.4**	**2174992.6**	**833858.6**
西药批发	1874399.9	764706.9	1885129.9	693102.7
中药批发	179349.3	63552.3	197145.7	86371.8
动物用药品批发				
医疗用品及器材批发	90770.8	49316.2	92717.0	54384.1
矿产品、建材及化工产品批发	**10789507.1**	**1415377.9**	**12436531.9**	**8272089.9**
煤炭及制品批发	80640.9	30978.7	80889.4	20146.2
石油及制品批发	324393.8	33248.2	363909.5	110214.3
非金属矿及制品批发	71117.6	5042.8	94673.2	41097.7
金属及金属矿批发	4925416.4	648784.6	5704797.1	5389521.8
建材批发	629082.1	136754.1	642749.5	88766.9
化肥批发	4260410.6	441811.8	5037791.4	2334281.7
农药批发	18092.5	12164.6	18109.7	5551.0
农用薄膜批发				
其他化工产品批发	480353.2	106593.1	493612.1	282510.3
机械设备、五金产品及电子产品批发	**1627860.0**	**1054765.6**	**1662889.4**	**260914.8**
农业机械批发				
汽车及零配件批发	65022.5	48690.3	65318.6	-1844.4
摩托车及零配件批发	35027.6	11261.4	35027.6	11782.9
五金产品批发	4786.7	102.3	4786.7	1030.5
电气设备批发	3819.1	1181.7	3819.1	435.5
计算机、软件及辅助设备批发	30552.2	9056.3	30552.2	10709.1
通讯设备批发	949906.9	864502.7	952606.9	61368.6
广播影视设备批发				
其他机械设备及电子产品批发	538745.0	119970.9	570778.3	177432.6
贸易经纪与代理	**27692.3**	**7957.6**	**27692.3**	**5070.7**
贸易代理	27692.3	7957.6	27692.3	5070.7
一般物品拍卖				
艺术品、收藏品拍卖				
艺术品代理				
其他贸易经纪与代理				
其他批发业	**137368.8**	**62091.9**	**140486.0**	**230863.2**
再生物资回收与批发				
宠物食品用品批发				
互联网批发				
其他未列明批发业	137368.8	62091.9	140486.0	230863.2
2.按登记注册类型分				
内资企业	**17220023.1**	**3811982.3**	**19053232.3**	**11655806.5**
国有企业	751718.8	102639.1	774284.7	1065352.7

单位：万元

负债		损益及分配					
实收资本	个人资本	营业收入	主营业务收入	营业成本	税金及附加	其他业务利润	销售费用
325672.2	**82140.9**	**4339967.3**	**4316065.0**	**3815887.8**	**7700.6**	**30799.7**	**274785.2**
257868.0	63524.9	3635855.9	3616855.8	3223685.0	5828.5	14760.3	214703.0
38085.0	6116.0	520645.6	515812.8	448361.0	1266.7	16039.4	45355.9
29719.2	12500.0	183465.8	183396.4	143841.8	605.4		14726.3
6647291.8	**58682.9**	**40840581.3**	**40790456.4**	**40186579.1**	**106879.2**	**17448.2**	**233463.0**
18000.0		993355.0	990189.6	987858.4	405.7	819.8	2166.0
65243.7	4976.5	6627979.7	6613642.7	6561828.2	1467.2	1517.8	26709.7
19504.2	2169.2	131433.2	130055.2	111338.4	1767.4	523.0	2660.4
5485361.3	33765.1	20698344.3	20671812.6	20445596.0	10108.0	11449.7	48812.5
48347.1	7673.5	2985453.6	2985453.6	2909905.9	3674.8	918.6	21725.3
874231.3	1220.0	7924842.3	7922103.3	7727362.3	4221.0	889.1	115109.7
2386.4	1174.6	107157.7	107157.7	98846.9	32.2	272.7	5772.3
134217.8	7704.0	1372015.5	1370041.7	1343843.0	85202.9	1057.5	10507.1
67509.4	**13630.0**	**2461473.9**	**2450778.9**	**2296318.8**	**2811.1**	**3732.5**	**60425.9**
2450.0	1100.0	63662.4	63662.4	59921.3	34.5		5042.8
2100.0	1300.0	88053.9	83933.9	83044.7	179.1		2848.1
500.0		9871.0	9871.0	9311.7	11.0		238.2
300.0		4793.1	4793.1	3622.3	14.9		903.5
9690.0		44648.9	44570.4	41932.9	39.3	78.5	1297.6
15000.0	5000.0	1579686.7	1579449.1	1496417.7	1668.3		11605.8
37469.4	6230.0	670757.9	664499.0	602068.2	864.0	3654.0	38489.9
1400.0	**1400.0**	**20094.1**	**20077.8**	**18399.6**	**33.8**		**1311.4**
1400.0	1400.0	20094.1	20077.8	18399.6	33.8		1311.4
107161.5	**2450.0**	**1428501.5**	**1425168.0**	**1388072.0**	**1503.0**	**2039.5**	**3420.0**
107161.5	2450.0	1428501.5	1425168.0	1388072.0	1503.0	2039.5	3420.0
8509858.8	**179262.4**	**54456265.1**	**54308912.4**	**52326492.0**	**281176.0**	**85504.5**	**720542.1**
90094.6		2076991.8	2050114.0	1558425.7	157924.3	17284.9	74047.3

13-3 续表 10

（2019年）

指　　标	期末资产			
	流动负债合计	应付账款	负债合计	所有者权益合计
集体企业	551.9		551.9	401.6
股份合作企业				
联营企业				
国有联营企业				
集体联营企业				
国有与集体联营企业				
其他联营企业				
有限责任公司	14141741.5	3086681.8	15853427.2	9862168.8
国有独资公司	1475509.9	286230.4	1564282.5	1268696.6
其他有限责任公司	12666231.6	2800451.4	14289144.7	8593472.2
股份有限公司	1145676.0	215572.7	1197992.8	289379.4
私营企业	1180065.5	406819.3	1226482.3	438237.6
私营独资企业	219.5	219.5	289.5	1772.3
私营合伙企业				
私营有限责任公司	1169540.5	403086.8	1215887.3	426479.9
私营股份有限公司	10305.5	3513.0	10305.5	9985.4
其他企业	269.4	269.4	493.4	266.4
港、澳、台商投资企业	**88313.4**	**43544.2**	**93113.4**	**84725.2**
合资经营企业(港或澳、台资)	13880.1	5988.0	18680.1	22364.3
合作经营企业(港或澳、台资)				
港、澳、台商独资经营企业	74433.3	37556.2	74433.3	62360.9
港、澳、台商投资股份有限公司				
其他港澳台投资企业				
外商投资企业	**31737.8**	**17471.8**	**33181.1**	**48593.4**
中外合资经营企业	9112.5	8508.1	9112.5	10467.4
中外合作经营企业				
外资企业	22625.3	8963.7	22625.3	30964.6
外商投资股份有限公司				
其他外商投资企业			1443.3	7161.4
3.按控股情况分				
国有控股	12815313.0	2111884.1	14543975.4	10664730.4
集体控股	98662.4	44852.9	98861.9	26670.8
私人控股	1927029.4	623292.9	2012414.6	786841.2
港澳台商控股	74433.3	37556.2	74433.3	62360.9
外商控股	150280.2	65259.3	150280.2	21071.0
其他	2274086.6	989883.5	2299068.0	227184.4
4.按经营形式分				
独立门店	4070490.8	1128053.2	4194887.2	1688695.2
连锁总店(总部)	1967456.6	247835.5	2117809.3	553909.7
连锁直营店	50318.3	15888.6	54168.4	26997.7
连锁加盟店				
其他	11251808.6	2481221.0	12812661.9	9519522.5

单位：万元

负债		损益及分配					
实收资本	个人资本	营业收入	主营业务收入	营业成本	税金及附加	其他业务利润	销售费用
373.0		2493.0	2492.0	2464.8	1.0		19.4
8026027.0	33385.7	39562597.8	39481625.2	38434540.5	29523.1	36342.5	398751.1
389048.3		5955033.7	5925346.3	5742131.1	4945.4	11506.2	56633.0
7636978.7	33385.7	33607564.1	33556278.9	32692409.4	24577.7	24836.3	342118.1
127196.8	7549.0	8678503.2	8656004.7	8572762.8	2893.6	25252.3	37309.1
266051.4	138211.7	4048125.4	4031122.6	3681045.2	90593.5	6624.8	210380.6
30.0		2808.7	2808.7	1577.0	0.6		247.2
260349.6	138211.7	3974641.8	3957639.0	3612179.4	90534.1	6624.8	209765.2
5671.8		70674.9	70674.9	67288.8	58.8		368.2
116.0	116.0	87553.9	87553.9	77253.0	240.5		34.6
47994.0		**394982.0**	**386682.7**	**370717.4**	**374.7**	**329.0**	**12281.8**
6884.0		93982.8	85725.0	81618.8	116.4	301.2	8181.0
41110.0		300999.2	300957.7	289098.6	258.3	27.8	4100.8
9624.0		**121178.1**	**120808.2**	**102784.8**	**265.0**		**12108.3**
7927.9		54029.2	54029.2	47913.1	121.0		4679.9
1696.1		59025.1	59025.1	48458.8	125.3		5833.5
		8123.8	7753.9	6412.9	18.7		1594.9
6864162.9	12794.5	45094094.0	45002786.8	43618941.5	183381.6	37360.1	395483.6
14183.4	2198.6	201542.8	200621.5	192130.0	385.1	246.7	4271.3
1491611.8	160739.1	5534630.9	5492876.9	5055351.4	94116.0	20940.3	267015.6
41110.0		300999.2	300957.7	289098.6	258.3	27.8	4100.8
4524.0		283938.6	283938.6	257705.9	406.8		18690.0
151768.7	3414.2	3469665.8	3447667.9	3309513.8	3027.4	27258.6	55336.3
756661.8	61863.0	17986957.0	17953649.8	17467397.1	11548.0	26232.8	261769.9
158425.8	9277.9	1861742.9	1851207.8	1822662.0	902.5	1258.3	9543.5
14852.0	14852.0	116390.2	116390.2	90502.6	511.0		12244.2
7637537.2	93269.5	35007335.1	34895155.5	33419432.5	268854.2	58342.4	461374.6

13-3 续表 11

（2019年）

指　　标	期末资产			
	流动负债合计	应付账款	负债合计	所有者权益合计
5.按单位规模分				
大型	4914279.5	1091395.7	5511807.0	5943932.9
中型	9469970.7	1613529.7	10664489.1	5348177.8
小型	868426.6	224348.4	913043.9	206073.7
微型	2087397.5	943724.5	2090186.8	290940.7
6.按经营地分				
城镇	17007866.0	3808247.4	18824549.7	11686759.0
其中：城区	16945031.6	3780114.3	18754051.6	11650091.6
乡村	332208.3	64750.9	354977.1	102366.1
7.按港澳台商投资情况分				
港商投资	88313.4	43544.2	93113.4	84725.2
澳商投资				
台商投资				
二、零售业	**3544424.8**	**760354.3**	**3875142.4**	**1802394.4**
1.按零售行业小类分				
综合零售	**487999.1**	**177612.5**	**511998.1**	**464507.7**
百货零售	199014.6	60142.2	208601.6	248631.4
超级市场零售	258405.4	114908.1	270168.5	203139.7
便利店零售	4609.5	801.7	4609.5	5245.8
其他综合零售	25969.6	1760.5	28618.5	7490.8
食品、饮料及烟草制品专门零售	**128993.2**	**17658.0**	**132566.1**	**110301.9**
粮油零售	32046.7	6126.9	32289.2	7534.9
糕点、面包零售				
果品、蔬菜零售	14295.1	749.5	17514.0	24094.4
肉、禽、蛋、奶及水产品零售	1263.3	456.3	1303.3	3551.0
营养和保健品零售	7435.5	387.1	7435.5	14724.3
酒、饮料及茶叶零售	52827.4	6912.2	52898.9	4662.9
烟草制品零售	10851.8	1969.8	10851.8	53914.3
其他食品零售	10273.4	1056.2	10273.4	1820.1
纺织、服装及日用品专门零售	**133101.9**	**45503.5**	**135469.6**	**78641.9**
纺织品及针织品零售				
服装零售	91046.6	31896.5	91493.0	69719.2
鞋帽零售	18554.9	7306.4	19554.9	-1197.4
化妆品及卫生用品零售	22049.0	6173.3	22970.3	9683.7
厨具卫具及日用杂品零售	565.6	337.4	565.6	61.7
钟表、眼镜零售	711.5	-294.9	711.5	-38.2
箱包零售				
自行车等代步设备零售				
其他日用品零售	174.3	84.8	174.3	412.9

单位：万元

负债		损益及分配					
实收资本	个人资本	营业收入	主营业务收入	营业成本	税金及附加	其他业务利润	销售费用
4713656.3	42677.0	15208468.9	15158025.7	14207932.3	168174.6	19514.7	263775.2
2479019.0	87556.3	32266204.8	32185284.4	31306403.2	22811.5	64120.3	421941.8
1147988.5	43940.1	3036206.2	3026266.2	2908615.8	88482.0	1871.1	51860.5
226813.0	5089.0	4461545.3	4446827.0	4377042.9	2347.6	327.4	7354.7
8501149.5	176501.2	53910331.3	53764552.7	51769619.5	280933.2	84258.7	724813.2
8478419.7	168311.4	53612947.0	53467866.9	51493415.5	280065.3	82423.5	720435.5
66327.3	2761.2	1062093.9	1051850.6	1030374.7	882.5	1574.8	20119.0
47994.0		394982.0	386682.7	370717.4	374.7	329.0	12281.8
661387.0	**120954.1**	**10212831.3**	**10009104.0**	**8858132.2**	**33599.8**	**104031.3**	**821317.1**
146183.1	**12064.0**	**1365376.0**	**1330583.6**	**1058063.4**	**7053.1**	**38348.0**	**173031.7**
65113.2	8909.1	494801.7	479332.2	389203.3	2068.9	11732.5	46395.9
72334.0	3066.0	825525.5	807228.9	630439.5	4702.9	26606.8	122176.2
1532.9		23263.8	22414.3	19102.9	98.0	0.3	2840.2
7203.0	88.9	21785.0	21608.2	19317.7	183.3	8.4	1619.4
39236.9	**12145.1**	**171825.2**	**168682.1**	**125832.5**	**1121.6**	**2026.1**	**26520.2**
5620.9	4000.0	20199.4	20075.4	18401.4	73.4	679.8	996.3
1550.0	1050.0	52928.6	52928.6	47219.2	47.6	5.0	2638.6
1188.2	500.0	6854.6	6827.9	4845.8	5.6		82.6
10000.0	500.0	9986.5	9986.5	6191.6	15.4		1512.4
5742.9	3030.1	40314.4	39639.3	20853.8	333.0	305.7	14459.2
12824.9	2946.0	28790.6	26579.7	17716.8	601.4	929.2	5765.1
2310.0	119.0	12751.1	12644.7	10603.9	45.2	106.4	1066.0
47821.6	**13582.5**	**388988.5**	**374806.6**	**277079.7**	**1619.4**	**1873.6**	**77924.8**
43321.6	12634.5	275499.3	263892.3	219216.6	666.4	1845.3	35632.2
750.0	100.0	22336.9	22336.9	20210.4	32.0		2043.0
3400.0	798.0	89073.0	86874.1	36231.0	912.9	28.3	39891.7
50.0	50.0	401.0	401.0	285.2	1.2		53.4
		661.6	661.5	286.8	1.4		279.1
300.0		1016.7	640.8	849.7	5.5		25.4

13-3 续表 12

（2019年）

指　　标	期末资产			
	流动负债合计	应付账款	负债合计	所有者权益合计
文化、体育用品及器材专门零售	**141365.7**	**62730.1**	**146000.1**	**46919.8**
文具用品零售	5305.8	1439.4	5305.8	2248.4
体育用品及器材零售	427.2		427.2	284.8
图书、报刊零售	82685.9	55687.4	87105.2	24821.2
音像制品、电子和数字出版物零售				
珠宝首饰零售	49106.0	3020.6	49321.1	19204.5
工艺美术品及收藏品零售	109.1	4.0	109.1	1.4
乐器零售				
照相器材零售				
其他文化用品零售	3731.7	2578.7	3731.7	359.5
医药及医疗器材专门零售	**372181.3**	**212833.8**	**423844.5**	**427626.9**
西药零售	323122.3	204965.7	374579.1	389575.0
中药零售	48171.4	7208.8	48377.8	37734.5
动物用药品零售				
医疗用品及器材零售	887.6	659.3	887.6	317.4
保健辅助治疗器材零售				
汽车、摩托车、零配件和燃料及其他动力销售	**1982579.5**	**152630.3**	**2222657.0**	**621568.1**
汽车新车零售	1035998.3	106302.9	1070095.8	208558.6
汽车旧车零售	217638.6	9597.6	242079.3	84105.2
汽车零配件零售	28930.4	415.1	30774.2	-101.6
摩托车及零配件零售	1214.2	149.1	1214.2	1437.9
机动车燃油零售	692661.1	35804.3	872356.6	322335.0
机动车燃气零售	6136.9	361.3	6136.9	5233.0
机动车充电销售				
家用电器及电子产品专门零售	**270176.2**	**84366.7**	**273681.3**	**38201.4**
家用视听设备零售	77678.5	41047.9	79430.7	21550.1
日用家电零售	3100.5	1558.4	3660.6	1246.5
计算机、软件及辅助设备零售	127661.3	21062.6	128300.1	3160.4
通信设备零售	61735.9	20697.8	62289.9	12244.4
其他电子产品零售				
五金、家具及室内装饰材料专门零售	**23069.7**	**4661.6**	**23793.5**	**13238.3**
五金零售	-136.3	-136.3	-136.3	904.1
灯具零售	247.8		247.8	160.9
家具零售	2224.9	64.6	2224.9	209.1
涂料零售				
卫生洁具零售	8013.0	104.8	8013.0	1303.4
木质装饰材料零售				
陶瓷、石材装饰材料零售	8965.6	3981.0	9689.4	5844.0
其他室内装饰材料零售	3754.7	647.5	3754.7	4816.8

单位：万元

负债		损益及分配					
实收资本		营业收入		营业成本	税金及附加	其他业务利润	销售费用
	个人资本		主营业务收入				
24617.4	**6431.0**	**182824.4**	**177327.2**	**144456.2**	**1210.1**	**4243.3**	**21649.2**
700.0	100.0	6378.7	6378.7	5177.7	58.1		745.3
		712.7	712.7	534.5	3.5		97.4
8706.2	5386.2	114621.2	109761.5	84135.0	741.9	4179.3	17513.0
15061.2	944.8	56102.3	55464.8	50134.8	401.2	64.0	2930.1
		601.3	601.3	553.7			15.1
150.0		4408.2	4408.2	3920.5	5.4		348.3
80908.1	**33527.5**	**1098326.7**	**1074569.5**	**731744.8**	**8552.1**	**18494.7**	**256964.0**
68708.1	31427.5	885539.4	867144.8	587375.8	8030.3	18189.6	207599.3
12100.0	2100.0	208391.9	203029.3	140898.6	491.8	305.1	48714.7
100.0		4395.4	4395.4	3470.4	30.0		650.0
294517.3	**35233.4**	**6392222.3**	**6282558.0**	**5986075.4**	**12667.0**	**32470.9**	**209055.3**
211283.2	28077.0	2723673.1	2680285.6	2538904.5	5185.6	24705.3	93509.4
34813.9	1650.0	383302.4	377169.1	359021.2	1541.1	1899.1	12317.1
1700.0	1700.0	84962.7	82180.1	82048.1	34.1	-2.9	2584.8
626.8	105.5	12013.9	11972.5	10085.5	34.1		769.9
40093.4	3650.9	3183905.0	3126684.1	2992763.7	5822.6	5869.4	99874.1
6000.0	50.0	4365.2	4266.6	3252.4	49.5		
19299.5	**4944.9**	**541114.2**	**529362.5**	**477238.3**	**1240.8**	**5834.3**	**47109.0**
9814.0		289866.9	282066.7	243836.3	944.5	2160.9	37086.6
760.6	320.0	7625.6	7616.5	6140.7	7.2	4.1	269.8
5324.9	3324.9	176091.1	175244.5	163719.0	241.5	568.6	7128.2
3400.0	1300.0	67530.6	64434.8	63542.3	47.6	3100.7	2624.4
8294.2	**2700.0**	**56934.1**	**56032.0**	**46231.0**	**124.8**	**740.4**	**5983.4**
1000.0	1000.0	1539.9	1539.9	1313.9	2.0		68.3
500.0	500.0	2223.7	1967.8	1614.5	6.8	192.8	390.2
600.0	600.0	2818.1	2818.1	1835.3	10.5		54.2
960.0		16962.7	16962.7	14361.6	28.8		1011.5
1100.0	600.0	23765.4	23667.9	18654.0	69.5		3439.1
4134.2		9624.3	9075.6	8451.7	7.2	547.6	1020.1

13-3 续表 13

（2019年）

指　　标	期末资产			
	流动负债合计	应付账款	负债合计	所有者权益合计
货摊、无店铺及其他零售业	**4958.2**	**2357.8**	**5132.2**	**1388.4**
流动货摊零售				
互联网零售	1815.8	1040.0	1989.8	811.5
邮购及电视、电话零售				
自动售货机零售				
旧货零售				
生活用燃料零售				
宠物食品用品零售				
其他未列明零售业	3142.4	1317.8	3142.4	576.9
2.按登记注册类型分				
内资企业	**2910567.5**	**597649.5**	**3207030.5**	**1222623.8**
国有企业	5133.9	611.0	5161.0	4015.0
集体企业	2131.2	1906.8	2141.9	2215.3
股份合作企业				
联营企业	662.6		662.6	-430.7
国有联营企业				
集体联营企业	662.6		662.6	-430.7
国有与集体联营企业				
其他联营企业				
有限责任公司	1469783.1	209610.4	1574565.9	430729.0
国有独资公司	458951.9	1089.7	525734.9	10027.2
其他有限责任公司	1010831.2	208520.7	1048831.0	420701.8
股份有限公司	213884.3	10218.0	307923.8	262448.4
私营企业	1218938.9	375290.9	1316541.8	523562.7
私营独资企业	5906.7	2180.2	6925.2	2536.0
私营合伙企业	760.8	166.9	760.8	50.0
私营有限责任公司	903989.9	174027.2	949414.2	143971.9
私营股份有限公司	308281.5	198916.6	359441.6	377004.8
其他企业	33.5	12.4	33.5	84.1
港、澳、台商投资企业	**408049.3**	**63637.7**	**431672.3**	**377091.5**
合资经营企业(港或澳、台资)	64801.4	7231.0	64801.4	25794.1
合作经营企业(港或澳、台资)				
港、澳、台商独资经营企业	343247.9	56406.7	366870.9	351297.4
港、澳、台商投资股份有限公司				
其他港澳台投资企业				
外商投资企业	**225808.0**	**99067.1**	**236439.6**	**202679.1**
中外合资经营企业	72832.8	21990.3	74124.6	46731.7
中外合作经营企业				
外资企业	152975.2	77076.8	162315.0	155947.4
外商投资股份有限公司				
其他外商投资企业				

单位：万元

负债		损益及分配					
实收资本	个人资本	营业收入	主营业务收入	营业成本	税金及附加	其他业务利润	销售费用
508.9	**325.7**	**15219.9**	**15182.5**	**11410.9**	**10.9**		**3079.5**
325.7	275.7	14017.9	13980.5	10500.1	6.8		2846.0
183.2	50.0	1202.0	1202.0	910.8	4.1		233.5
502726.9	**117854.1**	**8421471.6**	**8246484.5**	**7374382.3**	**28260.7**	**65913.4**	**643543.7**
823.9		11318.8	11318.8	10493.2	8.2	694.7	545.0
135.7		27872.1	27872.1	26771.9	14.6		1386.1
8.0		617.7	617.7	531.7	1.1		48.1
8.0		617.7	617.7	531.7	1.1		48.1
268497.2	21234.5	4322080.9	4228502.4	3831333.0	18863.6	28481.6	298774.4
6500.0		1146882.0	1128904.5	1098909.1	1525.6	314.1	35977.6
261997.2	21234.5	3175198.9	3099597.9	2732423.9	17338.0	28167.5	262796.8
11609.0	2540.0	1426802.0	1400362.8	1342902.1	3345.8	5505.0	44443.2
221603.1	94029.6	2631938.8	2576969.4	2161597.5	6027.4	31232.1	298309.5
1529.9	1405.4	24305.1	24170.1	21271.4	55.4	2.1	1303.3
50.0	50.0	6606.8	6606.8	5768.4	19.0		459.5
157539.4	62239.3	1815833.7	1777943.4	1630862.6	3051.0	14496.1	101139.5
62483.8	30334.9	785193.2	768249.1	503695.1	2902.0	16733.9	195407.2
50.0	50.0	841.3	841.3	752.9			37.4
101861.6	**3100.0**	**1009614.1**	**998038.3**	**871319.4**	**3376.2**	**13341.2**	**76241.6**
11198.9	2100.0	231953.8	228162.4	212149.0	201.1	5529.2	7635.8
90662.7	1000.0	777660.3	769875.9	659170.4	3175.1	7812.0	68605.8
56798.5		**781745.6**	**764581.2**	**612430.5**	**1962.9**	**24776.7**	**101531.8**
18513.0		255507.9	248373.5	204191.6	677.6	6927.4	28047.9
38285.5		526237.7	516207.7	408238.9	1285.3	17849.3	73483.9

13-3 续表 14

（2019年）

指标	期末资产			
	流动负债合计	应付账款	负债合计	所有者权益合计
3.按控股情况分				
国有控股	768368.6	60680.0	950646.3	420457.2
集体控股	80288.8	32620.6	80299.5	12402.0
私人控股	1619268.0	420749.5	1730863.5	706448.9
港澳台商控股	408049.3	63637.7	431672.3	377091.5
外商控股	204667.8	98255.1	215299.2	194228.3
其他	463748.8	84399.0	466328.1	91682.4
4.按经营形式分				
独立门店	2275686.2	517837.5	2430760.0	1049240.8
连锁总店(总部)	989790.8	159264.6	1156608.9	615999.1
连锁直营店	6611.4	5366.0	6636.7	1539.4
连锁加盟店	2523.4	518.6	2523.4	589.2
其他	269813.0	77367.6	278613.4	135025.9
5.按单位规模分				
大型	1440108.4	365223.2	1665484.3	1115197.5
中型	1738049.2	311503.7	1821448.5	557770.2
小型	348047.3	74886.5	369037.4	123596.0
微型	18219.9	8740.9	19172.2	5830.7
6.按零售业态分				
有店铺零售	3491448.7	751580.5	3821244.9	1762056.4
食杂店	1263.3	456.3	1284.3	2347.5
便利店	40306.0	9835.7	43668.7	18389.0
折扣店	8408.6	2818.0	8408.6	-761.6
超市	43619.3	13959.3	45637.8	16214.8
大型超市	242601.9	107864.6	253008.1	184382.7
仓储会员店				
百货店	193451.2	55500.1	202072.2	261086.2
专业店	1607863.4	360012.5	1851631.6	917602.3
专卖店	1277098.0	186874.9	1337521.5	346270.4
家居建材商店	11119.4	3069.8	11843.1	10549.1
购物中心	47934.7	4719.9	48053.6	2714.9
厂家直销中心	17782.9	6469.4	18115.4	3261.1
无店铺零售	52976.1	8773.8	53897.5	40338.0
电视购物	3463.3	2634.8	3463.3	3149.2
邮购				
网上商店	1815.8	1040.0	1989.8	811.5
自动售货亭				
电话购物				
其他	47697.0	5099.0	48444.4	36377.3

单位：万元

负债		损益及分配					
实收资本	个人资本	营业收入	主营业务收入	营业成本	税金及附加	其他业务利润	销售费用
84547.8	1736.0	3415608.5	3349152.3	3168252.0	7830.2	13001.2	137379.1
2543.7		180342.7	174824.3	170816.3	217.6	5518.5	9686.9
341636.6	114263.3	3834300.4	3757044.1	3184536.2	11565.2	35246.6	410278.4
101861.6	3100.0	1009614.1	998038.3	871319.4	3376.2	13341.2	76241.6
54298.5		714904.6	699038.8	553005.1	1772.4	23478.1	97030.2
76448.8	1804.8	1057219.7	1030164.9	909450.3	8838.2	13445.7	90663.5
496193.9	103961.9	6024099.7	5900013.4	5165397.0	19003.9	64029.1	494319.2
73995.7	6989.9	3441025.3	3370940.1	3067345.5	12374.0	34028.0	236712.9
3900.0	100.0	43281.4	41778.2	34375.6	117.7	1383.2	8083.4
674.5		3881.8	3881.8	3106.5	6.6		388.3
86622.9	9902.3	700543.1	692490.5	587907.6	2097.6	4591.0	81813.3
162303.7	35451.4	4890282.1	4793386.2	4074875.3	12488.0	58016.5	547673.5
394819.2	52668.7	4084598.5	3999759.3	3677923.7	18450.4	38748.0	217429.0
100935.5	31486.7	1195446.7	1173454.5	1069225.4	2574.2	7193.3	52104.1
3328.6	1347.3	42504.0	42504.0	36107.8	87.2	73.5	4110.5
623486.7	117896.0	10079193.1	9876309.7	8744019.8	33300.9	103213.9	810660.3
1088.2	500.0	6797.0	6770.3	4870.5	5.6	5.0	79.3
15980.9	2093.8	108297.0	103102.6	85748.9	473.6	3448.1	15770.8
1300.0		11133.1	10048.5	9154.8	39.8	970.5	1944.7
16462.6	4211.1	128637.8	126976.5	109151.1	2860.6	387.5	12342.3
62855.3	2000.0	736320.8	717958.7	568427.0	1721.6	25620.7	107018.1
59379.9	6199.1	492921.9	480577.5	372659.8	2491.4	9763.0	47892.6
216508.5	57315.7	5768165.6	5639869.2	5067715.4	18276.1	41401.1	439692.2
237743.9	38776.3	2682914.2	2648851.5	2434864.7	6553.7	21070.4	144364.4
5417.4	1150.0	18597.9	18049.2	15375.1	31.8	547.6	1766.6
5250.0	5150.0	36276.1	36073.6	29217.3	134.4		4138.7
1500.0	500.0	89131.7	88032.1	46835.2	712.3		35650.6
37900.3	3058.1	133638.2	132794.3	114112.4	298.9	817.4	10656.8
4200.0		6927.2	6545.5	4449.8	35.0		2392.4
325.7	275.7	14017.9	13980.5	10500.1	6.8		2846.0
33374.6	2782.4	112693.1	112268.3	99162.5	257.1	817.4	5418.4

13-3 续表 15

（2019年）

指标	期末资产			
	流动负债合计	应付账款	负债合计	所有者权益合计
7.按经营地分				
城镇	117209.2	31744.2	118817.1	67204.3
其中：城区	116949.3	31499.3	118557.2	67050.2
乡村	7100.4	278.6	7100.4	721.8
8.按港澳台商投资情况分				
港商投资	43949.8	14338.3	43949.8	17347.8
澳商投资				
台商投资				
三、批发业按地区分组	**17340074.3**	**3872998.3**	**19179526.8**	**11789125.1**
五华区	2707218.7	1401689.4	2889968.8	1036047.5
盘龙区	3055545.9	368398.9	3425772.1	5727443.2
官渡区	3353519.2	616132.9	3627333.8	1520116.8
西山区	5381383.8	656711.8	6306273.2	2545566.8
东川区	9861.3	2917.5	11089.9	3345.8
呈贡区	1621257.8	531651.2	1647861.5	623839.6
晋宁区	143410.2	35398.4	179970.9	57593.9
富民县	9837.4	8085.3	9992.9	6512.5
宜良县	38681.9	19743.6	43224.6	7920.6
石林彝族自治县	825.1	167.1	1024.6	1898.8
嵩明县	25245.1	11482.0	26233.0	35827.8
禄劝彝族苗族自治县	4893.0	638.4	4897.3	1350.6
寻甸回族彝族自治县	7118.2	2567.7	9255.3	5219.4
安宁市	981276.7	217414.1	996628.9	216441.8
四、零售业按地区分组	**3544424.8**	**760354.3**	**3875142.4**	**1802394.4**
按全国地区分组				
五华区	940169.5	301023.0	968829.2	569747.3
盘龙区	671434.5	67287.6	698479.0	274880.5
官渡区	553031.6	83317.6	666043.9	371277.0
西山区	943165.2	82003.7	1044396.4	138104.5
东川区	2611.9	878.8	2611.9	1414.9
呈贡区	343736.6	198457.1	397608.7	382343.9
晋宁区	5803.4	1356.4	5925.0	4878.2
富民县	2479.4	834.1	2888.7	3917.5
宜良县	5878.6	1449.4	6040.1	1411.6
石林彝族自治县	5313.7	1103.6	6928.3	3304.6
嵩明县	17956.0	4695.3	21013.1	26963.7
禄劝彝族苗族自治县	7777.8	3492.0	9311.5	5395.2
寻甸回族彝族自治县	5927.3	1796.0	5927.3	2007.1
安宁市	39139.3	12659.7	39139.3	16748.4

单位：万元

负债		损益及分配					
实收资本	个人资本	营业收入	主营业务收入	营业成本	税金及附加	其他业务利润	销售费用
52587.9	3055.8	314929.3	312076.3	225798.0	1306.4	992.6	72434.1
52587.9	3055.8	312238.6	309385.6	223747.2	1304.8	992.6	72131.0
1023.4	32.4	5883.2	5776.8	5436.1	23.2	106.4	168.9
13561.2		72131.9	71857.9	59896.2	106.6		14136.3
8567476.8	**179262.4**	**54972425.2**	**54816403.3**	**52799994.2**	**281815.7**	**85833.5**	**744932.2**
447996.4	45302.4	10033186.7	10021229.6	9613076.2	7938.9	17437.6	179939.7
4537232.2	28030.5	6092891.9	6040780.6	5349422.8	247861.0	21229.2	156603.6
2013557.6	49687.1	8504386.7	8458388.3	8262910.7	7043.0	28963.7	92255.1
1119177.5	23068.0	18785001.8	18765170.6	18426142.7	8846.4	4863.2	151102.6
3550.4	2935.2	24861.6	24861.6	23582.9	32.0		1167.0
232264.7	7550.2	3694862.9	3682958.2	3463302.3	3228.2	419.0	96974.6
39941.6	6399.2	848629.0	842709.2	802580.4	2213.0	523.0	19773.6
3975.0	500.0	34131.1	34131.1	30950.2	36.4		1353.9
1690.0	1345.0	187304.7	186925.2	174178.5	436.7	1833.0	1436.3
600.0		6062.7	6062.7	5314.3	81.0		130.1
12488.7	5319.8	66154.5	65866.5	62581.9	251.8	0.4	970.6
839.1	500.0	10174.7	10174.7	10396.7	2.4		163.6
3202.0	1125.0	25653.6	25622.6	23899.9	110.2	1.8	741.6
150961.6	7500.0	6659123.3	6651522.4	6551654.7	3734.7	10562.6	42319.9
661387.0	**120954.1**	**10212831.3**	**10009104.0**	**8858132.2**	**33599.8**	**104031.3**	**821317.1**
208307.4	32937.9	2084922.1	2031205.9	1669963.2	8544.3	37398.6	265884.2
142853.9	13710.1	1849651.5	1815754.3	1614485.6	5099.4	18942.2	138395.8
110780.9	18414.5	2798071.3	2740894.0	2577819.7	10742.3	12760.2	110648.3
99176.1	14164.3	2394759.9	2357723.5	2233462.7	5564.0	14148.2	90222.4
724.9	424.9	7684.5	7664.8	6892.1	11.8		28.5
69021.2	30961.4	810845.9	793355.6	524574.0	3090.8	16842.3	197988.4
3260.2	1717.5	23143.3	22596.8	19652.1	39.7	554.8	1468.8
1876.6	650.0	11803.1	11803.1	10170.8	5.7		752.5
1686.2	610.1	18394.5	18163.7	14795.4	28.0	8.4	1799.4
3058.5	2306.0	23770.2	23761.1	20479.2	68.5	3.1	1304.1
6869.4	1698.5	85091.4	84237.9	78254.3	142.6	1433.4	3616.9
2685.5	1985.5	28764.6	28714.4	24239.7	99.8	128.1	1198.6
500.0	500.0	15064.7	15013.6	12428.9	30.5		1022.7
10586.2	873.4	60864.3	58215.3	50914.5	132.4	1812	6986.5

13-3 续表 16

（2019年）

指标	损益			
	管理费用	财务费用	利息收入	利息费用
总计	**543459.0**	**427890.0**	**147589.3**	**482866.6**
一、批发业	**316514.8**	**383761.2**	**141874.8**	**446274.6**
1.按批发行业小类分				
农、林、牧、渔产品批发	**5740.8**	**697.6**	**8263.5**	**9500.8**
谷物、豆及薯类批发	3771.9	117.2	8205.4	8966.3
种子批发	706.3	34.9	0.7	22.6
畜牧渔业饲料批发	281.3	538.2	-23.1	447.8
棉、麻批发				
林业产品批发	224.7			
牲畜批发		0.3		
渔业产品批发				
其他农牧产品批发	756.6	7.0	80.5	64.1
食品、饮料及烟草制品批发	**65729.1**	**-6852.0**	**35534.3**	**25153.3**
米、面制品及食用油批发	11387.9	8977.5	1971.1	10866.5
糕点、糖果及糖批发	8625.0	14859.7	445.4	12607.3
果品、蔬菜批发	1514.9	77.3		31.7
肉、禽、蛋、奶及水产品批发	316.9	6.7	-0.2	
盐及调味品批发	426.8	193.1	0.3	183.5
营养和保健品批发	1203.4	60.1	18.4	41.7
酒、饮料及茶叶批发	5850.3	996.2	110.5	839.5
烟草制品批发	34890.3	-32411.2	32981.1	244.2
其他食品批发	1513.6	388.6	7.7	338.9
纺织、服装及家庭用品批发	**4637.2**	**3386.6**	**-1133.2**	**4528.3**
纺织品、针织品及原料批发	49.4	-0.1	0.1	
服装批发	45.7	-0.3	0.3	
鞋帽批发				
化妆品及卫生用品批发	1179.8	19.1	42.0	55.0
厨具卫具及日用杂品批发				
灯具、装饰物品批发				
家用视听设备批发	1057.5	16.3	32.0	48.3
日用家电批发	1539.6	3325.6	-1208.5	4406.2
其他家庭用品批发	765.2	26.0	0.9	18.8
文化、体育用品及器材批发	**7537.7**	**629.0**	**365.8**	**1123.7**
文具用品批发	1331.7	-49.7	-85.7	20.0
体育用品及器材批发				
图书批发	5130.9	25.0	450.3	453.6
报刊批发				
音像制品、电子和数字出版物批发				
首饰、工艺品及收藏品批发	349.8	2.1		2.1
乐器批发				
其他文化用品批发	725.3	651.6	1.2	648.0

单位：万元

及分配					人工成本及增值税		从事批发和零售业活动的从业人员平均人数(人)
投资收益	营业利润	营业外收入	营业外支出	利润总额	应付职工薪酬(本年贷方累计发生额)	应交增值税	
240922.0	**1039150.6**	**49765.1**	**46948.3**	**1044134.3**	**927239.1**	**327407.9**	**85952**
233834.3	**786266.4**	**39134.7**	**37844.1**	**786858.4**	**545500.1**	**215791.2**	**28043**
163.2	**-1056.3**	**8104.2**	**116.1**	**6931.8**	**4140.1**	**1059.1**	**530**
	-2603.6	7798.4	18.0	5176.8	2217.2	1006.5	135
163.2	241.7	0.5	26.5	215.7	327.5	35.6	96
	-177.7	11.1		-166.6	653.5		72
	759.2			759.2	8.4		2
	84.2			84.2	4.2		3
	639.9	294.2	71.6	862.5	929.3	17.0	222
27250.5	**432540.5**	**7664.9**	**26059.9**	**414145.5**	**113136.8**	**84533.4**	**4833**
44.5	6413.5	1707.1	91.2	8029.4	9172.5	1889.4	812
221.9	4566.5	762.7	13.1	5316.1	7685.1	1330.0	346
	10683.9	32.5	1.6	10714.8	3681.8	16.0	410
	111.7	0.5	2.9	109.3	412.8	1538.7	41
	20.3	15.2		35.5	363.5	13.6	78
	304.3		5.7	298.6	960.5	271.5	156
148.0	10557.9	198.7	86.2	10670.4	4564.8	6357.3	404
26776.0	398805.8	4658.2	25795.1	377668.9	81560.8	69120.0	1860
60.1	1076.6	290.0	64.1	1302.5	4735.0	3996.9	726
20.0	**-1613.7**	**255.2**	**23.3**	**-1381.8**	**5450.7**	**2937.3**	**1106**
	3.4			3.4	52.2	19.0	15
	313.7	1.0		314.7	132.7	33.0	31
	-1836.3	227.8	0.1	-1608.6	1852.3	230.6	254
	-641.9	10.0	0.8	-632.7	1966.6	322.2	570
20.0	568.1	2.7	0.5	570.3	403.8	2127.8	119
	-20.7	13.7	21.9	-28.9	1043.1	204.7	117
36581.2	**47140.4**	**87.1**	**199.1**	**47028.4**	**12438.0**	**3740.2**	**781**
3.8	589.2	15.4		604.6	1694.3	480.3	169
36577.4	46862.6	7.6	7.4	46862.8	10013.6	2924.9	537
	-60.5	0.2	128.6	-188.9	142.1	10.0	29
	-250.9	63.9	63.1	-250.1	588.0	325.0	46

13-3 续表 17

（2019年）

指　　标	损益			
	管理费用	财务费用	利息收入	利息费用
医药及医疗器材批发	**67357.0**	**40221.6**	**2840.5**	**31028.2**
西药批发	45725.4	37002.9	2799.4	28907.8
中药批发	14543.9	1147.3	7.4	297.9
动物用药品批发				
医疗用品及器材批发	7087.7	2071.4	33.7	1822.5
矿产品、建材及化工产品批发	**126187.5**	**332701.8**	**92612.2**	**363498.7**
煤炭及制品批发	1581.4	431.8	31.0	397.0
石油及制品批发	9189.2	2933.3	46.4	2820.2
非金属矿及制品批发	2286.9	2912.9	7.8	857.3
金属及金属矿批发	47814.7	163739.1	15167.5	131732.1
建材批发	14066.5	5769.1	-523.4	2181.3
化肥批发	36390.1	148906.9	74182.0	217208.4
农药批发	2162.5	-154.4	176.6	18.5
农用薄膜批发				
其他化工产品批发	12696.2	8163.1	3524.3	8283.9
机械设备、五金产品及电子产品批发	**33389.2**	**11790.7**	**1162.6**	**7883.6**
农业机械批发				
汽车及零配件批发	535.8	587.1	14.3	643.8
摩托车及零配件批发	867.8	79.2	-46.7	9.8
五金产品批发	250.1	-11.9	16.6	4.7
电气设备批发	198.7	-3.1		
计算机、软件及辅助设备批发	729.0	493.2		62.7
通讯设备批发	14018.1	2504.4	83.0	11.1
广播影视设备批发				
其他机械设备及电子产品批发	16789.7	8141.8	1095.4	7151.5
贸易经纪与代理	**233.3**	**-39.8**		**31.2**
贸易代理	233.3	-39.8		31.2
一般物品拍卖				
艺术品、收藏品拍卖				
艺术品代理				
其他贸易经纪与代理				
其他批发业	**5703.0**	**1225.7**	**2229.1**	**3526.8**
再生物资回收与批发				
宠物食品用品批发				
互联网批发				
其他未列明批发业	5703.0	1225.7	2229.1	3526.8
2.按登记注册类型分				
内资企业	**306673.9**	**380697.3**	**141700.0**	**443253.1**
国有企业	32948.4	-18847.9	33937.7	15255.6

单位：万元

及分配					人工成本及增值税		从事批发和零售业活动的从业人员平均人数(人)
投资收益	营业利润	营业外收入	营业外支出	利润总额	应付职工薪酬(本年贷方累计发生额)	应交增值税	
-862.8	**120994.7**	**2538.1**	**2008.8**	**121523.9**	**96003.5**	**42742.3**	**10863**
-692.1	97804.3	2413.2	1405.1	98812.4	81999.4	30381.9	7969
-295.4	8810.6	51.6	499.4	8362.8	9075.7	8251.2	2268
124.7	14379.8	73.3	104.3	14348.7	4928.4	4109.2	626
163449.5	**102537.4**	**16203.2**	**8361.1**	**109692.4**	**273779.4**	**67256.0**	**6591**
	708.4	99.6	0.2	807.8	1571.1	782.0	190
1070.7	32606.1	288.2	293.6	31913.6	11957.5	4288.1	1239
12.2	10420.9	2689.0	102.7	13007.2	1486.9	3834.3	233
33643.0	15392.0	811.7	5000.3	11203.4	213379.5	34032.7	2379
-1290.7	23715.6	829.8	285.7	24259.7	11451.4	11193.8	680
120234.0	27332.2	9710.0	2379.0	34663.2	25032.6	10829.8	1006
	776.3	300.0	0.5	1075.8	2361.2	82.9	312
9780.3	-8414.1	1474.9	299.1	-7238.3	6539.2	2212.4	552
7119.0	**66091.8**	**4079.0**	**995.7**	**69163.7**	**25971.5**	**7434.7**	**2917**
	-2659.2	37.5	52.2	-2673.9	812.9	180.8	158
	1034.5	9.0		1043.5	1098.2	475.3	126
	71.9	4.1		76.0	190.8	91.8	44
	56.8	13.2		70.0	69.8	124.6	20
	156.5	16.1	2.2	170.4	473.8	183.3	125
	58183.5	2645.6	132.1	60697.0	5463.4	4669.2	652
7119.0	9247.8	1353.5	809.2	9780.7	17862.6	1709.7	1792
	155.5	**9.2**		**164.7**	**342.1**	**270.3**	**35**
	155.5	9.2		164.7	342.1	270.3	35
113.7	**19476.1**	**193.8**	**80.1**	**19589.8**	**14238.0**	**5817.9**	**387**
113.7	19476.1	193.8	80.1	19589.8	14238.0	5817.9	387
232621.8	**780076.3**	**38879.4**	**37250.7**	**781006.4**	**528011.4**	**213547.6**	**26477**
1695.9	294065.6	8603.4	18816.9	283852.1	77213.7	69143.3	2019

13-3 续表 18

（2019年）

指标	损益			
	管理费用	财务费用		
			利息收入	利息费用
集体企业	1.2			
股份合作企业				
联营企业				
国有联营企业				
集体联营企业				
国有与集体联营企业				
其他联营企业				
有限责任公司	180380.6	372072.6	103702.9	405693.0
国有独资公司	38215.6	32313.3	11929.3	28553.3
其他有限责任公司	142165.0	339759.3	91773.6	377139.7
股份有限公司	22563.4	15789.8	2579.8	15480.8
私营企业	70673.9	11656.1	1479.6	6806.7
私营独资企业	224.7			
私营合伙企业				
私营有限责任公司	69145.2	11131.5	1477.8	6633.4
私营股份有限公司	1304.0	524.6	1.8	173.3
其他企业	106.4	26.7		17.0
港、澳、台商投资企业	**6334.1**	**3133.2**	**168.3**	**2982.3**
合资经营企业(港或澳、台资)	2413.6	292.9	12.7	260.7
合作经营企业(港或澳、台资)				
港、澳、台商独资经营企业	3920.5	2840.3	155.6	2721.6
港、澳、台商投资股份有限公司				
其他港澳台投资企业				
外商投资企业	**3506.8**	**-69.3**	**6.5**	**39.2**
中外合资经营企业	392.6	81.7	1.2	
中外合作经营企业				
外资企业	2789.5	-57.1	103.2	35.2
外商投资股份有限公司				
其他外商投资企业	324.7	-93.9	-97.9	4.0
3.按控股情况分				
国有控股	180744.3	342129.7	142621.6	418655.8
集体控股	5502.6	126.8	298.2	107.0
私人控股	92812.5	23361.6	71.1	16985.6
港澳台商控股	3920.5	2840.3	155.6	2721.6
外商控股	3507.1	314.1	105.3	155.0
其他	29921.4	14962.0	-1377.0	7632.6
4.按经营形式分				
独立门店	92102.0	65418.5	19492.9	68839.2
连锁总店(总部)	14934.4	73355.2	40537.8	111741.5
连锁直营店	2083.1	1922.1		
连锁加盟店				
其他	207395.3	243065.4	81844.1	265693.9

单位：万元

及分配					人工成本及增值税		从事批发和零售业活动的从业人员平均人数(人)
投资收益	营业利润	营业外收入	营业外支出	利润总额	应付职工薪酬(本年贷方累计发生额)	应交增值税	
					14.3		7
224065.7	378553.9	18032.1	11495.3	384403.5	354368.3	102609.7	11904
61553.8	138123.4	4871.3	7299.6	135695.1	207917.3	13333.6	1612
162511.9	240430.5	13160.8	4195.7	248708.4	146451.0	89276.1	10292
6286.1	31181.3	8030.0	987.9	38223.5	24883.4	4767.7	2701
574.1	66382.8	4206.9	5950.6	64627.6	71223.3	37026.9	9788
	759.2			759.2	8.4		2
558.4	64161.7	4161.0	5742.8	62568.4	70578.3	36765.2	9700
15.7	1461.9	45.9	207.8	1300.0	636.6	261.7	86
	9892.7	7.0		9899.7	308.4		58
565.3	**3070.2**	**59.1**	**37.8**	**3091.5**	**11720.2**	**1377.0**	**890**
	1360.0	58.9	34.8	1384.1	7733.9	10.2	757
565.3	1710.2	0.2	3.0	1707.4	3986.3	1366.8	133
647.2	**3119.9**	**196.2**	**555.6**	**2760.5**	**5768.5**	**866.6**	**676**
	731.4	2.1	0.7	732.8	333.2	172.1	51
	1874.9	171.9	390.4	1656.4	4003.2	692.5	399
647.2	513.6	22.2	164.5	371.3	1432.1	2.0	226
231855.2	615007.7	23999.1	29615.8	609391.1	421359.0	148844.0	10887
8.5	-481.5	6368.4	330.0	5556.9	3465.1	860.3	336
570.7	85311.5	6092.6	6873.4	84519.2	97107.0	51298.4	13240
565.3	1710.2	0.2	3.0	1707.4	3986.3	1366.8	133
185.5	2305.4	2064.0	391.4	3977.9	4553.3	-390.6	414
649.1	72520.4	603.4	630.5	71806.2	14721.0	13812.3	2975
47902.0	165236.3	12052.9	4960.4	172317.4	282221.1	55859.8	11354
70180.8	10568.5	2955.4	78.8	13445.1	11270.6	391.3	986
43.9	9171.1	38.8	373.5	8836.4	8429.1	3966.8	505
115707.6	601290.5	24087.6	32431.4	592259.5	243579.3	155573.3	15198

13-3 续表 19

（2019年）

指标	损益			
	管理费用	财务费用	利息收入	利息费用
5.按单位规模分				
大型	104120.2	120335.2	42384.1	127213.8
中型	173786.3	238324.4	98424.7	302094.9
小型	27274.9	11047.5	1192.8	3853.9
微型	11333.4	14054.1	-126.8	13112.0
6.按经营地分				
城镇	307840.1	383746.9	139898.7	444202.4
其中：城区	302436.2	381608.6	139894.7	442224.0
乡村	8674.7	14.3	1976.1	2072.2
7.按港澳台商投资情况分				
港商投资	6334.1	3133.2	168.3	2982.3
澳商投资				
台商投资				
二、零售业	**226944.2**	**44128.8**	**5714.5**	**36592.0**
1.按零售行业小类分				
综合零售	**43978.3**	**5912.6**	**1378.6**	**5600.8**
百货零售	24128.5	608.4	1293.5	1078.0
超级市场零售	19220.4	5127.0	76.7	4346.2
便利店零售	30.1	-1.2	4.6	5.0
其他综合零售	599.3	178.4	3.8	171.6
食品、饮料及烟草制品专门零售	**17885.0**	**1559.7**	**273.4**	**1488.0**
粮油零售	4367.8	513.7	-0.2	506.2
糕点、面包零售				
果品、蔬菜零售	1082.3	479.6		294.9
肉、禽、蛋、奶及水产品零售	431.2	46.4		31.2
营养和保健品零售	552.8	283.0	54.6	336.8
酒、饮料及茶叶零售	4184.7	-1.9	123.2	72.8
烟草制品零售	6309.7	43.7	95.0	82.3
其他食品零售	956.5	195.2	0.8	163.8
纺织、服装及日用品专门零售	**20534.5**	**2351.4**	**-99.4**	**2169.6**
纺织品及针织品零售				
服装零售	16785.2	2232.5	-172.7	2088.2
鞋帽零售	266.1	39.7	38.4	50.9
化妆品及卫生用品零售	3205.9	54.0	33.3	10.0
厨具卫具及日用杂品零售	50.2	20.3	0.2	20.5
钟表、眼镜零售	86.8	0.2		
箱包零售				
自行车等代步设备零售				
其他日用品零售	140.3	4.7	1.4	

单位：万元

及分配					人工成本及增值税		从事批发和零售业活动的从业人员平均人数(人)
投资收益	营业利润	营业外收入	营业外支出	利润总额	应付职工薪酬(本年贷方累计发生额)	应交增值税	
34586.7	365197.9	5432.7	21462.1	349168.6	180839.5	113281.3	11624
198617.0	335467.0	30046.3	15868.2	349645.2	175437.5	78684.7	14008
581.7	30965.2	3621.7	374.8	33513.3	187447.5	20557.1	2246
48.9	54636.3	34.0	139.0	54531.3	1775.6	3268.1	165
233226.1	778241.5	38483.5	37403.6	778634.3	533870.6	211947.0	26783
233215.7	767001.6	36865.6	37376.8	765803.3	527956.0	210402.1	26070
608.2	8024.9	651.2	440.5	8224.1	11629.5	3844.2	1260
565.3	3070.2	59.1	37.8	3091.5	11720.2	1377.0	890
7087.7	**252884.2**	**10630.4**	**9104.2**	**257275.9**	**381739.0**	**111616.7**	**57909**
391.4	**82599.5**	**1710.0**	**1250.8**	**83058.8**	**63060.5**	**21113.0**	**13748**
391.4	30755.5	280.3	189.8	30846.1	23293.2	6498.7	3968
	50775.5	1359.1	1015.1	51119.5	35899.7	14364.3	9034
	1240.5	63.2	44.9	1258.8	1640.1	219.9	240
	-172.0	7.4	1.0	-165.6	2227.5	30.1	506
1351.9	**1581.9**	**1184.8**	**370.9**	**2395.8**	**13878.2**	**3656.3**	**2724**
	521.8	679.9	74.3	1127.4	1302.9	805.7	564
	1445.8	349.8	157.1	1638.5	2731.1	105.4	644
	178.9			178.9	585.8	29.1	129
	1016.0	55.2	5.7	1065.5	624.0	88.3	98
1351.9	1718.7	48.2	70.9	1696.0	2891.3	1934.6	429
	-3201.6	15.6	62.7	-3248.7	4837.1	513.7	652
	-97.7	36.1	0.2	-61.8	906.0	179.5	208
3308.8	**12365.0**	**273.4**	**98.9**	**12539.5**	**40114.2**	**12521.5**	**3801**
3226.0	4202.8	243.0	90.9	4354.9	17134.8	6250.7	2201
	-254.5	5.4	2.4	-251.5	1313.2	263.7	201
82.8	8427.7	4.8	0.3	8432.2	21216.2	5963.2	1282
	-9.3	0.9	1.7	-10.1	61.0	0.9	17
	7.2	0.1	3.5	3.8	80.7	11.8	60
	-8.9	19.2	0.1	10.2	308.3	31.2	40

13-3 续表 20

（2019年）

指　　标	损益			
	管理费用	财务费用	利息收入	利息费用
文化、体育用品及器材专门零售	**12050.4**	**1414.6**	**397.1**	**1627.4**
文具用品零售	317.8	44.9	1.1	42.1
体育用品及器材零售	75.2	9.3		
图书、报刊零售	9003.3	849.7	-48.9	715.6
音像制品、电子和数字出版物零售				
珠宝首饰零售	2525.7	510.1	444.9	870.2
工艺美术品及收藏品零售	31.1			
乐器零售				
照相器材零售				
其他文化用品零售	97.3	0.6		-0.5
医药及医疗器材专门零售	**23909.7**	**2839.5**	**1559.0**	**3505.7**
西药零售	21425.6	2277.5	1514.6	3345.4
中药零售	2336.2	561.5	44.3	159.7
动物用药品零售				
医疗用品及器材零售	147.9	0.5	0.1	0.6
保健辅助治疗器材零售				
汽车、摩托车、零配件和燃料及其他动力销售	**86104.6**	**28836.2**	**2046.6**	**21860.8**
汽车新车零售	54256.2	18256.0	1304.2	13042.0
汽车旧车零售	5331.1	717.1	30.3	706.0
汽车零配件零售	1122.2	324.0	-4.3	202.3
摩托车及零配件零售	553.0	6.6	0.3	1.3
机动车燃油零售	24596.7	9530.4	716.3	7909.2
机动车燃气零售	245.4	2.1	-0.2	
机动车充电销售				
家用电器及电子产品专门零售	**18813.0**	**1085.9**	**173.5**	**299.4**
家用视听设备零售	11682.4	269.5	111.2	131.9
日用家电零售	159.2	131.9	0.8	103.3
计算机、软件及辅助设备零售	5119.3	568.2	61.3	58.4
通信设备零售	1852.1	116.3	0.2	5.8
其他电子产品零售				
五金、家具及室内装饰材料专门零售	**3202.7**	**73.3**	**10.0**	**26.5**
五金零售	158.1	0.2		0.2
灯具零售	168.4	5.0		
家具零售	261.3	21.4	0.5	21.9
涂料零售				
卫生洁具零售	1171.8	-0.4	9.3	
木质装饰材料零售				
陶瓷、石材装饰材料零售	1408.2	23.2	0.2	4.4
其他室内装饰材料零售	34.9	23.9		

单位：万元

及分配					人工成本及增值税		从事批发和零售业活动的从业人员平均人数(人)
投资收益	营业利润	营业外收入	营业外支出	利润总额	应付职工薪酬(本年贷方累计发生额)	应交增值税	
-269.3	**-224.8**	**993.3**	**1400.6**	**-460.9**	**19575.2**	**3562.1**	**2262**
	-59.8	0.4	2.5	109.3	406.5	66.8	121
	-7.2			-7.2	37.0	0.8	15
12.0	475.4	943.4	1361.8	57.0	17101.3	363.1	1840
-281.3	-670.5	41.2	36.3	-665.6	1932.2	3112.5	256
	1.4			1.4	30.9	0.1	13
	35.9	8.3		44.2	67.3	18.8	17
2092.8	**83136.0**	**543.1**	**292.3**	**83386.8**	**129662.3**	**13747.9**	**19692**
2092.8	67096.6	464.2	56.3	67504.5	104343.8	7064.3	15660
	15942.8	78.9	236.0	15785.7	25315.5	6654.2	4022
	96.6			96.6	3.0	29.4	10
160.0	**77891.0**	**5366.4**	**5515.7**	**80441.8**	**91676.3**	**47866.5**	**12201**
-490.1	22746.4	3884.7	2553.5	26777.7	64351.0	25069.4	7146
	4565.5	1294.4	1145.5	4714.4	8323.9	4128.4	1000
	-1153.3	18.6	5.7	-1140.4	1898.8	2.1	257
	564.7	1.1	6.3	559.5	221.7	146.0	53
650.1	50351.9	167.6	1804.7	48714.8	16699.9	18365.5	3724
	815.8			815.8	181.0	155.1	21
52.1	**-5387.9**	**535.8**	**172.1**	**-5024.2**	**18844.6**	**7153.8**	**2750**
33.3	-4106.4	237.6	46.4	-3915.2	9843.5	5445.7	1367
	106.7	3.0	2.0	107.7	289.2	14.9	85
18.8	-733.1	273.5	123.1	-582.7	6511.2	1487.2	974
	-655.1	21.7	0.6	-634.0	2200.7	206.0	324
	981.6	**23.6**	**1.6**	**1003.6**	**3102.3**	**1953.3**	**548**
	-2.6			-2.6	84.8	12.0	20
	38.8	1.1		39.9	231.4	57.0	52
	315.4		0.1	315.3	295.4	77.8	52
	390.3	3.0		393.3	570.0		87
	124.6	15.5	1.5	138.6	1380.8	526.6	298
	115.1	4.0		119.1	539.9	1279.9	39

13-3 续表 21

（2019年）

指　　标	损益			
	管理费用	财务费用	利息收入	利息费用
货摊、无店铺及其他零售业	**466.0**	**55.6**	**-24.3**	**13.8**
流动货摊零售				
互联网零售	291.7	75.3	0.3	8.6
邮购及电视、电话零售				
自动售货机零售				
旧货零售				
生活用燃料零售				
宠物食品用品零售				
其他未列明零售业	174.3	-19.7	-24.6	5.2
2.按登记注册类型分				
内资企业	**184385.2**	**37241.8**	**4217.9**	**30808.9**
国有企业	360.8	124.6	-2.5	127.0
集体企业	322.8	52.7		
股份合作企业				
联营企业	54.8	9.2		9.2
国有联营企业				
集体联营企业	54.8	9.2		9.2
国有与集体联营企业				
其他联营企业				
有限责任公司	89578.6	15422.4	2005.6	11593.9
国有独资公司	1847.5	2996.9	173.9	2754.7
其他有限责任公司	87731.1	12425.5	1831.7	8839.2
股份有限公司	7446.5	5789.1	19.4	5059.0
私营企业	86589.0	15843.0	2195.4	14019.0
私营独资企业	1339.1	56.9	22.8	29.4
私营合伙企业	267.2	8.8	0.2	9.0
私营有限责任公司	65420.1	13756.8	673.6	10750.0
私营股份有限公司	19562.6	2020.5	1498.8	3230.6
其他企业	32.7	0.8		0.8
港、澳、台商投资企业	**29064.2**	**2032.7**	**1450.1**	**1720.8**
合资经营企业(港或澳、台资)	8054.5	838.1	-55.7	292.5
合作经营企业(港或澳、台资)				
港、澳、台商独资经营企业	21009.7	1194.6	1505.8	1428.3
港、澳、台商投资股份有限公司				
其他港澳台投资企业				
外商投资企业	**13494.8**	**4854.3**	**46.5**	**4062.3**
中外合资经营企业	6000.1	457.3	-12.8	
中外合作经营企业				
外资企业	7494.7	4397.0	59.3	4062.3
外商投资股份有限公司				
其他外商投资企业				

单位：万元

及分配					人工成本及增值税		从事批发和零售业活动的从业人员平均人数(人)
投资收益	营业利润	营业外收入	营业外支出	利润总额	应付职工薪酬(本年贷方累计发生额)	应交增值税	
	-58.1		**1.3**	**-65.3**	**1825.4**	**42.3**	**183**
	43.0		0.6	42.4	1725.2	11.9	162
	-101.1		0.7	-107.7	100.2	30.4	21
4375.9	**165362.2**	**7836.4**	**6537.5**	**169526.6**	**319480.7**	**84891.3**	**46963**
	-141.6	638.6	73.6	423.4	788.4	71.1	73
	-674.2	3.3		-670.9	620.4	96.6	84
	-27.3	0.2		-27.1	42.7	11.4	17
	-27.3	0.2		-27.1	42.7	11.4	17
737.3	74889.2	2502.5	2349.7	75042.1	144815.0	55056.1	18978
	5832.4	14.7	803.6	5043.5	7315.1	7474.2	1955
737.3	69056.8	2487.8	1546.1	69998.6	137499.9	47581.9	17023
51.2	20553.1	974.3	1737.8	19789.6	6423.0	5161.7	1593
3587.4	70745.5	3717.5	2376.4	74952.0	166763.1	24494.3	26209
228.0	472.2	18.7	36.1	454.8	1380.0	149.3	520
	83.9			83.9	156.2	93.2	30
1266.0	7893.6	3063.0	2280.0	8842.0	69404.3	20763.3	11430
2093.4	62295.8	635.8	60.3	65571.3	95822.6	3488.5	14229
	17.5			17.5	28.1	0.1	9
3164.3	**36143.1**	**1970.5**	**1802.4**	**36311.2**	**33570.1**	**11516.3**	**4574**
	4813.0	215.3	198.1	4830.2	1911.0	2692.8	579
3164.3	31330.1	1755.2	1604.3	31481.0	31659.1	8823.5	3995
-452.5	**51378.9**	**823.5**	**764.3**	**51438.1**	**28688.2**	**15209.1**	**6372**
-452.5	15758.0	380.4	51.2	16087.2	10270.5	5718.6	603
	35620.9	443.1	713.1	35350.9	18417.7	9490.5	5769

13-3 续表 22

（2019年）

指标	损益			
	管理费用	财务费用	利息收入	利息费用
3.按控股情况分				
国有控股	37184.6	9481.0	1310.9	8196.1
集体控股	3382.0	557.5	27.9	354.4
私人控股	113366.2	21104.9	2830.4	18416.2
港澳台商控股	29064.2	2032.7	1450.1	1720.8
外商控股	12474.7	4620.3	46.5	4062.3
其他	31439.8	6331.6	48.7	3841.4
4.按经营形式分				
独立门店	167355.9	27540.5	3565.4	20774.4
连锁总店(总部)	40009.1	13713.9	1309.8	13383.2
连锁直营店	544.7	138.8	5.5	20.0
连锁加盟店	223.5	5.4	1.0	
其他	18811.0	2730.2	832.8	2414.4
5.按单位规模分				
大型	74567.1	15846.8	2878.1	15666.3
中型	111317.8	23732.5	2088.7	17849.7
小型	39680.6	4442.0	771.1	3024.2
微型	1378.7	107.5	-23.4	51.8
6.按零售业态分				
有店铺零售	221269.9	43007.9	5268.8	35157.3
食杂店	432.2	19.7		4.5
便利店	3254.2	333.2	13.7	199.3
折扣店	551.3	70.7	5.6	76.1
超市	10065.9	318.0	58.6	214.2
大型超市	13071.0	5083.9	42.5	4224.6
仓储会员店				
百货店	25282.6	593.9	1249.0	1020.4
专业店	94793.5	19180.5	2842.0	16209.3
专卖店	68768.7	16088.8	1065.0	11943.8
家居建材商店	687.8	39.1	-23.8	27.6
购物中心	2253.7	1279.8	5.5	1210.6
厂家直销中心	2109.0	0.3	10.7	26.9
无店铺零售	5674.3	1120.9	445.7	1434.7
电视购物	664.6	1.6	-1.4	
邮购				
网上商店	291.7	75.3	0.3	8.6
自动售货亭				
电话购物				
其他	4718.0	1044.0	446.8	1426.1

单位：万元

及分配					人工成本及增值税		从事批发和零售业活动的从业人员平均人数(人)
投资收益	营业利润	营业外收入	营业外支出	利润总额	应付职工薪酬(本年贷方累计发生额)	应交增值税	
431.0	51088.3	1112.2	1970.8	50229.7	43114.8	22092.5	6401
	-1221.6	269.5	76.9	-1029.0	5251.8	624.1	837
3273.6	101670.0	4728.4	3204.9	106058.9	225307.8	44460.8	35319
3164.3	36143.1	1970.5	1802.4	36311.2	33570.1	11516.3	4574
	50362.0	787.1	751.3	50397.8	26121.9	13637.2	6107
218.8	14824.9	1762.7	1297.9	15289.8	48344.5	19285.7	4662
3285.6	167472.9	8123.8	5424.1	172866.8	253644.9	64783.0	39325
11.8	76483.2	1592.8	3208.9	75038.3	75399.7	31212.7	12944
	163.7	7.7	13.7	157.7	3777.6	1059.3	612
	151.5	1.6	0.4	152.7		2312.9	26
3790.3	8612.9	904.5	457.1	9060.4	48916.8	12248.8	5002
5276.5	170307.5	1971.8	2835.9	169443.4	226933.2	47794.8	35209
322.3	53281.1	7087.9	5477.5	57762.9	119236.2	47565.8	18221
1488.9	28774.9	1538.6	762.0	29551.5	34702.9	16022.3	4273
	520.7	32.1	28.8	518.1	866.7	233.8	206
7087.4	251535.7	10420.9	9091.8	255730.3	375772.8	110339.8	57125
	120.5			120.5	560.3	30.6	124
	2842.8	187.2	92.3	2937.7	9141.4	1822.8	1310
	-628.3	2.1	0.1	-626.2	764.4	134.9	110
228.0	1273.7	325.2	116.1	1482.8	8240.2	2186.2	3137
	43572.7	1363.4	774.6	44161.5	31689.0	13032.3	7580
307.7	43950.1	229.6	308.1	43871.6	20691.1	6065.0	3243
3987.3	139380.8	3549.2	4479.4	138621.9	194538.1	46043.2	29532
2564.4	18001.9	4691.1	3311.0	22082.0	88018.6	33465.8	10730
	406.1	6.9	1.8	405.3	1088.6	1430.3	140
	-747.8	58.8	3.0	-692.0	1857.5	580.3	306
	3363.2	7.4	5.4	3365.2	19183.6	5548.4	913
0.3	1348.5	209.5	12.4	1545.6	5966.2	1276.9	784
7.1	-691.7	22.7		-669.0	892.1	152.7	103
	43.0		0.6	42.4	1725.2	11.9	162
-6.8	1997.2	186.8	11.8	2172.2	3348.9	1112.3	519

13-3 续表 23

（2019年）

指标	损益			
	管理费用	财务费用	利息收入	利息费用
7.按经营地分				
城镇	11665.6	1210.9	544.7	1484.5
其中：城区	11482.4	1188.9	544.7	1484.5
乡村	352.5	146.7		126.6
8.按港澳台商投资情况分				
港商投资	2624.6	1157.7	-14.3	1018.7
澳商投资				
台商投资				
三、批发业按地区分组	**316514.8**	**383761.2**	**141874.8**	**446274.6**
五华区	72006.2	29817.7	13071.2	30891.1
盘龙区	76162.2	67592.5	35585.3	81374.8
官渡区	61171.1	46972.8	6644.6	43459.1
西山区	60769.4	176536.0	75413.1	242281.0
东川区	883.9	363.6	1.1	312.2
呈贡区	19561.7	30777.9	8508.4	32767.6
晋宁区	9267.6	2896.2	-30.4	887.9
富民县	942.7	-250.0	3.3	45.0
宜良县	1248.5	964.5	2.3	933.6
石林彝族自治县	420.6	94.3		
嵩明县	1394.9	248.7	-0.6	211.5
禄劝彝族苗族自治县	272.4	109.2	1.6	110.8
寻甸回族彝族自治县	1694.8	614.7	0.6	604.7
安宁市	10718.8	27023.1	2674.3	12395.3
四、零售业按地区分组	**226944.2**	**44128.8**	**5714.5**	**36592.0**
按全国地区分组				
五华区	73501.6	9462.6	1643.6	8215.1
盘龙区	42688.7	4151.1	909.5	1765.0
官渡区	42978.6	11902.8	1288.4	10257.1
西山区	33779.1	14646.1	274.8	11483.5
东川区	760.1	1.6	-0.1	0.4
呈贡区	22164.7	2432.4	1475.1	3633.2
晋宁区	645.6	45.9	-0.4	16.1
富民县	464.6	93.1	0.8	92.5
宜良县	1538.1	37.6	2.2	8.5
石林彝族自治县	1402.8	91.6	7.3	90.8
嵩明县	1800.2	631.3	24.4	500.0
禄劝彝族苗族自治县	1031.9	256.5	59.1	244.4
寻甸回族彝族自治县	1216.3	72.4	0.1	57.1
安宁市	2971.9	303.8	29.7	228.3

单位：万元

及分配					人工成本及增值税		从事批发和零售业活动的从业人员平均人数(人)
投资收益	营业利润	营业外收入	营业外支出	利润总额	应付职工薪酬(本年贷方累计发生额)	应交增值税	
152.9	1779.2	300.1	86.3	1993.0	32150.6	8372.9	2865
152.9	1671.3	300.1	86.3	1885.1	31089.0	8365.8	2821
	-244.2	33.1		-211.1	194.3	20.6	40
	-5789.6	70.2	54.9	-5774.3	4931.7	102.5	942
233834.3	**786266.4**	**39134.7**	**37844.1**	**786858.4**	**545500.1**	**215791.2**	**28043**
33733.0	163776.4	3528.4	11665.6	155639.2	58873.4	26978.1	7495
59965.7	331396.9	10672.9	19896.3	322173.4	134319.8	82508.4	5200
28653.3	77098.4	4250.3	2557.8	78790.9	64221.6	41343.9	5141
110731.3	88142.0	4111.3	2852.1	89401.2	50203.6	24263.8	3973
	-1167.9	879.5	21.3	-309.7	528.1	270.0	118
-414.6	77748.7	7970.3	197.0	84823.4	36432.2	16217.3	2932
648.1	12450.9	5675.2	392.1	17734.0	11040.4	7230.8	1388
	621.5	155.1	144.5	632.1	835.8	109.0	185
1.9	10886.8	177.5	64.0	11000.3	1005.6	101.2	260
8.5	30.9			30.9	63.0	3.6	12
	708.1	48.5	6.6	750.0	3238.7	262.9	282
	-769.6	880.4		110.8	81.2	198.4	39
	59.4	381.9	2.8	438.5	1348.4	731.8	98
507.1	25283.9	403.4	44.0	25643.4	183308.3	15572.0	920
7087.7	**252884.2**	**10630.4**	**9104.2**	**257275.9**	**381739.0**	**111616.7**	**57909**
78.1	63724.2	3420.3	2574.7	67441.0	111533.3	34763.0	17248
3897.1	50936.6	2218.3	1950.9	51204.0	71556.4	32152.2	9773
661.1	48295.2	1083.2	1284.8	48093.7	36205.1	17537.6	5308
127.2	23054.5	2256.8	2659.2	22652.2	37195.9	22035.5	6322
	-9.6	7.3	1.2	-3.5	336.0	21.8	123
2093.4	64019.4	597.0	93.5	64517.0	99834.6	3516.9	14722
	30.4	6.3	65.2	-28.5	1425.5	116.5	313
	462.5	4.1	1.7	464.9	805.6	21.9	267
	561.5	9.4	163.0	407.9	974.9	116.3	275
	422.8	3.3	2.0	424.1	1268.7	97.8	510
228.0	885.9	784.8	161.1	1509.6	12396.4	294.6	955
-0.6	656.9	14.8	7.4	664.3	1435.5	206.0	556
	280.9	2.8	88.3	195.4	2245.1	82.4	396
3.4	-437	222	51.2	-266.2	4526	654.2	1141

13-4 限额以上住宿和

（2019年）

指标名称	法人企业数(个)	从业人员期末人数(人)	营业额	客房收入	通过公共网络实现的客房收入	通过非自营平台实现的客房收入
总计	**340**	**34382**	**691054.4**	**216727.8**	**32991.9**	**6250.9**
一、住宿业	**178**	**18811**	**361882.1**	**209706.8**	**32875.3**	**6250.9**
1.按住宿业行业小类分						
旅游饭店	**106**	**14644**	**289209.3**	**154542.3**	**21601.3**	**4108.0**
旅游饭店	106	14644	289209.3	154542.3	21601.3	4108.0
一般旅馆	**63**	**3536**	**62378.5**	**48230.8**	**9288.9**	**2120.7**
经济型连锁酒店	11	453	8987.8	7831.0	1688.8	409.4
其他一般旅馆	52	3083	53390.7	40399.8	7600.1	1711.3
民宿服务						
民宿服务						
露营地服务						
露营地服务						
其他住宿业	**9**	**631**	**10294.3**	**6933.7**	**1985.1**	**22.2**
其他住宿业	9	631	10294.3	6933.7	1985.1	22.2
2.按登记注册类型分						
内资企业	**171**	**17200**	**325246.3**	**189903.9**	**28610.0**	**4750.9**
国有企业	11	1730	28775.6	11862.8	1754.5	1364.8
集体企业	1	86	1583.0	1376.7	24.0	
股份合作企业						
联营企业	1	103	1467.2	895.6	71.4	
国有联营企业	1	103	1467.2	895.6	71.4	
集体联营企业						
国有与集体联营企业						
其他联营企业						
有限责任公司	78	9591	195466.4	109630.6	14397.6	2056.9
国有独资公司	4	728	13188.9	3002.6	187.9	
其他有限责任公司	74	8863	182277.5	106628.0	14209.7	2056.9
股份有限公司	9	980	14141.2	9103.3	1997.1	361.7
私营企业	71	4710	83812.9	57034.9	10365.4	967.5
私营独资企业	5	201	2614.1	2032.4	85.1	9.2
私营合伙企业						
私营有限责任公司	65	4474	80282.3	54090.5	9886.0	958.3
私营股份有限公司	1	35	916.5	912.0	394.3	
其他企业						
港、澳、台商投资企业	**6**	**1406**	**32922.0**	**18206.7**	**4172.1**	**1500.0**
与港澳台商合资经营企业	3	614	14143.0	7150.3	3174.9	1500.0
与港澳台商合作经营企业						
港澳台商独资企业	3	792	18779.0	11056.4	997.2	
港澳台商投资股份有限公司						
其他港澳台投资企业						

餐饮业法人企业经营情况

单位：万元

餐费收入	通过公共网络实现的餐费收入	通过非自营平台实现的餐费收入	商品销售额收入	其他收入	外卖送餐服务收入	客房数(间)	床位数(个)	餐位数(位)	年末餐饮营业面积(平方米)
387601.1	**18511.4**	**924.7**	**30007.6**	**56717.9**	**308.1**	**80147**	**135146**	**207329**	**1165490.0**
96606.8	**2477.9**	**800.7**	**13475.2**	**42093.3**	**34.6**	**79024**	**133244**	**77971**	**750625.0**
87354.4	**2207.4**	**763.6**	**12768.5**	**34544.1**	**34.6**	**50897**	**80914**	**47689**	**505436.0**
87354.4	2207.4	763.6	12768.5	34544.1	34.6	50897	80914	47689	505436.0
8444.8	**144.8**	**35.9**	**663.4**	**5039.5**		**26875**	**50250**	**29302**	**231758.0**
1115.5	19.6	9.2	36.4	4.9		1466	2370	1843	31900.0
7329.3	125.2	26.7	627.0	5034.6		25409	47880	27459	199858.0
807.6	**125.7**	**1.2**	**43.3**	**2509.7**		**1252**	**2080**	**980**	**13431.0**
807.6	125.7	1.2	43.3	2509.7		1252	2080	980	13431.0
86059.2	**1478.0**	**100.7**	**11495.7**	**37787.5**	**4.6**	**76852**	**130037**	**73607**	**700703.0**
6164.6	62.4	44.6	780.2	9968.0		1913	3387	5672	27941.0
75.2			6.0	125.1		182	320	204	1100.0
571.6						156	303	220	7000.0
571.6						156	303	220	7000.0
59498.9	694.9	1.2	8139.0	18197.9	4.6	24045	42006	34023	424371.0
4111.4			4966.3	1108.6		641	1124	2450	17546.0
55387.5	694.9	1.2	3172.7	17089.3	4.6	23404	40882	31573	406825.0
3571.7	27.5	26.7	84.2	1382.0		1993	3022	1709	33172.0
16177.2	693.2	28.2	2486.3	8114.5		48563	80999	31779	207119.0
485.0	21.2	12.5	40.4	56.3		746	1312	1280	17700.0
15687.7	672.0	15.7	2445.9	8058.2		47687	79481	30415	189165.0
4.5						130	206	84	254.0
9471.0	**988.7**	**700.0**	**1000.0**	**4244.3**	**30.0**	**1919**	**2826**	**3044**	**47391.0**
4535.6	860.0	700.0	1000.0	1457.1	30.0	1029	1685	1726	21054.0
4935.4	128.7			2787.2		890	1141	1318	26337.0

13-4 续表 1

（2019年）

指标名称	法人企业数(个)	从业人员期末人数(人)	营业额	客房收入	通过公共网络实现的客房收入	通过非自营平台实现的客房收入
外商投资企业	**1**	**205**	**3713.8**	**1596.2**	**93.2**	
中外合资经营企业	1	205	3713.8	1596.2	93.2	
中外合作经营企业						
外资企业						
外商投资股份有限公司						
其他外商投资企业						
3.按控股情况分						
国有控股	36	5870	112229.0	50743.8	5723.9	2864.8
集体控股	1	86	1583.0	1376.7	24.0	
私人控股	116	8379	150946.2	105278.4	17568.1	2970.8
港澳台商控股	3	792	18779.0	11056.4	997.2	
外商控股						
其他	22	3684	78344.9	41251.5	8562.1	415.3
4.按经营形式分						
独立门店	152	16832	327233.6	180233.8	29099.0	5712.2
连锁总店(总部)	1	270	10366.9	9822.3		
连锁直营店	3	256	6683.1	6375.5	804.2	37.1
连锁加盟店	15	745	12688.7	10347.7	2638.1	479.4
其他	7	708	4909.8	2927.5	334.0	22.2
5.按单位规模分						
大型	2	1105	41517.3	22073.0	1660.5	
中型	42	10200	208948.0	106269.9	14682.7	3075.6
小型	130	7477	109887.3	79905.0	15901.6	2996.8
微型	4	29	1529.5	1458.9	630.5	178.5
6.按星级分						
五星	9	2267	55387.5	30427.4	6437.2	
四星	22	4228	72798.7	32214.2	5729.2	3280.1
三星	19	1926	36882.9	23719.2	1546.2	9.2
二星	4	340	4561.4	2671.9	223.9	
一星						
其他	124	10050	192251.6	120674.1	18938.8	2961.6
7.按经营地分						
城镇	173	18107	352019.9	205058.5	32825.9	6250.9
城区	155	17047	333951.8	192587.1	31704.2	6250.9
乡村	5	704	9862.2	4648.3	49.4	

单位：万元

餐费收入	通过公共网络实现的餐费收入	通过非自营平台实现的餐费收入	商品销售额收入	其他收入	外卖送餐服务收入	客房数(间)	床位数(个)	餐位数(位)	年末餐饮营业面积(平方米)
1076.6	**11.2**		**979.5**	**61.5**		**253**	**381**	**1320**	**2531.0**
1076.6	11.2		979.5	61.5		253	381	1320	2531.0
35406.5	1006.6	744.6	8663.3	17415.4	30.0	7549	12556	17484	163391.0
75.2			6.0	125.1		182	320	204	1100.0
29021.3	995.9	54.9	2934.5	13712.0	1.0	64802	109722	45601	452085.0
4935.4	128.7			2787.2		890	1141	1318	26337.0
27168.4	346.7	1.2	1871.4	8053.6	3.6	5601	9505	13364	107712.0
92708.1	2414.1	790.3	13254.2	41037.5	33.6	72382	121698	71522	599059.0
45.5			130.7	368.4		1675	4435	440	19800.0
47.3	1.0		79.7	180.6	1.0	1372	1702	632	7422.0
2172.5	19.6	9.2	0.3	168.2		2398	3483	871	24328.0
1633.4	43.2	1.2	10.3	338.6		1197	1926	4506	100016.0
17486.9	210.6		128.3	1829.1		1287	1998	2017	10718.0
59010.2	1761.3	745.8	12490.6	31177.3	33.6	13848	23893	30578	226318.0
20109.7	506.0	54.9	835.3	9037.3	1.0	63470	106691	45320	504889.0
			21.0	49.6		419	662	56	8700.0
19801.7	555.9		1128.3	4030.1		3209	4631	8994	115897.0
21381.0	999.3	745.8	6795.1	12408.4	33.6	4588	7444	14419	87315.0
6102.9	41.2	12.5	646.7	6414.1		4386	8828	6886	88881.0
910.3			6.4	972.8		482	875	904	19944.0
48410.9	881.5	42.4	4898.7	18267.9	1.0	66359	111466	46768	438588.0
91547.0	2450.4	800.7	13472.8	41941.6	34.6	77658	131182	75181	743833.0
87092.0	2445.2	800.7	12908.3	41364.4	34.6	65969	107826	53537	709252.0
5059.8	27.5		2.4	151.7		1366	2062	2790	6792.0

13-4 续表 2

（2019年）

指标名称	法人企业数(个)	从业人员期末人数(人)	营业额	客房收入	通过公共网络实现的客房收入	通过非自营平台实现的客房收入
8.按港澳台商投资情况分						
港商投资	6	1406	32922.0	18206.7	4172.1	1500.0
澳商投资						
台商投资						
二、餐饮业	**162**	**15571**	**329172.3**	**7021.0**	**116.6**	
1.按餐饮业行业小类分						
正餐服务	**153**	**9571**	**202130.6**	**7021.0**	**116.6**	
正餐服务	153	9571	202130.6	7021.0	116.6	
快餐服务	**5**	**4672**	**100681.9**			
快餐服务	5	4672	100681.9			
饮料及冷饮服务	**1**	**377**	**3734.7**			
茶馆服务						
咖啡馆服务	1	377	3734.7			
酒吧服务						
其他饮料及冷饮服务						
餐饮配送及外卖送餐服务	**1**	**859**	**21939.2**			
餐饮配送服务	1	859	21939.2			
外卖送餐服务						
其他餐饮业	**2**	**92**	**685.9**			
小吃服务						
其他未列明餐饮业	2	92	685.9			
2.按登记注册类型分						
内资企业	**158**	**10653**	**232687.3**	**7021.0**	**116.6**	
国有企业						
集体企业						
股份合作企业						
联营企业						
国有联营企业						
集体联营企业						
国有与集体联营企业						
其他联营企业						
有限责任公司	40	3869	78572.8	340.4	13.2	
国有独资公司	2	158	1973.5	20.6	5.0	
其他有限责任公司	38	3711	76599.3	319.8	8.2	
股份有限公司	2	55	895.5			
私营企业	116	6729	153219.0	6680.6	103.4	

单位：万元

餐费收入	通过公共网络实现的餐费收入	通过非自营平台实现的餐费收入	商品销售额收入	其他收入	外卖送餐服务收入	客房数(间)	床位数(个)	餐位数(位)	年末餐饮营业面积(平方米)
9471.0	988.7	700.0	1000.0	4244.3	30.0	1919	2826	3044	47391.0
290994.3	**16033.5**	**124.0**	**16532.4**	**14624.6**	**273.5**	**1123**	**1902**	**129358**	**414865.0**
172414.4	**10067.4**	**124.0**	**16147.5**	**6547.7**	**167.1**	**1123**	**1902**	**111319**	**365650.0**
172414.4	10067.4	124.0	16147.5	6547.7	167.1	1123	1902	111319	365650.0
96966.5	**5883.0**		**39.9**	**3675.5**				**17076**	**43045.0**
96966.5	5883.0		39.9	3675.5				17076	43045.0
3321.2			**313.8**	**99.7**	**99.7**			**63**	**1890.0**
3321.2			313.8	99.7	99.7			63	1890.0
17644.2				**4295.0**					
17644.2				4295.0					
648.0	**83.1**		**31.2**	**6.7**	**6.7**			**900**	**4280.0**
648.0	83.1		31.2	6.7	6.7			900	4280.0
202479.8	**16033.5**	**124.0**	**16532.4**	**6654.1**	**273.5**	**1123**	**1902**	**119773**	**384673.0**
61924.9	2273.3	100.0	14005.4	2302.1	108.9	249	436	30443	174408.0
1889.4	57.0		63.5			30	66	1300	9012.0
60035.5	2216.3	100.0	13941.9	2302.1	108.9	219	370	29143	165396.0
895.5								1286	1700.0
139659.4	13760.2	24.0	2527.0	4352.0	164.6	874	1466	88044	208565.0

13-4 续表 3

（2019年）

指标名称	法人企业数(个)	从业人员期末人数(人)	营业额	客房收入	通过公共网络实现的客房收入	通过非自营平台实现的客房收入
私营独资企业	11	243	3263.4	246.2		
私营合伙企业						
私营有限责任公司	103	6189	145492.4	6434.4	103.4	
私营股份有限公司	2	297	4463.2			
其他企业						
港、澳、台商投资企业	**2**	**1004**	**27465.1**			
与港澳台商合资经营企业	1	859	21939.2			
与港澳台商合作经营企业						
港澳台商独资企业	1	145	5525.9			
港澳台商投资股份有限公司						
其他港澳台投资企业						
外商投资企业	**2**	**3914**	**69019.9**			
中外合资经营企业						
中外合作经营企业						
外资企业	2	3914	69019.9			
外商投资股份有限公司						
其他外商投资企业						
3.按控股情况分						
国有控股	7	1722	52709.1	122.6	5.0	
集体控股	1	78	1342.2			
私人控股	146	9411	195577.4	6898.4	111.6	
港澳台商控股	1	145	5525.9			
外商控股	2	3914	69019.9			
其他	5	301	4997.8			
4.按经营形式分						
独立门店	143	8201	148779.8	6919.0	116.6	
连锁总店(总部)	9	5530	130912.4			
连锁直营店	1	55	605.3			
连锁加盟店						
其他	9	1785	48874.8	102.0		
5.按单位规模分						
大型	5	6886	147703.1			
中型	11	2484	70869.3	5681.5	14.4	
小型	139	6158	108450.6	1339.5	102.2	
微型	7	43	2149.3			

单位：万元

餐费收入	通过公共网络实现的餐费收入	通过非自营平台实现的餐费收入	商品销售额收入	其他收入	外卖送餐服务收入	客房数(间)	床位数(个)	餐位数(位)	年末餐饮营业面积(平方米)
2930.5	12.6		66.4	20.3		120	215	6352	13190.0
132265.7	13695.6	24.0	2460.6	4331.7	164.6	754	1251	78346	184879.0
4463.2	52.0							3346	10496.0
23170.1				**4295.0**				**680**	**4000.0**
17644.2				4295.0					
5525.9								680	4000.0
65344.4				**3675.5**				**8905**	**26192.0**
65344.4				3675.5				8905	26192.0
33237.6	57.0		12920.5	6428.4		145	278	11054	94855.0
1342.2								350	2000.0
180642.0	15762.3	24.0	3518.0	4519.0	273.5	978	1624	105604	280401.0
5525.9								680	4000.0
65344.4				3675.5				8905	26192.0
4902.2	214.2	100.0	93.9	1.7				2765	7417.0
132930.0	4432.8	124.0	3468.4	5462.4	273.5	1008	1690	91316	272942.0
127087.0	11547.5		39.9	3785.5				24730	58523.0
605.3	52.0							146	696.0
30372.0	1.2		13024.1	5376.7		115	212	13166	82704.0
129560.1	7715.8		12871.0	5272.0				20870	71316.0
55506.3	5868.3		1962.3	7719.2	188.7	457	757	27240	55589.0
103865.3	2280.9	24.0	1632.7	1613.1	84.8	666	1145	74990	284710.0
2062.6	168.5	100.0	66.4	20.3				6258	3250.0

13-4 续表 4

（2019年）

指标名称	法人企业数(个)	从业人员期末人数(人)	营业额	客房收入	通过公共网络实现的客房收入	通过非自营平台实现的客房收入
6.按经营地分						
城镇	151	15150	322701.8	6718.5	43.8	
其中：城区	114	14022	301678.9	6224.3	38.8	
乡村	11	421	6470.5	302.5	72.8	
7.按港澳台商投资情况分						
港商投资	2	1004	27465.1			
澳商投资						
台商投资						
三、住宿业按地区分组	**178**	**18811**	**361882.1**	**209706.8**	**32875.3**	**6250.9**
五华区	30	3843	78378.2	50643.6	10251.9	1284.0
盘龙区	26	3225	61343.6	30656.6	2742.3	304.7
官渡区	49	5112	94445.4	51833.3	10976.3	2689.9
西山区	29	3295	72924.6	43713.1	4470.4	1507.2
东川区	2	209	1439.1	679.6		
呈贡区	13	862	15861.6	10438.3	1942.1	453.6
晋宁区	2	77	796.0	402.5	75.9	
富民县	3	222	4163.9	2214.2	537.7	
宜良县	2	100	1259.7	1235.6	135.1	
石林彝族自治县	11	792	13767.5	8761.1	202.7	
嵩明县	1	363	4434.4	2154.4	29.9	
禄劝彝族苗族自治县	1	75	1127.7	793.0	4.4	
寻甸回族彝族自治县	3	98	1587.0	951.8	88.8	
安宁市	6	538	10353.4	5229.7	1417.8	11.5
四、餐饮业按地区分组	**162**	**15571**	**329172.3**	**7021.0**	**116.6**	
五华区	24	2146	57520.6	2365.5	14.4	
盘龙区	24	4801	82718.4			
官渡区	26	3002	59865.6			
西山区	22	2348	44634.1	74.1		
东川区						
呈贡区	13	1610	55803.4	3381.5	10.0	
晋宁区	4	121	1193.5	217.8	8.2	
富民县	5	158	2210.9	252.0		
宜良县	3	140	4315.5			
石林彝族自治县	11	398	8030.8	58.1	5.0	
嵩明县	9	306	4048.7	350.6	72.8	
禄劝彝族苗族自治县	8	149	2612.4	96.0		
寻甸回族彝族自治县	4	94	1961.5			
安宁市	9	298	4256.9	225.4	6.2	

单位：万元

餐费收入	通过公共网络实现的餐费收入	通过非自营平台实现的餐费收入	商品销售额收入	其他收入	外卖送餐服务收入	客房数(间)	床位数(个)	餐位数(位)	年末餐饮营业面积(平方米)
285283.0	16033.5	124.0	16208.4	14491.9	273.3	1015	1757	126667	398711.0
265978.8	15963.9	124.0	15197.9	14277.9	244.3	744	1269	105935	340300.0
5711.3			324.0	132.7	0.2	108	145	2691	16154.0
23170.1				4295.0				680	4000.0
96606.8	**2477.9**	**800.7**	**13475.2**	**42093.3**	**34.6**	**79024**	**133244**	**77971**	**750625.0**
17057.0	392.1	37.1	2253.7	8423.9	3.6	6849	12175	10381	122915.0
16250.1	64.0	12.5	6484.8	7952.1		5046	7753	8631	64776.0
23309.4	1131.8	744.6	1945.0	17357.7	31.0	11575	19185	17726	267462.0
23644.2	134.4	0.8	318.6	5248.7		31039	48111	10240	160791.0
494.1				265.4		174	289	138	500.0
3095.9	125.7	1.2	327.2	2000.2		2007	3634	3981	70813.0
342.7				50.8		168	268	1450	3443.0
1693.9	27.5		188.0	67.8		251	699	1356	8500.0
17.4			6.7			192	291	28	68.0
4195.7			354.1	456.6		1973	3728	2290	17080.0
2135.0				145.0		855	1268	624	2592.0
315.1				19.6		118	196	1000	2000.0
634.4	5.2		0.4	0.4		9271	18578	18666	9500.0
3421.9	597.2	4.5	1596.7	105.1		9506	17069	1460	20185.0
290994.3	**16033.5**	**124.0**	**16532.4**	**14624.6**	**273.5**	**1123**	**1902**	**129358**	**414865.0**
49794.6	7188.4	24.0	313.8	5046.7	99.7	148	217	19172	50757.0
81343.2	397.7		292.2	1083.0	9.2			15956	63814.0
41331.6	84.0		13150.3	5383.7				17522	50363.0
42008.4	2001.3	100.0	862.4	1689.2	135.4	51	101	20390	67874.0
50595.1	6292.5		787.5	1039.3		380	667	28958	96673.0
943.2				32.5		104	158	2335	10100.0
1643.7			171.9	143.3	0.2	130	242	1416	3635.0
4315.5								1194	5400.0
7414.6	57.0		537.8	20.3		52	97	4715	15620.0
3396.8	12.6		279.7	21.6		140	201	4791	21894.0
2487.4				29.0	29.0	20	36	7056	14027.0
1876.8			84.7					2545	4735.0
3843.4			52.1	136		98	183	3308	9973

13-5 限额以上住宿和

（2019年）

指标名称	法人企业数(个)	执行《2006年企业会计准则》企业数(个)	年初存货	期末	
				流动资产合计	应收帐款
总计	**340**	**206**	**17046.6**	**804309.7**	**85386.8**
一、住宿业	**178**	**121**	**10155.0**	**448772.7**	**57466.9**
1.按住宿业行业小类分					
旅游饭店	**106**	**87**	**9544.7**	**375943.6**	**21048.0**
旅游饭店	106	87	9544.7	375943.6	21048.0
一般旅馆	**63**	**31**	**555.7**	**65085.2**	**36118.4**
经济型连锁酒店	11	6	62.0	5339.1	614.7
其他一般旅馆	52	25	493.7	59746.1	35503.7
民宿服务					
民宿服务					
露营地服务					
露营地服务					
其他住宿业	**9**	**3**	**54.6**	**7743.9**	**300.5**
其他住宿业	9	3	54.6	7743.9	300.5
2.按登记注册类型分					
内资企业	**171**	**114**	**9184.2**	**390232.6**	**55256.9**
国有企业	11	10	1077.0	29772.4	616.8
集体企业	1	1	20.6	410.8	66.9
股份合作企业					
联营企业	1	1	20.3	513.2	35.2
国有联营企业	1	1	20.3	513.2	35.2
集体联营企业					
国有与集体联营企业					
其他联营企业					
有限责任公司	78	57	5176.3	238146.8	9976.0
国有独资公司	4	4	63.8	3868.9	1042.3
其他有限责任公司	74	53	5112.5	234277.9	8933.7
股份有限公司	9	7	1204.3	9180.4	2538.9
私营企业	71	38	1685.7	112209.0	42023.1
私营独资企业	5	2	66.5	1071.2	222.8
私营合伙企业					
私营有限责任公司	65	36	1596.6	110077.4	41790.0
私营股份有限公司	1		22.6	1060.4	10.3
其他企业					
港、澳、台商投资企业	**6**	**6**	**736.2**	**55909.7**	**1992.2**
与港澳台商合资经营企业	3	3	584.3	43110.2	1217.1
与港澳台商合作经营企业					
港澳台商独资企业	3	3	151.9	12799.5	775.1
港澳台商投资股份有限公司					
其他港澳台投资企业					

餐饮业法人企业财务状况

单位：万元

资产负债

存货	固定资产原价	房屋和构筑物	机器设备	累计折旧	本年折旧	固定资产净额	在建工程	无形资产
21150.6	**1312840.7**	**446198.3**	**100099.8**	**473210.1**	**45656.9**	**460891.7**	**30997.2**	**114361.4**
11588.1	**830825.1**	**419508.5**	**74192.5**	**407117.1**	**36650.1**	**376265.1**	**22769.3**	**110706.3**
10508.1	**768152.0**	**388939.1**	**65852.5**	**378983.8**	**33369.1**	**354148.9**	**22178.4**	**109203.2**
10508.1	768152.0	388939.1	65852.5	378983.8	33369.1	354148.9	22178.4	109203.2
1034.7	**51565.1**	**23162.4**	**6025.2**	**25775.1**	**2866.5**	**13515.8**	**587.9**	**1503.1**
83.7	5099.9	236.8	207.8	753.8	397.8	887.6	5.9	40.2
951.0	46465.2	22925.6	5817.4	25021.3	2468.7	12628.2	582.0	1462.9
45.3	**11108.0**	**7407.0**	**2314.8**	**2358.2**	**414.5**	**8600.4**	**3.0**	
45.3	11108.0	7407.0	2314.8	2358.2	414.5	8600.4	3.0	
9380.9	**708698.4**	**340320.5**	**67227.9**	**329395.4**	**32404.0**	**331851.3**	**22738.8**	**103661.9**
962.0	64702.5	19282.9	3101.1	39267.9	1667.0	23151.0	108.7	340.6
30.9	526.8			375.2	375.2	151.5		
17.3	2416.2			2169.4	64.1	246.8		787.8
17.3	2416.2			2169.4	64.1	246.8		787.8
5305.7	520072.0	251738.8	51914.5	245339.3	24919.7	253828.0	20104.6	92843.0
64.6	39661.9	30730.1	4663.6	23511.3	1098.8	14974.0	11.8	46438.3
5241.1	480410.1	221008.7	47250.9	221828.0	23820.9	238854.0	20092.8	46404.7
949.3	37215.0	26091.6	3849.5	13271.4	1463.0	19984.6	122.7	2207.3
2115.7	83765.9	43207.2	8362.8	28972.2	3915.0	34489.4	2402.8	7483.2
93.1	3491.6	600.0	343.3	430.8	130.3	2321.8	168.7	920.0
1998.1	76770.2	42607.2	8019.5	28367.8	3613.3	32167.6	2234.1	6563.2
24.5	3504.1			173.6	171.4			
1978.8	**111724.9**	**70702.7**	**5048.1**	**68737.6**	**3558.7**	**42996.2**	**30.5**	**5187.1**
1839.3	17406.3	10281.8	1482.1	14340.2	447.2	3066.1	30.5	864.3
139.5	94318.6	60420.9	3566.0	54397.4	3111.5	39930.1		4322.8

13-5 续表 1

（2019年）

指标名称	法人企业数(个)	执行《2006年企业会计准则》企业数(个)	年初存货	期末 流动资产合计	期末 应收帐款
外商投资企业	**1**	**1**	**234.6**	**2630.4**	**217.8**
中外合资经营企业	1	1	234.6	2630.4	217.8
中外合作经营企业					
外资企业					
外商投资股份有限公司					
其他外商投资企业					
3.按控股情况分					
国有控股	36	32	3783.9	163545.2	5329.0
集体控股	1	1	20.6	410.8	66.9
私人控股	116	67	4296.6	151837.4	45994.6
港澳台商控股	3	3	151.9	12799.5	775.1
外商控股					
其他	22	18	1902.0	120179.8	5301.3
4.按经营形式分					
独立门店	152	109	8995.2	431236.1	54792.5
连锁总店(总部)	1			6472.4	256.2
连锁直营店	3	3	20.7	2283.5	121.3
连锁加盟店	15	4	1038.3	6133.9	1990.6
其他	7	5	100.8	2646.8	306.3
5.按单位规模分					
大型	2	2	428.4	31225.4	490.5
中型	42	40	6098.0	252468.7	44500.8
小型	130	78	3625.7	164535.5	12475.6
微型	4	1	2.9	543.1	
6.按星级分					
五星	9	7	912.7	82254.0	2350.8
四星	22	19	4072.3	104747.8	3506.1
三星	19	15	517.8	29736.5	2794.3
二星	4	4	67.7	3799.7	289.8
一星					
其他	124	76	4584.5	228234.7	48525.9
7.按经营地分					
城镇	173	117	9095.2	443049.8	55199.7
其中：城区	155	103	6811.8	371662.6	47360.4
乡村	5	4	1059.8	5722.9	2267.2

单位：万元

资产负债

存货	固定资产原价	房屋和构筑物	机器设备	累计折旧	本年折旧	固定资产净额	在建工程	无形资产
228.4	**10401.8**	**8485.3**	**1916.5**	**8984.1**	**687.4**	**1417.6**		**1857.3**
228.4	10401.8	8485.3	1916.5	8984.1	687.4	1417.6		1857.3
3457.3	396049.6	159371.3	39565.3	198861.4	18639.6	182270.5	4180.3	74145.5
30.9	526.8			375.2	375.2	151.5		
4825.7	175950.9	107161.4	12146.3	58081.5	8411.6	93066.6	4593.2	20589.6
139.5	94318.6	60420.9	3566.0	54397.4	3111.5	39930.1		4322.8
3134.7	163979.2	92554.9	18914.9	95401.6	6112.2	60846.4	13995.8	11648.4
10656.8	794740.0	397393.2	71731.0	397613.0	34495.3	353926.0	22415.7	109410.8
	1380.9			1104.0	47.2	276.9		
21.2	952.3		549.7	468.0	158.0	484.3		0.1
744.8	28477.5	22103.1	1804.4	6070.8	1732.9	18843.6		1097.6
165.3	5274.4	12.2	107.4	1861.3	216.7	2734.3	353.6	197.8
475.1	169276.9	37976.1	5635.3	66193.6	9950.9	103083.2		9803.4
6824.0	505974.2	310774.7	51174.6	272973.3	18945.9	222544.4	16833.5	83403.3
4175.1	154599.6	70757.7	17134.8	67353.4	7611.9	50441.2	5935.8	17499.6
113.9	974.4		247.8	596.8	141.4	196.3		
2160.8	186540.8	141760.6	8642.6	90562.5	7346.1	95987.2		20988.2
3527.3	169155.6	73850.5	19104.7	115754.6	5405.0	43272.6	2123.7	51995.6
573.6	45357.9	18534.2	4655.5	23331.1	1277.9	14483.4		2921.3
74.2	4869.1	3866.6	360.2	2948.3	551.5	1920.7	11.8	7580.1
5252.2	424901.7	181496.6	41429.5	174520.6	22069.6	220601.2	20633.8	27221.1
10772.9	805077.5	397499.8	72252.3	400984.3	35284.1	357241.5	22415.7	109442.5
8726.8	741179.9	371355.9	68401.3	383412.6	32217.5	331816.5	4696.1	109226.1
815.2	25747.6	22008.7	1940.2	6132.8	1366.0	19023.6	353.6	1263.8

13-5 续表 2

（2019年）

指标名称	法人企业数（个）	执行《2006年企业会计准则》企业数（个）	年初存货	期末 流动资产合计	期末 应收帐款
8.按港澳台商投资情况分					
港商投资	6	6	736.2	55909.7	1992.2
澳商投资					
台商投资					
二、餐饮业	**162**	**85**	**6891.6**	**355537.0**	**27919.9**
1.按餐饮业行业小类分					
正餐服务	**153**	**77**	**5602.9**	**327132.3**	**22416.6**
正餐服务	153	77	5602.9	327132.3	22416.6
快餐服务	**5**	**4**	**1063.3**	**14750.0**	**123.3**
快餐服务	5	4	1063.3	14750.0	123.3
饮料及冷饮服务	**1**	**1**		**149.2**	**0.5**
茶馆服务					
咖啡馆服务	1	1		149.2	0.5
酒吧服务					
其他饮料及冷饮服务					
餐饮配送及外卖送餐服务	**1**	**1**	**162.3**	**13249.6**	**5378.1**
餐饮配送服务	1	1	162.3	13249.6	5378.1
外卖送餐服务					
其他餐饮业	**2**	**2**	**63.1**	**255.9**	**1.4**
小吃服务					
其他未列明餐饮业	2	2	63.1	255.9	1.4
2.按登记注册类型分					
内资企业	**158**	**81**	**6130.4**	**330073.5**	**22541.8**
国有企业					
集体企业					
股份合作企业					
联营企业					
国有联营企业					
集体联营企业					
国有与集体联营企业					
其他联营企业					
有限责任公司	40	24	1440.8	29162.1	12146.7
国有独资公司	2	1	65.9	1608.8	472.1
其他有限责任公司	38	23	1374.9	27553.3	11674.6
股份有限公司	2	1	141.9	56.3	44.4
私营企业	116	56	4547.7	300855.1	10350.7

单位：万元

资产负债

存货	固定资产原价	房屋和构筑物	机器设备	累计折旧	本年折旧	固定资产净额	在建工程	无形资产
1978.8	111724.9	70702.7	5048.1	68737.6	3558.7	42996.2	30.5	5187.1
9562.5	**482015.6**	**26689.8**	**25907.3**	**66093.0**	**9006.8**	**84626.6**	**8227.9**	**3655.1**
8271.6	**454438.1**	**26660.1**	**10561.7**	**50431.5**	**6296.9**	**72717.1**	**7197.2**	**3067.4**
8271.6	454438.1	26660.1	10561.7	50431.5	6296.9	72717.1	7197.2	3067.4
1079.8	**22125.2**		**9932.8**	**12016.5**	**2325.9**	**10110.8**	**1030.7**	**582.3**
1079.8	22125.2		9932.8	12016.5	2325.9	10110.8	1030.7	582.3
	3.7		**1.1**	**0.2**	**0.2**	**3.5**		
	3.7		1.1	0.2	0.2	3.5		
203.9	**5432.1**	**29.7**	**5402.4**	**3641.1**	**381.9**	**1791.0**		**5.4**
203.9	5432.1	29.7	5402.4	3641.1	381.9	1791.0		5.4
7.2	**16.5**		**9.3**	**3.7**	**1.9**	**4.2**		
7.2	16.5		9.3	3.7	1.9	4.2		
8743.6	**464576.7**	**26660.1**	**20504.9**	**55570.7**	**7300.0**	**77710.1**	**7135.4**	**3628.4**
1335.4	22444.3	8161.5	5539.9	10033.8	1801.0	10427.2	0.6	1528.9
36.8	644.2	482.2	162.0	359.6	33.2	284.6		
1298.6	21800.1	7679.3	5377.9	9674.2	1767.8	10142.6	0.6	1528.9
11.9	221.3		0.3	45.3	2.8			
7396.3	441911.1	18498.6	14964.7	45491.6	5496.2	67282.9	7134.8	2099.5

13-5 续表 3

（2019年）

指标名称	法人企业数（个）	执行《2006年企业会计准则》企业数（个）	年初存货	期末	
				流动资产合计	应收帐款
私营独资企业	11	7	175.5	1043.9	246.3
私营合伙企业					
私营有限责任公司	103	47	4217.1	297086.5	10068.8
私营股份有限公司	2	2	155.1	2724.7	35.6
其他企业					
港、澳、台商投资企业	**2**	**2**	**199.8**	**14552.3**	**5378.1**
与港澳台商合资经营企业	1	1	162.3	13249.6	5378.1
与港澳台商合作经营企业					
港澳台商独资企业	1	1	37.5	1302.7	
港澳台商投资股份有限公司					
其他港澳台投资企业					
外商投资企业	**2**	**2**	**561.4**	**10911.2**	
中外合资经营企业					
中外合作经营企业					
外资企业	2	2	561.4	10911.2	
外商投资股份有限公司					
其他外商投资企业					
3.按控股情况分					
国有控股	7	5	540.8	31049.0	13769.5
集体控股	1	1	15.1	32.6	7.5
私人控股	146	74	5611.2	311157.1	14109.1
港澳台商控股	1	1	37.5	1302.7	
外商控股	2	2	561.4	10911.2	
其他	5	2	125.6	1084.4	33.8
4.按经营形式分					
独立门店	143	72	5138.6	295081.2	10093.1
连锁总店(总部)	9	7	1229.4	29507.2	4551.8
连锁直营店	1	1	8.0	1481.0	8.0
连锁加盟店					
其他	9	5	515.6	29467.6	13267.0
5.按单位规模分					
大型	5	4	1607.2	35668.5	13898.0
中型	11	9	1382.2	273318.1	5112.6
小型	139	68	3853.6	46062.2	8878.4
微型	7	4	48.6	488.2	30.9

单位：万元

资产负债

存货	固定资产原价	房屋和构筑物	机器设备	累计折旧	本年折旧	固定资产净额	在建工程	无形资产
128.4	3318.7	1723.9	368.9	1063.9	111.5	466.7		115.4
7050.4	430205.2	15703.7	14275.8	42602.3	4749.1	66809.4	7134.8	1983.8
217.5	8387.2	1071.0	320.0	1825.4	635.6	6.8		0.3
224.8	**6483.6**	**29.7**	**5402.4**	**4522.7**	**408.0**	**1960.9**	**61.8**	**5.4**
203.9	5432.1	29.7	5402.4	3641.1	381.9	1791.0		5.4
20.9	1051.5			881.6	26.1	169.9	61.8	
594.1	**10955.3**			**5999.6**	**1298.8**	**4955.6**	**1030.7**	**21.3**
594.1	10955.3			5999.6	1298.8	4955.6	1030.7	21.3
645.5	19892.1	6208.5	9463.2	10381.0	1351.7	9497.6		6.8
14.4	52.7			35.2	11.2			
8181.8	448497.7	19718.4	16246.1	47504.5	6254.0	69728.3	7135.4	2110.0
20.9	1051.5			881.6	26.1	169.9	61.8	
594.1	10955.3			5999.6	1298.8	4955.6	1030.7	21.3
105.8	1566.3	762.9	198.0	1291.1	65.0	275.2		1517.0
5310.1	441551.1	20749.5	6672.2	45051.2	5625.4	65731.5	7197.2	2997.5
3601.7	23337.6		10361.4	12260.9	2440.5	11076.6	1030.7	650.5
13.5	120.0			113.2	0.4	6.8		0.3
637.2	17006.9	5940.3	8873.7	8667.7	940.5	7811.7		6.8
1690.2	37562.6	5726.3	18733.7	19103.7	3433.0	16653.3	1030.7	567.8
3801.1	409804.0	4933.9	1739.3	32626.3	2754.5	56622.6	61.8	2279.6
3998.8	34105.6	15781.9	5410.9	14135.5	2790.2	11034.8	7135.4	807.7
72.4	543.4	247.7	23.4	227.5	29.1	315.9		

13-5 续表 4

（2019年）

指标名称	法人企业数(个)	执行《2006年企业会计准则》企业数(个)	年初存货	期末 流动资产合计	期末 应收帐款
6.按经营地分					
城镇	151	82	6749.3	350518.4	27769.4
其中：城区	114	58	5636.2	344269.3	26423.8
乡村	11	3	142.3	5018.6	150.5
7.按港澳台商投资情况分					
港商投资	2	2	199.8	14552.3	5378.1
澳商投资					
台商投资					
三、住宿业按地区分组	**178**	**121**	**10155.0**	**448772.7**	**57466.9**
五华区	30	20	1371.7	97793.0	32304.4
盘龙区	26	20	958.5	63388.7	3026.9
官渡区	49	30	2551.2	107918.4	4121.4
西山区	29	20	1356.3	79917.4	2167.3
东川区	2	1	43.9	1882.7	145.5
呈贡区	13	8	208.4	13467.1	504.0
晋宁区	2		66.6	541.6	43.3
富民县	3	3	100.1	1094.3	244.1
宜良县	2	1	8.3	279.9	59.8
石林彝族自治县	11	9	2137.2	8790.6	3007.8
嵩明县	1	1	993.2	2874.4	1914.8
禄劝彝族苗族自治县	1	1		100.0	12.0
寻甸回族彝族自治县	3	1	70.8	6800.6	4735.3
安宁市	6	6	288.8	63924.0	5180.3
四、餐饮业按地区分组	**162**	**85**	**6891.6**	**355537.0**	**27919.9**
五华区	24	14	1285.9	23595.3	992.2
盘龙区	24	14	773.0	14416.7	970.6
官渡区	26	9	1029.3	41560.9	17257.9
西山区	22	12	1560.1	254413.5	4727.3
东川区					
呈贡区	13	7	988.5	12677.8	2484.2
晋宁区	4		16.3	581.3	-125.8
富民县	5	2	283.3	794.0	272.3
宜良县	3	1	124.5	883.1	18.3
石林彝族自治县	11	9	207.0	1634.2	440.3
嵩明县	9	8	269.8	1097.5	371.6
禄劝彝族苗族自治县	8	4	159.5	398.8	289.4
寻甸回族彝族自治县	4	1	114.1	2074.9	76.6
安宁市	9	4	80.3	1409	145

单位：万元

资产负债

存货	固定资产原价	房屋和构筑物	机器设备	累计折旧	本年折旧	固定资产净额	在建工程	无形资产
9106.8	477360.1	24328.5	25626.6	65101.0	8778.7	84107.6	2595.9	3619.3
8290.5	466928.8	18066.2	24836.3	63203.8	8317.7	80117.8	2586.1	2982.0
455.7	4655.5	2361.3	280.7	992.0	228.1	519.0	5632.0	35.8
224.8	6483.6	29.7	5402.4	4522.7	408.0	1960.9	61.8	5.4
11588.1	**830825.1**	**419508.5**	**74192.5**	**407117.1**	**36650.1**	**376265.1**	**22769.3**	**110706.3**
1680.2	194494.6	93942.5	23881.2	135422.0	9431.6	52170.9	421.3	21641.7
985.3	120689.8	83442.1	16919.9	67861.2	3788.9	50952.1	1922.9	46691.0
3763.7	157278.6	105092.0	19372.3	91070.0	7018.2	59927.1	2312.2	11864.2
1539.1	244602.0	80674.3	5941.1	77827.3	10896.1	162837.2	39.7	25878.7
81.3	9375.1	7940.2	1180.4	4811.7	327.0	1358.8		18.7
238.2	10342.8	300.8	231.7	4679.5	518.7	2081.7		20.1
83.8	3022.0		557.2	740.6	83.8	2281.4		
112.0	26260.3	16336.4	2456.1	8071.2	1042.9	17565.9	536.2	377.8
12.9	327.2			74.5	8.8			
1926.0	32046.2	4992.3	1255.6	7712.1	1801.0	8463.4	13620.9	15.7
702.4	23788.9	21902.3	1633.2	5418.9	1177.2	18370.0		1057.4
28.5	1620.0			1620.0	162.0			
60.9	5487.0	4885.6	425.7	758.9	224.4	15.0		
373.8	1490.6		338.1	1049.2	169.5	241.6	3916.1	3141.0
9562.5	**482015.6**	**26689.8**	**25907.3**	**66093.0**	**9006.8**	**84626.6**	**8227.9**	**3655.1**
1264.0	12250.3	3386.5	1450.9	6460.5	298.8	5716.7		100.1
830.8	14749.1	801.8	1213.3	7352.0	2284.5	6213.7	1030.7	1.3
3405.0	22351.8	9352.6	9561.8	13011.3	1034.8	8652.0		1526.1
1660.1	363543.4	2060.0	1203.1	13990.3	2381.4	27008.0	1421.8	
1052.6	52668.7	344.0	10875.3	21247.7	2217.4	30892.7	5686.5	1241.7
19.0	286.7	41.1	245.6	266.0	6.4	20.7	0.6	
315.1	2647.7	2447.2	104.5	276.3	99.8	1383.9		
147.4	2087.1	1615.3	35.2	167.0	161.3	242.3	9.8	637.3
249.4	2043.5	969.5	320.6	554.2	58.6	1323.5		
353.7	2341.6	1575.6	250.0	432.1	109.9	136.6		33.2
19.2	1694.0	710.0	190.0	544.5	111.4	264.7		
138.0	1132.0	7.1	32.4	255.5	32.8	638.8		
108.2	4219.7	3379.1	424.6	1535.6	209.7	2133	78.5	115.4

13-5 续表 5

（2019年）

指标名称	期末				
	土地使用权	资产总计	流动负债合计	应付账款	负债合计
总计	**93951.1**	**1679479.0**	**720868.7**	**65629.7**	**1085251.8**
一、住宿业	**91685.9**	**1157276.3**	**522775.3**	**38051.2**	**755528.0**
1.按住宿业行业小类分					
旅游饭店	**91685.9**	**1008337.7**	**450402.4**	**34042.3**	**639923.7**
旅游饭店	91685.9	1008337.7	450402.4	34042.3	639923.7
一般旅馆		**113934.7**	**42434.6**	**4065.4**	**82762.9**
经济型连锁酒店		15189.2	10776.0	509.0	11260.1
其他一般旅馆		98745.5	31658.6	3556.4	71502.8
民宿服务					
民宿服务					
露营地服务					
露营地服务					
其他住宿业		**35003.9**	**29938.3**	**-56.5**	**32841.4**
其他住宿业		35003.9	29938.3	-56.5	32841.4
2.按登记注册类型分					
内资企业	**86767.0**	**1036402.7**	**511616.0**	**36383.0**	**718867.7**
国有企业	336.2	56947.2	18992.7	815.0	19127.7
集体企业		703.2	416.1	32.4	416.1
股份合作企业					
联营企业		1729.9	313.6	30.4	331.8
国有联营企业		1729.9	313.6	30.4	331.8
集体联营企业					
国有与集体联营企业					
其他联营企业					
有限责任公司	80379.7	721068.8	337020.5	22837.9	496428.8
国有独资公司	46436.6	67213.8	7092.2	477.0	9244.6
其他有限责任公司	33943.1	653855.0	329928.3	22360.9	487184.2
股份有限公司	1995.9	37458.1	33665.9	1132.7	33959.1
私营企业	4055.2	218495.5	121207.2	11534.6	168604.2
私营独资企业	800.0	3721.7	1186.7	203.5	2175.4
私营合伙企业					
私营有限责任公司	3255.2	209695.5	115361.1	11310.0	161304.4
私营股份有限公司		5078.3	4659.4	21.1	5124.4
其他企业					
港、澳、台商投资企业	**4918.9**	**114968.2**	**10507.5**	**1448.9**	**36008.5**
与港澳台商合资经营企业	864.3	56417.7	8060.6	840.9	11758.6
与港澳台商合作经营企业					
港澳台商独资企业	4054.6	58550.5	2446.9	608.0	24249.9
港澳台商投资股份有限公司					
其他港澳台投资企业					

单位：万元

资产负债			损益及分配					
所有者权益	实收资本		营业收入		营业成本	税金及附加	其他业务利润	销售费用
		个人资本		主营业务收入				
594227.2	**381001.7**	**54255.5**	**665939.7**	**645171.2**	**313095.9**	**10242.0**	**4865.8**	**177262.4**
401748.3	**322900.1**	**46718.2**	**346092.7**	**334692.8**	**134338.9**	**7269.1**	**3188.0**	**93490.9**
368414.0	**289403.3**	**39371.2**	**278649.9**	**267811.6**	**109744.1**	**6624.7**	**2894.8**	**71279.4**
368414.0	289403.3	39371.2	278649.9	267811.6	109744.1	6624.7	2894.8	71279.4
31171.8	**30796.8**	**6347.0**	**57650.9**	**57093.7**	**19287.7**	**594.3**	**293.2**	**19385.2**
3929.1	3338.5	1320.6	8773.2	8752.6	3185.9	102.9	-74.7	2617.3
27242.7	27458.3	5026.4	48877.7	48341.1	16101.8	491.4	367.9	16767.9
2162.5	**2700.0**	**1000.0**	**9791.9**	**9787.5**	**5307.1**	**50.1**		**2826.3**
2162.5	2700.0	1000.0	9791.9	9787.5	5307.1	50.1		2826.3
317535.0	**213575.8**	**46718.2**	**311563.7**	**300163.8**	**127654.4**	**6479.5**	**3188.0**	**79980.5**
37819.5	34930.2	14072.8	28389.7	23225.9	12105.8	573.6	175.0	9724.0
287.1	120.0		1363.6	1363.6	336.2	15.0	40.7	576.0
1398.1	422.1		1420.1	1418.3	264.2	47.6	148.7	647.9
1398.1	422.1		1420.1	1418.3	264.2	47.6	148.7	647.9
224640.0	120784.8	9692.5	189684.5	184076.0	75328.3	4618.9	2852.4	45534.0
57969.2	22996.0		12393.7	12104.0	10371.5	433.8		626.1
166670.8	97788.8	9692.5	177290.8	171972.0	64956.8	4185.1	2852.4	44907.9
3499.0	11273.9	1400.0	13227.2	13223.6	8983.4	162.1		2766.6
49891.3	46044.8	21552.9	77478.6	76856.4	30636.5	1062.3	-28.8	20732.0
1546.3	2340.0	70.0	2420.3	2339.2	1741.6	27.6	1.1	193.0
48391.1	43704.8	21482.9	74179.4	73638.3	28651.8	1034.7	62.9	20429.6
-46.1			878.9	878.9	243.1		-92.8	109.4
78959.7	**99325.1**		**31082.7**	**31082.7**	**5807.0**	**774.4**		**11595.7**
44659.1	41962.9		13365.8	13365.8	4034.4	33.9		3671.2
34300.6	57362.2		17716.9	17716.9	1772.6	740.5		7924.5

13-5 续表 6

（2019年）

指标名称	期末				
	土地使用权	资产总计	流动负债合计	应付账款	负债合计
外商投资企业		**5905.4**	**651.8**	**219.3**	**651.8**
中外合资经营企业		5905.4	651.8	219.3	651.8
中外合作经营企业					
外资企业					
外商投资股份有限公司					
其他外商投资企业					
3.按控股情况分					
国有控股	60046.9	499137.9	264058.6	9632.1	362914.2
集体控股		703.2	416.1	32.4	416.1
私人控股	16731.7	367899.8	173827.9	18075.0	226272.4
港澳台商控股	4054.6	58550.5	2446.9	608.0	24249.9
外商控股					
其他	10852.7	230984.9	82025.8	9703.7	141675.4
4.按经营形式分					
独立门店	90685.8	1080429.9	458710.4	35049.0	689858.5
连锁总店(总部)		11585.2	1556.0	786.9	1556.0
连锁直营店		5234.4	1389.3	655.9	1389.3
连锁加盟店	1000.1	35937.7	39714.4	1338.5	41205.5
其他		24089.1	21405.2	220.9	21518.7
5.按单位规模分					
大型	1509.5	148425.8	142540.8	1646.3	150769.4
中型	77545.3	645399.2	191629.0	21765.8	358739.9
小型	12631.1	361917.1	187947.0	14627.7	245360.2
微型		1534.2	658.5	11.4	658.5
6.按星级分					
五星	20487.5	204308.4	20090.1	4932.5	44152.4
四星	46974.2	256050.1	69926.0	5876.4	126914.7
三星	1792.2	74845.7	21903.1	2036.8	24001.9
二星	7580.1	15314.9	3165.6	228.1	3317.9
一星					
其他	14851.9	606757.2	407690.5	24977.4	557141.1
7.按经营地分					
城镇	90685.8	1124055.0	484907.2	35724.2	717552.9
其中：城区	90506.7	984605.7	408496.7	31964.8	587057.4
乡村	1000.1	33221.3	37868.1	2327.0	37975.1

单位：万元

资产负债			损益及分配					
所有者权益	实收资本	个人资本	营业收入	主营业务收入	营业成本	税金及附加	其他业务利润	销售费用
5253.6	**9999.2**		**3446.3**	**3446.3**	**877.5**	**15.2**		**1914.7**
5253.6	9999.2		3446.3	3446.3	877.5	15.2		1914.7
136223.7	118208.6	15255.3	110939.8	102279.9	50690.0	3310.5	1576.1	27774.4
287.1	120.0		1363.6	1363.6	336.2	15.0	40.7	576.0
141627.4	69685.0	29762.9	142386.9	141399.3	55736.9	1711.6	-12.8	39132.6
34300.6	57362.2		17716.9	17716.9	1772.6	740.5		7924.5
89309.5	77524.3	1700.0	73685.5	71933.1	25803.2	1491.5	1584.0	18083.4
390571.4	311884.5	45057.6	313720.5	302337.8	123321.0	7138.7	3275.8	80251.3
10029.2	6000.0		9873.2	9870.4	506.9	42.0	2.8	5848.0
3845.1	300.0	250.0	6309.5	6306.5	518.9	27.9	1.0	2873.6
-5267.8	1696.4	490.6	11554.3	11550.6	8171.5	32.8	-91.6	2668.7
2570.4	3019.2	920.0	4635.2	4627.5	1820.6	27.7		1849.3
-2343.6	3000.0		39849.9	38438.8	7643.3	1515.3	870.3	7165.7
286659.3	228571.4	31753.8	199387.9	190967.4	78161.8	4182.7	1924.5	56551.7
116556.9	90592.9	14764.4	105360.4	103792.1	47625.9	1528.1	393.2	29389.9
875.7	735.8	200.0	1494.5	1494.5	907.9	43.0		383.6
160156.0	82530.7		52643.0	51771.9	13266.3	1347.3	870.3	12078.9
129135.4	93309.9	29453.4	69817.1	62755.2	30726.9	1340.2	1526.3	18985.2
50843.8	30986.0	3270.0	35195.8	34256.9	13149.4	389.0	342.7	13763.4
11997.0	7300.4		5160.2	5139.2	2833.1	118.5	40.7	750.9
49616.1	108773.1	13994.8	183276.6	180769.6	74363.2	4074.1	408.0	47912.5
406502.1	320417.0	44267.2	336863.7	325471.5	125661.4	7218.8	3188.0	92216.3
397548.3	302227.0	42185.2	319335.3	308253.9	114916.7	6668.3	3188.0	89985.1
-4753.8	2483.1	2451.0	9229.0	9221.3	8677.5	50.3		1274.6

13-5 续表 7

（2019年）

指标名称	期末				
	土地使用权	资产总计	流动负债合计	应付账款	负债合计
8.按港澳台商投资情况分					
港商投资	4918.9	114968.2	10507.5	1448.9	36008.5
澳商投资					
台商投资					
二、餐饮业	**2265.2**	**522202.7**	**198093.4**	**27578.5**	**329723.8**
1.按餐饮业行业小类分					
正餐服务	**2265.2**	**467244.5**	**178427.0**	**21354.9**	**306214.5**
正餐服务	2265.2	467244.5	178427.0	21354.9	306214.5
快餐服务		**38349.8**	**12449.5**	**3357.3**	**16292.4**
快餐服务		38349.8	12449.5	3357.3	16292.4
饮料及冷饮服务		**826.8**	**775.2**	**731.7**	**775.2**
茶馆服务					
咖啡馆服务		826.8	775.2	731.7	775.2
酒吧服务					
其他饮料及冷饮服务					
餐饮配送及外卖送餐服务		**15515.1**	**6426.5**	**2121.7**	**6426.5**
餐饮配送服务		15515.1	6426.5	2121.7	6426.5
外卖送餐服务					
其他餐饮业		**266.5**	**15.2**	**12.9**	**15.2**
小吃服务					
其他未列明餐饮业		266.5	15.2	12.9	15.2
2.按登记注册类型分					
内资企业	**2265.2**	**480574.3**	**180465.9**	**23782.1**	**309100.7**
国有企业					
集体企业					
股份合作企业					
联营企业					
国有联营企业					
集体联营企业					
国有与集体联营企业					
其他联营企业					
有限责任公司	1517.0	57545.0	20540.5	7656.3	26609.2
国有独资公司		1893.4	346.7	4.4	346.7
其他有限责任公司	1517.0	55651.6	20193.8	7651.9	26262.5
股份有限公司		280.0	37.0	37.0	37.0
私营企业	748.2	422749.3	159888.4	16088.8	282454.5

单位：万元

资产负债			损益及分配					
所有者权益	实收资本	个人资本	营业收入	主营业务收入	营业成本	税金及附加	其他业务利润	销售费用
78959.7	99325.1		31082.7	31082.7	5807.0	774.4		11595.7
192478.9	**58101.6**	**7537.3**	**319847.0**	**310478.4**	**178757.0**	**2972.9**	**1677.8**	**83771.5**
161030.0	**49510.2**	**7322.0**	**198694.3**	**190536.2**	**116813.3**	**2088.1**	**1677.8**	**48805.2**
161030.0	49510.2	7322.0	198694.3	190536.2	116813.3	2088.1	1677.8	48805.2
22057.4	**6458.4**		**95888.5**	**94736.9**	**44150.6**	**51.7**		**34371.1**
22057.4	6458.4		95888.5	94736.9	44150.6	51.7		34371.1
51.6			**3504.9**	**3504.9**	**3146.7**	**0.8**		**49.5**
51.6			3504.9	3504.9	3146.7	0.8		49.5
9088.6	**1916.8**		**20213.2**	**20174.4**	**13900.7**	**146.2**		**104.3**
9088.6	1916.8		20213.2	20174.4	13900.7	146.2		104.3
251.3	**216.2**	**215.3**	**1546.1**	**1526.0**	**745.7**	**686.1**		**441.4**
251.3	216.2	215.3	1546.1	1526.0	745.7	686.1		441.4
171473.6	**53842.7**	**7537.3**	**228434.8**	**220256.6**	**127339.0**	**2766.1**	**1677.8**	**64158.1**
30935.8	21242.6	1569.2	74298.9	73226.7	54564.4	1322.0	622.3	8479.9
1546.7	1300.0		1704.2	1704.0	758.0	13.6	17.0	754.8
29389.1	19942.6	1569.2	72594.7	71522.7	53806.4	1308.4	605.3	7725.1
243.0	120.0	120.0	877.2	877.2	534.4	31.5		
140294.8	32480.1	5848.1	153258.7	146152.7	72240.2	1412.6	1055.5	55678.2

13-5 续表 8

（2019年）

指标名称	期末				
	土地使用权	资产总计	流动负债合计	应付账款	负债合计
私营独资企业	110.9	4300.5	4000.1	800.9	4087.8
私营合伙企业					
私营有限责任公司	637.3	408624.3	153496.1	15153.7	274721.3
私营股份有限公司		9824.5	2392.2	134.2	3645.4
其他企业					
港、澳、台商投资企业		**17049.6**	**7556.3**	**2473.0**	**7556.3**
与港澳台商合资经营企业		15515.1	6426.5	2121.7	6426.5
与港澳台商合作经营企业					
港澳台商独资企业		1534.5	1129.8	351.3	1129.8
港澳台商投资股份有限公司					
其他港澳台投资企业					
外商投资企业		**24578.8**	**10071.2**	**1323.4**	**13066.8**
中外合资经营企业					
中外合作经营企业					
外资企业		24578.8	10071.2	1323.4	13066.8
外商投资股份有限公司					
其他外商投资企业					
3.按控股情况分					
国有控股		47580.6	15561.5	6881.8	15561.5
集体控股		99.5	382.9	197.4	382.9
私人控股	748.2	445044.8	169435.8	18622.3	297042.0
港澳台商控股		1534.5	1129.8	351.3	1129.8
外商控股		24578.8	10071.2	1323.4	13066.8
其他	1517.0	3364.5	1512.2	202.3	2540.8
4.按经营形式分					
独立门店	2265.2	408782.4	144675.1	9081.6	272416.2
连锁总店(总部)		69111.0	38557.0	11540.8	42278.9
连锁直营店		1488.2	412.6	133.1	412.6
连锁加盟店					
其他		42821.1	14448.7	6823.0	14616.1
5.按单位规模分					
大型		69494.3	21082.3	7576.7	25523.4
中型	1517.0	349725.9	129014.0	10674.1	242383.4
小型	748.2	102159.1	47765.0	9323.9	61640.3
微型		823.4	232.1	3.8	176.7

单位：万元

资产负债			损益及分配					
所有者权益	实收资本	个人资本	营业收入	主营业务收入	营业成本	税金及附加	其他业务利润	销售费用
212.7	1086.4	281.4	3438.9	3438.9	1838.1	22.0		1127.8
133903.0	30003.7	5566.7	145506.5	138400.5	68311.4	1388.5	1055.5	52806.2
6179.1	1390.0		4313.3	4313.3	2090.7	2.1		1744.2
9493.3	**2022.7**		**25426.3**	**25387.5**	**17154.7**	**164.0**		**1646.2**
9088.6	1916.8		20213.2	20174.4	13900.7	146.2		104.3
404.7	105.9		5213.1	5213.1	3254.0	17.8		1541.9
11512.0	**2236.2**		**65985.9**	**64834.3**	**34263.3**	**42.8**		**17967.2**
11512.0	2236.2		65985.9	64834.3	34263.3	42.8		17967.2
32019.1	17212.9		47174.6	46092.5	34312.0	354.1	17.0	1815.4
-283.4	100.0		1266.2	1266.2	662.9	9.6		544.2
148002.8	37827.8	7188.5	195487.4	188354.1	103805.0	2505.8	1055.5	60458.8
404.7	105.9		5213.1	5213.1	3254.0	17.8		1541.9
11512.0	2236.2		65985.9	64834.3	34263.3	42.8		17967.2
823.7	618.8	348.8	4719.8	4718.2	2459.8	42.8	605.3	1444.0
136366.2	35381.3	6792.3	151017.8	144071.2	92014.6	2547.5	1192.1	33106.9
26832.1	9192.4	290.0	124446.0	122984.6	54173.8	71.9	485.7	49456.3
1075.6	50.0		570.8	570.8	220.7	0.9		422.2
28205.0	13477.9	455.0	43812.4	42851.8	32347.9	352.6		786.1
43970.9	17301.5		139854.1	138893.5	79895.8	650.4		32842.3
107342.5	12971.5	368.8	73445.9	65589.0	35464.6	742.3	985.3	26415.8
40518.8	27331.2	6751.1	104245.9	103696.6	61558.1	1573.2	692.5	24383.2
646.7	497.4	417.4	2301.1	2299.3	1838.5	7.0		130.2

13-5 续表 9

（2019年）

指标名称	期末				
	土地使用权	资产总计	流动负债合计	应付账款	负债合计
6.按经营地分					
城镇	2265.2	507480.5	197668.4	27392.9	320543.3
其中：城区	1627.9	487171.6	190414.6	25696.8	312917.6
乡村		14722.2	425.0	185.6	9180.5
7.按港澳台商投资情况分					
港商投资		17049.6	7556.3	2473.0	7556.3
澳商投资					
台商投资					
三、住宿业按地区分组	**91685.9**	**1157276.3**	**522775.3**	**38051.2**	**755528.0**
五华区	15412.4	197886.0	50159.2	12254.3	126652.4
盘龙区	45960.9	191630.7	59308.4	2801.1	108909.0
官渡区	11282.3	240306.1	72235.6	10436.4	80611.5
西山区	17832.4	287328.5	178629.1	3728.7	220238.6
东川区	18.7	7183.5	5229.4	584.9	5229.4
呈贡区		45191.9	30028.8	473.6	30821.9
晋宁区		3840.2	2388.4	234.1	3907.4
富民县	179.1	21086.3	17473.7	827.8	21793.7
宜良县		473.7	4.3		56.5
石林彝族自治县		49754.3	33151.6	4071.9	39598.9
嵩明县	1000.1	22381.0	29496.0	946.0	29496.0
禄劝彝族苗族自治县		444.0			79.0
寻甸回族彝族自治县		16852.2	6559.8		14583.3
安宁市		72917.9	38111.0	1692.4	73550.4
四、餐饮业按地区分组	**2265.2**	**522202.7**	**198093.4**	**27578.5**	**329723.8**
五华区		38842.8	17889.5	6068.7	20040.6
盘龙区		31916.2	12763.1	1434.1	17548.4
官渡区	1517.0	69841.8	35111.5	11434.8	37388.4
西山区		296737.3	64497.6	1688.1	169825.9
东川区					
呈贡区		56962.4	56726.1	4458.4	73424.9
晋宁区		994.0	648.8	371.3	648.8
富民县		5652.2	2969.1	29.7	2987.2
宜良县	637.3	3972.7	1000.9	109.5	1124.3
石林彝族自治县		4185.5	1595.2	466.7	1689.1
嵩明县		3524.3	992.2	932.3	1081.9
禄劝彝族苗族自治县		1526.4	202.5	89.1	267.4
寻甸回族彝族自治县		3166.3	622.9	197.8	622.9
安宁市	110.9	4880.8	3074	298	3074

单位：万元

资产负债			损益及分配					
所有者权益	实收资本	个人资本	营业收入	主营业务收入	营业成本	税金及附加	其他业务利润	销售费用
186937.2	56367.0	6982.6	313216.1	303879.4	174273.1	2852.1	1677.8	83165.1
174254.0	51558.8	4977.8	291616.9	282409.6	159971.9	2634.3	1660.8	79798.8
5541.7	1734.6	554.7	6630.9	6599.0	4483.9	120.8		606.4
9493.3	2022.7		25426.3	25387.5	17154.7	164.0		1646.2
401748.3	**322900.1**	**46718.2**	**346092.7**	**334692.8**	**134338.9**	**7269.1**	**3188.0**	**93490.9**
71233.6	83083.1	790.0	72815.9	71638.6	17581.1	1643.3	461.5	29545.8
82721.7	70807.9	14099.6	59471.3	57432.7	30993.5	1316.5	616.3	12157.9
159694.6	96932.6	19825.8	89628.2	83739.1	34371.2	1467.8	995.6	25765.7
67089.9	36629.9	3806.0	71870.9	69897.1	21443.0	1828.8	1198.8	15694.3
1954.1	3400.0	1000.0	1364.7	1364.7	840.6	7.7		339.3
14370.0	6843.3	2001.5	15175.2	15172.6	5874.7	149.9	-92.8	4495.7
-67.2	2100.0	100.0	772.8	772.8	657.3	19.3	8.6	8.4
-707.4	5020.0	1020.0	3858.7	3851.0	2931.3	62.8		94.9
417.2	302.0		1234.5	1234.5	733.8	15.2		112.8
10155.4	10759.0	2213.0	13453.9	13144.4	7013.5	442.3		2616.7
-7115.0			4071.8	4071.8	5300.0	0.9		196.1
365.0	100.0	100.0	1072.1	1072.1	584.9	55.6		23.5
2268.9	1260.0	1200.0	1567.8	1567.8	868.2	7.4		237.2
-632.5	5662.3	562.3	9734.9	9733.6	5145.8	251.6		2202.6
192478.9	**58101.6**	**7537.3**	**319847.0**	**310478.4**	**178757.0**	**2972.9**	**1677.8**	**83771.5**
18802.2	6958.6	275.0	54381.2	52929.7	26444.7	121.8	21.7	19844.3
14367.8	6302.5	1564.7	79622.5	79421.2	42174.3	854.6	464.7	22226.9
32453.4	17060.7	1482.8	55297.3	54231.3	34098.5	399.7	141.3	7546.4
126911.4	11397.1	670.0	49209.9	43094.9	34334.5	817.6	1029.0	7871.8
-16462.5	8073.4	50.0	52200.5	51808.9	21611.4	426.5	4.1	22700.5
345.2	797.2	20.0	1162.7	1162.7	1063.2	1.7		11.8
2665.0	300.0	200.0	2195.4	2106.1	1339.9	14.4		313.1
2848.4	476.5	200.0	4315.5	4315.5	2102.6	33.8		1435.9
2496.4	1819.5	819.5	7724.5	7724.5	6178.8	68.1	17.0	604.1
2442.4	2196.1	65.3	4908.8	4888.7	3463.6	118.4		270.1
1259.0	846.0	470.0	2540.2	2520.2	1846.1	34.5		90.2
2543.4	400.0	300.0	2071.7	2071.7	1003.0	33.6		673.6
1806.8	1474	1420	4216.8	4203	3096.4	48.2		182.8

13-5 续表 10

（2019年）

指标名称	损益				
	管理费用	研发费用	财务费用	利息收入	利息费用
总计	**145469.3**	**94.1**	**13484.2**	**1585.0**	**10575.4**
一、住宿业	**112790.3**	**27.5**	**11042.0**	**715.2**	**8883.3**
1.按住宿业行业小类分					
旅游饭店	**90978.5**	**0.8**	**10216.0**	**593.5**	**8075.1**
旅游饭店	90978.5	0.8	10216.0	593.5	8075.1
一般旅馆	**20105.7**	**26.7**	**419.4**	**121.0**	**409.7**
经济型连锁酒店	1834.6	26.5	139.4	2.8	126.5
其他一般旅馆	18271.1	0.2	280.0	118.2	283.2
民宿服务					
民宿服务					
露营地服务					
露营地服务					
其他住宿业	**1706.1**		**406.6**	**0.7**	**398.5**
其他住宿业	1706.1		406.6	0.7	398.5
2.按登记注册类型分					
内资企业	**97879.6**	**27.5**	**10961.3**	**646.5**	**8755.9**
国有企业	6921.7		-11.5	98.9	118.3
集体企业	448.2		448.2		7.2
股份合作企业					
联营企业	595.9		1.8		
国有联营企业	595.9		1.8		
集体联营企业					
国有与集体联营企业					
其他联营企业					
有限责任公司	63537.7	0.9	8076.7	532.7	6360.5
国有独资公司	3363.6		187.7	0.8	145.9
其他有限责任公司	60174.1	0.9	7889.0	531.9	6214.6
股份有限公司	2896.3		43.7	3.2	22.7
私营企业	23479.8	26.6	2402.4	11.7	2247.2
私营独资企业	214.8		18.8	0.5	16.7
私营合伙企业					
私营有限责任公司	22839.2	26.6	2335.3	11.2	2184.3
私营股份有限公司	425.8		48.3		46.2
其他企业					
港、澳、台商投资企业	**13303.7**		**72.6**	**65.5**	**121.8**
与港澳台商合资经营企业	4516.3		99.4	62.5	146.6
与港澳台商合作经营企业					
港澳台商独资企业	8787.4		-26.8	3.0	-24.8
港澳台商投资股份有限公司					
其他港澳台投资企业					

单位：万元

及分配						人工成本及增值税		从事住宿和餐饮业活动的从业人员平均人数(人)
投资收益	营业利润	营业外收入	营业外支出	利润总额	所得税费用	应付职工薪酬(本年货方累计发生额)	应交增值税	
7022.9	**5194.8**	**2841.0**	**2603.7**	**4781.5**	**7238.0**	**165479.8**	**13345.2**	**34591**
6117.3	**-13688.2**	**1917.9**	**1876.4**	**-14303.8**	**2664.5**	**101266.3**	**9162.0**	**18947**
5553.0	**-12665.0**	**1785.8**	**1047.0**	**-11924.7**	**2487.9**	**84240.7**	**8409.2**	**14563**
5553.0	-12665.0	1785.8	1047.0	-11924.7	2487.9	84240.7	8409.2	14563
1222.9	**-1129.5**	**124.9**	**823.5**	**-1828.1**	**176.4**	**14185.4**	**547.3**	**3741**
	1260.6	10.0	5.5	1265.1	30.0	1838.3	158.3	437
1222.9	-2390.1	114.9	818.0	-3093.2	146.4	12347.1	389.0	3304
-658.6	**106.3**	**7.2**	**5.9**	**-551.0**	**0.2**	**2840.2**	**205.5**	**643**
-658.6	106.3	7.2	5.9	-551.0	0.2	2840.2	205.5	643
693.1	**-12464.3**	**1641.6**	**1816.8**	**-13296.6**	**2539.4**	**90313.5**	**7481.5**	**17199**
9.2	180.9	118.6	43.4	256.1	550.0	13024.5	1002.2	1830
	21.5	2.2	0.5	23.2	1.2	468.4	53.0	86
	11.4	2.4	3.2	10.6	0.5	750.5	66.2	111
	11.4	2.4	3.2	10.6	0.5	750.5	66.2	111
1342.4	-10641.5	1085.4	1702.4	-11257.0	1787.7	55087.0	4100.5	9366
	-2564.5	57.1	529.4	-3036.8	3.0	4201.1	406.1	737
1342.4	-8077.0	1028.3	1173.0	-8220.2	1784.7	50885.9	3694.4	8629
	-2315.0	25.9	17.3	-2306.4	24.8	3832.2	249.7	994
-658.5	278.4	407.1	50.0	-23.1	175.2	17150.9	2009.9	4812
	231.9	1.5	5.2	228.2	31.0	691.5	77.4	160
-658.5	87.0	403.1	44.3	-212.8	144.2	16293.3	1932.5	4616
	-40.5	2.5	0.5	-38.5		166.1		36
5407.9	**-264.0**	**265.3**	**24.2**	**-22.9**	**125.1**	**9323.2**	**1551.9**	**1547**
5407.9	1205.4	1.0	9.8	1196.6	125.1	4664.6	621.4	759
	-1469.4	264.3	14.4	-1219.5		4658.6	930.5	788

13-5 续表 11

（2019年）

指标名称	损益				
	管理费用	研发费用	财务费用	利息收入	利息费用
外商投资企业	**1607.0**		**8.1**	**3.2**	**5.6**
中外合资经营企业	1607.0		8.1	3.2	5.6
中外合作经营企业					
外资企业					
外商投资股份有限公司					
其他外商投资企业					
3.按控股情况分					
国有控股	42422.3		3277.3	560.0	3514.3
集体控股	448.2		448.2		7.2
私人控股	45021.0	27.5	2836.0	103.4	2519.8
港澳台商控股	8787.4		-26.8	3.0	-24.8
外商控股					
其他	16111.4		4507.3	48.8	2866.8
4.按经营形式分					
独立门店	100615.4	0.9	10859.4	712.9	8750.4
连锁总店(总部)	4314.5		7.9		
连锁直营店	3294.0		8.0	0.8	
连锁加盟店	2359.1	26.5	134.3	1.0	110.5
其他	2207.3	0.1	32.4	0.5	22.4
5.按单位规模分					
大型	15648.5		758.1	17.0	600.5
中型	65020.2	0.1	7197.3	465.2	5781.6
小型	32055.7	27.4	3077.3	232.9	2501.2
微型	65.9		9.3	0.1	
6.按星级分					
五星	15755.3		1017.7	8.9	-23.8
四星	18943.8	0.1	5605.6	214.9	5092.3
三星	10833.2		-93.7	172.4	19.7
二星	1449.6		482.8	3.2	7.2
一星					
其他	65808.4	27.4	4029.6	315.8	3787.9
7.按经营地分					
城镇	111648.1	27.4	10997.9	714.4	8850.6
其中：城区	107595.0	27.4	10152.1	633.1	8065.7
乡村	1142.2	0.1	44.1	0.8	32.7

单位：万元

及分配						人工成本及增值税		从事住宿和餐饮业活动的从业人员平均人数(人)
投资收益	营业利润	营业外收入	营业外支出	利润总额	所得税费用	应付职工薪酬(本年货方累计发生额)	应交增值税	
16.3	**-959.9**	**11.0**	**35.4**	**-984.3**		**1629.6**	**128.6**	**201**
16.3	-959.9	11.0	35.4	-984.3		1629.6	128.6	201
5504.9	-14431.1	500.7	1725.1	-15655.5	710.1	43966.2	2866.9	6030
	21.5	2.2	0.5	23.2	1.2	468.4	53.0	86
564.3	-1664.9	470.7	86.6	-1937.9	364.6	31820.5	3074.9	8371
	-1469.4	264.3	14.4	-1219.5		4658.6	930.5	788
48.1	3855.7	680.0	49.8	4485.9	1588.6	20352.6	2236.7	3672
5552.5	-9885.3	1872.1	1846.4	-9858.1	2604.0	94148.1	8378.0	17186
1222.8	-843.3	3.1	14.8	-855.0	0.1	818.6	-25.6	217
	-413.7	8.1	0.1	-405.7	28.0	944.6	572.5	251
	-1893.0	22.1	10.7	-1881.6	31.5	2596.9	93.7	722
-658.0	-652.9	12.5	4.4	-1303.4	0.9	2758.1	143.4	571
	3171.9	302.0	32.0	3441.9	1322.9	9490.0	1151.8	1094
6766.6	-11190.3	1042.0	286.8	-10435.1	960.2	60307.4	5645.4	10244
-649.3	-5678.8	507.2	1554.1	-7382.8	370.4	31275.7	2323.5	7569
	9.0	66.7	3.5	72.2	11.0	193.2	41.3	40
	5256.5	249.6	27.2	5478.9	1529.8	13746.7	1940.1	2253
5243.5	-5768.9	133.8	230.6	-5864.2	745.9	25626.2	2078.9	4221
1403.5	-1441.1	68.9	1330.4	-2702.6	88.4	9918.3	572.1	1932
	6.9	45.2	4.1	48.0	7.7	2331.4	217.3	340
-529.7	-11741.6	1420.4	284.1	-11263.9	292.7	49643.7	4353.6	10201
6117.3	-11728.7	1897.6	1866.4	-12354.6	2662.6	98786.2	8998.4	18236
6176.9	-10992.8	1811.2	1303.4	-11142.1	2593.2	95074.8	8669.8	16918
	-1959.5	20.3	10.0	-1949.2	1.9	2480.1	163.6	711

13–5 续表 12

（2019年）

指标名称	损益				
	管理费用	研发费用	财务费用		
				利息收入	利息费用
8.按港澳台商投资情况分					
港商投资	13303.7		72.6	65.5	121.8
澳商投资					
台商投资					
二、餐饮业	**32679.0**	**66.6**	**2442.2**	**869.8**	**1692.1**
1.按餐饮业行业小类分					
正餐服务	**22864.0**	**20.2**	**2728.3**	**557.0**	**1687.0**
正餐服务	22864.0	20.2	2728.3	557.0	1687.0
快餐服务	**7152.2**	**46.4**	**-143.8**	**165.8**	**4.4**
快餐服务	7152.2	46.4	-143.8	165.8	4.4
饮料及冷饮服务	**253.0**		**0.3**		
茶馆服务					
咖啡馆服务	253.0		0.3		
酒吧服务					
其他饮料及冷饮服务					
餐饮配送及外卖送餐服务	**2332.0**		**-144.7**	**147.0**	**0.7**
餐饮配送服务	2332.0		-144.7	147.0	0.7
外卖送餐服务					
其他餐饮业	**77.8**		**2.1**		
小吃服务					
其他未列明餐饮业	77.8		2.1		
2.按登记注册类型分					
内资企业	**24003.5**	**66.6**	**2719.1**	**558.8**	**1691.4**
国有企业					
集体企业					
股份合作企业					
联营企业					
国有联营企业					
集体联营企业					
国有与集体联营企业					
其他联营企业					
有限责任公司	6724.1	0.4	703.6	146.6	383.6
国有独资公司	415.3		1.7		
其他有限责任公司	6308.8	0.4	701.9	146.6	383.6
股份有限公司	281.7		1.4		1.3
私营企业	16997.7	66.2	2014.1	412.2	1306.5

单位：万元

及分配						人工成本及增值税		从事住宿和餐饮业活动的从业人员平均人数(人)
投资收益	营业利润	营业外收入	营业外支出	利润总额	所得税费用	应付职工薪酬(本年货方累计发生额)	应交增值税	
5407.9	-264.0	265.3	24.2	-22.9	125.1	9323.2	1551.9	1547
905.6	**18883.0**	**923.1**	**727.3**	**19085.3**	**4573.5**	**64213.5**	**4183.2**	**15644**
847.7	**4008.9**	**678.2**	**220.3**	**4473.2**	**1517.1**	**41998.0**	**3432.8**	**9778**
847.7	4008.9	678.2	220.3	4473.2	1517.1	41998.0	3432.8	9778
57.9	**10945.8**	**181.3**	**468.3**	**10658.9**	**2404.5**	**18244.9**	**318.9**	**4724**
57.9	10945.8	181.3	468.3	10658.9	2404.5	18244.9	318.9	4724
	54.7		**0.4**	**54.3**	**2.7**	**1331.5**		**200**
	54.7		0.4	54.3	2.7	1331.5		200
	3859.0	**61.5**	**38.3**	**3882.2**	**648.4**	**2296.2**	**431.5**	**850**
	3859.0	61.5	38.3	3882.2	648.4	2296.2	431.5	850
	14.6	**2.1**		**16.7**	**0.8**	**342.9**		**92**
	14.6	2.1		16.7	0.8	342.9		92
905.6	**6543.1**	**773.4**	**414.5**	**6908.5**	**1910.3**	**48800.0**	**3310.6**	**10651**
160.5	3070.1	369.3	128.9	3316.9	548.9	15438.4	922.0	3689
9.7	-212.5	81.5	5.0	-136.0	4.5	638.4	56.9	161
150.8	3282.6	287.8	123.9	3452.9	544.4	14800.0	865.1	3528
	28.1			28.1	22.9	212.0	27.8	55
745.1	3444.9	404.1	285.6	3563.5	1338.5	33149.6	2360.8	6907

13-5 续表 13

（2019年）

指标名称	损益				
	管理费用	研发费用	财务费用		
				利息收入	利息费用
私营独资企业	807.4		56.6	0.2	7.3
私营合伙企业					
私营有限责任公司	15488.0	64.2	1944.7	400.0	1299.2
私营股份有限公司	702.3	2.0	12.8	12.0	
其他企业					
港、澳、台商投资企业	**2420.1**		**-125.0**	**147.0**	**0.7**
与港澳台商合资经营企业	2332.0		-144.7	147.0	0.7
与港澳台商合作经营企业					
港澳台商独资企业	88.1		19.7		
港澳台商投资股份有限公司					
其他港澳台投资企业					
外商投资企业	**6255.4**		**-151.9**	**164.0**	
中外合资经营企业					
中外合作经营企业					
外资企业	6255.4		-151.9	164.0	
外商投资股份有限公司					
其他外商投资企业					
3.按控股情况分					
国有控股	4799.3		14.6	218.8	218.6
集体控股			2.1		
私人控股	20812.4	66.5	2491.0	484.8	1424.3
港澳台商控股	88.1		19.7		
外商控股	6255.4		-151.9	164.0	
其他	723.8	0.1	66.7	2.2	49.2
4.按经营形式分					
独立门店	19044.8	66.6	2524.1	484.8	1542.2
连锁总店(总部)	9309.9		6.4	166.7	29.7
连锁直营店			0.8		
连锁加盟店					
其他	4324.3		-89.1	218.3	120.2
5.按单位规模分					
大型	10191.8		192.4	320.3	122.0
中型	8863.9	2.0	1428.7	489.2	1167.3
小型	13379.1	64.6	814.8	60.2	398.5
微型	244.2		6.3	0.1	4.3

单位：万元

及分配						人工成本及增值税		从事住宿和餐饮业活动的从业人员平均人数(人)
投资收益	营业利润	营业外收入	营业外支出	利润总额	所得税费用	应付职工薪酬(本年贷方累计发生额)	应交增值税	
	-582.6	2.2	3.0	-583.4	9.9	782.5	36.9	248
745.1	3666.1	396.7	282.6	3780.3	1214.4	31194.3	2285.9	6361
	361.4	5.2		366.6	114.2	1172.8	38.0	298
	4150.6	**68.8**	**38.5**	**4180.9**	**673.2**	**3019.7**	**592.5**	**998**
	3859.0	61.5	38.3	3882.2	648.4	2296.2	431.5	850
	291.6	7.3	0.2	298.7	24.8	723.5	161.0	148
	8189.3	**80.9**	**274.3**	**7995.9**	**1990.0**	**12393.8**	**280.1**	**3995**
	8189.3	80.9	274.3	7995.9	1990.0	12393.8	280.1	3995
156.3	6062.2	332.6	152.8	6242.0	1103.2	7760.0	759.1	1719
	47.4	4.2		51.6	5.1	296.3	76.0	78
746.1	4165.3	482.1	291.9	4362.0	1427.9	41751.1	2761.9	9376
	291.6	7.3	0.2	298.7	24.8	723.5	161.0	148
	8189.3	80.9	274.3	7995.9	1990.0	12393.8	280.1	3995
3.2	127.2	16.0	8.1	135.1	22.5	1288.8	145.1	328
1010.4	938.8	431.1	108.2	1268.1	749.4	34724.3	3062.4	8318
-30.9	11998.8	227.0	479.8	11746.1	2809.8	21752.7	339.1	5505
	-73.9	5.2		-68.7		92.0	7.9	50
-73.9	6019.3	259.8	139.3	6139.8	1014.3	7644.5	773.8	1771
57.9	16699.2	347.8	528.7	16518.4	3274.1	25762.6	660.8	6941
791.8	2116.3	131.1	130.7	2116.7	783.0	15002.0	1278.8	2591
55.9	-7.3	440.0	67.9	371.2	509.6	23284.4	2220.6	6069
	74.8	4.2		79.0	6.8	164.5	23.0	43

13-5 续表 14

（2019年）

指标名称	损益				
	管理费用	研发费用	财务费用		
				利息收入	利息费用
6.按经营地分					
城镇	31634.4	63.6	2265.5	867.4	1687.7
其中：城区	29582.4	61.6	2121.5	865.6	1611.6
乡村	1044.6	3.0	176.7	2.4	4.4
7.按港澳台商投资情况分					
港商投资	2420.1		-125.0	147.0	0.7
澳商投资					
台商投资					
三、住宿业按地区分组	**112790.3**	**27.5**	**11042.0**	**715.2**	**8883.3**
五华区	28626.4		4209.4	130.0	2684.4
盘龙区	18586.1	0.1	2084.5	140.3	1611.5
官渡区	19662.1	0.8	702.4	310.4	782.3
西山区	33281.6		2306.6	33.0	2173.4
东川区	306.4		0.4	0.1	0.5
呈贡区	4427.2	26.5	601.2	15.9	567.2
晋宁区	258.7		1.1	0.1	
富民县	545.6	0.1	307.8	1.0	308.8
宜良县	42.9		11.6	1.8	
石林彝族自治县	3218.2		496.2	3.3	375.3
嵩明县	499.2		5.1	0.3	
禄劝彝族苗族自治县	386.0		9.5		
寻甸回族彝族自治县	378.4		89.4	0.1	89.3
安宁市	2571.5		216.8	78.9	290.6
四、餐饮业按地区分组	**32679.0**	**66.6**	**2442.2**	**869.8**	**1692.1**
五华区	5288.6	0.2	209.4	132.7	139.0
盘龙区	7221.4	49.1	258.8	35.3	116.8
官渡区	7579.6	0.1	48.5	222.8	204.8
西山区	4913.4	5.5	1092.7	452.7	1038.5
东川区					
呈贡区	4435.0	0.3	665.0	21.7	110.9
晋宁区	157.4		0.7		0.1
富民县	34.8		31.8	2.4	29.5
宜良县	396.2		11.9	0.5	5.9
石林彝族自治县	914.2		28.4		20.6
嵩明县	275.9	3.0	59.6	0.3	3.3
禄劝彝族苗族自治县	432.8	2.0	11.0	0.3	8.4
寻甸回族彝族自治县	128.4		8.3	0.3	8.4
安宁市	901.3	6.4	16.1	0.8	5.9

单位：万元

及分配						人工成本及增值税		从事住宿和餐饮业活动的从业人员平均人数(人)
投资收益	营业利润	营业外收入	营业外支出	利润总额	所得税费用	应付职工薪酬(本年货方累计发生额)	应交增值税	
905.6	18687.3	920.0	725.0	18888.8	4507.7	62724.7	4061.9	15243
905.8	17803.2	824.6	699.5	17934.8	4412.5	59199.7	3703.5	14188
	195.7	3.1	2.3	196.5	65.8	1488.8	121.3	401
	4150.6	68.8	38.5	4180.9	673.2	3019.7	592.5	998
6117.3	**-13688.2**	**1917.9**	**1876.4**	**-14303.8**	**2664.5**	**101266.3**	**9162.0**	**18947**
1239.7	-9230.1	148.8	190.6	-9271.9	278.3	20840.7	1822.8	3717
187.9	-3828.7	587.8	20.7	-3261.6	196.2	16904.1	2206.8	3119
5407.9	4251.0	613.2	979.1	3885.1	2050.9	31352.4	2809.5	5264
	-2683.1	382.9	99.8	-2400.0	13.7	20032.6	1464.3	3174
	-129.7	10.1		-118.1		640.0	43.1	209
-658.6	616.4	67.0	12.2	12.6	44.0	4220.3	343.1	937
	-163.4	0.3	0.1	-163.2	6.9	120.5	39.3	79
-59.6	-143.1	86.1	1.8	-58.8	2.9	828.8	122.0	215
	325.2		2.5	322.7	12.2	427.9	25.2	100
	-341.7	12.9	538.4	-867.2	31.8	2626.3	269.8	784
	-1929.5	7.7	5.3	-1927.1		1175.1		375
	12.6			12.6	21.0	255.0	31.0	75
	206.0			206.0	3.0	249.2	14.8	393
	-650.1	1.1	25.9	-674.9	3.6	1593.4	-29.7	506
905.6	**18883.0**	**923.1**	**727.3**	**19085.3**	**4573.5**	**64213.5**	**4183.2**	**15644**
-59.1	2144.1	122.8	90.2	2183.1	670.3	9823.6	663.3	1913
147.0	8209.9	140.0	223.7	8126.2	2046.0	15517.0	408.9	4901
-70.7	5704.7	274.0	138.1	5840.6	985.4	11431.0	1003.7	2944
824.4	-449.9	55.8	22.2	-416.3	205.7	9851.1	973.3	2410
64.2	2226.2	221.1	222.7	2224.7	497.3	12108.7	592.0	1900
	-72.1		2.6	-74.7	5.2	351.8	30.6	107
-0.2	241.2	0.1		241.3	12.4	356.8	15.7	83
	335.1	12.0	22.3	324.8	17.4	542.3	101.2	141
	-52.1	81.5		29.4	19.3	1161.5	129.9	398
	289.7	1.8	5.4	286.1	68.6	1316.5	126.2	307
	123.5			123.5	29.3	404.6	27.3	150
	224.8		0.1	224.7	7.3	243.8	18.4	91
	-42.1	14		-28.1	9.3	1104.8	92.7	299

主要统计指标解释

社会消费品零售总额 是指企业（单位、个体经营户）通过交易直接售给个人、社会集团非生产、非经营用的实物商品金额，以及提供餐饮服务所取得的收入金额。其中，商品包括售给个人用于生活消费的商品，也包括售给社会集团用于非生产、非经营的商品。该指标不包括企业和个体经营户用于生产经营和固定资产投资所使用的原材料、燃料和其他消耗品的价值量，也不包括居民用于购买商品房的支出和农民用于购买农业生产资料的支出费用等。

社会消费品零售总额主要用于反映国内消费品市场的总规模和地域分布情况，也能基本反映城乡居民和社会集团对实物商品消费需求的总量和变化趋势。

商品购进额 指从本企业以外的单位和个人购进（包括从国外直接进口）作为转卖或加工后转卖的商品金额（含增值税）。本指标反映批发和零售业从国内外市场上购进商品的总价。

商品销售额 指对本单位以外的单位和个人出售的商品金额（包括售给本单位消费用的商品，含增值税），在批发和零售业中，本指标反映在国内市场上销售商品以及出口商品的总价。

通过公共网络实现的商品销售额 企业（单位）通过公共网络交易平台（包括自建网站和第三方平台）取得订单，对本单位以外的单位和个人出售的实物商品金额（含增值税），付款可以在网上进行，也可以在网下进行。公共网络包括计算机互联网、移动互联网等。

服务营业额 指批发和零售业单位在经营活动中，因提供服务取得的收入（含增值税），包括贸易经济代理服务、拍卖服务、汽车维修和装饰服务、各种商务服务和商品代理、互联网交易平台服务、场地和商品租赁、充电服务等。

昆明统计年鉴

KUNMING STATISTICAL YEARBOOK 2020

14 对外贸易、旅游

DUIWAIMAOYI LVYOU

14-1 主要年份海关进出口贸易总额

单位：万美元

年 份	海关进出口贸易总额	出 口	进 口
1993	67548	43653	23895
1994	129676	80411	49265
1995	174372	105267	69105
1996	139791	75497	64294
1997	122115	81106	41009
1998	116410	74055	42355
1999	108930	61843	47087
2000	115068	71298	43770
2001	134097	78033	56064
2002	148131	89501	58630
2003	177972	100570	77402
2004	261462	138396	123066
2005	344940	173602	171338
2006	470385	232961	237424
2007	667728	323921	343807
2008	731091	354145	376946
2009	563411	297197	266214
2010	1016285	532598	483686
2011	1199977	660318	539659
2012	1441975	568633	873342
2013	1689710	1012278	677432
2014	1777057	1159388	617668
2015	1232405	943833	288571
2016	661276	405931	255345
2017	782987	294236	488751
2018	1308711	376453	932258
2019	1318704	360588	958115

注：此表数据来源于昆明海关。

14-2 主要年份市属外商直接投资

单位：万美元

年 份	项目个数(个)	合同利用外资	实际利用外资
1991	16	1546	
1992	102	12736	
1993	199	31903	4362
1994	117	11103	6930
1995	142	26612	6051
1996	66	5898	5919
1997	60	12352	3142
1998	36	22233	4430
1999	52	15396	2403
2000	35	10749	1228
2001	48	11384	2592
2002	76	12830	3703
2003	58	15408	5148
2004	104	17443	6228
2005	77	26332	8261
2006	122	51887	20933
2007	89	44697	30038
2008	143	93110	60178
2009	115	110944	73000
2010	83	72941	100900
2011	78	68796	127443
2012	63	44664	158800
2013	56	51641	179800
2014	73	59934	223714
2015	75	75134	226146
2016	70	190076	73996
2017	115	191315	80133
2018	111	502877	85013
2019	118	358818	64861

注：此表数据来源于昆明市商务局。

14-3 主要年份旅游业发展情况

年 份	国际旅游		国内旅游		旅游业总收入(万元)
	旅游人数(人次)	旅游外汇收入(万美元)	旅游人数(万人次)	旅游收入(万元)	
1990	148166	1581	-	-	-
1991	160165	2223	-	-	-
1992	231749	2943	389	35028	59455
1993	271065	3314	420	47027	74533
1994	378672	7409	520	101966	163461
1995	397562	9253	710	145125	221925
1996	450568	11751	820	295796	393331
1997	510116	15666	952	424674	555171
1998	384023	10059	933	695754	779542
1999	549207	14550	1150	1057294	1178494
2000	520247	13707	1106	904744	1018925
2001	590827	15824	1897	1280360	1412178
2002	699683	18080	1936	1263632	1414237
2003	426667	11325	1549	1090471	1184804
2004	493251	13073	1708	1266131	1375025
2005	696481	17251	1971	1240838	1384543
2006	707489	18979	2169	1405603	1563699
2007	713448	20784	2437	1533330	1689213
2008	700685	20416	2664	1832342	1971173
2009	778321	21759	3037	2114789	2263402
2010	860632	24252	3471	2683182	2848097
2011	1004040	29788	4002	2586701	3672490
2012	1137364	33863	4581	4052744	4266757
2013	1231265	40338	5479.06	4909193	5158887
2014	1192057	39729	6149.45	5903394	6147729
2015	1144868	44033	6796.91	6962941	7234624
2016	1234688	48201	9990.00	10437876	10735279
2017	1340690	53222	13208.45	15727398	16086647
2018	1422016	68406	15911.23	21347932	21800781
2019	1494442	87484	18494.59	26731560	27336073

注：此表数据来源于昆明市文化和旅游局。

主要统计指标解释

进出口总额　又称进出口贸易或进出口总值，是以货币表现的一定时期内一国全部实际进出口商品的总金额，也就是同一时期的进口总额与出口总额之和。它反映一国对外贸易的总体规模和发展水平，是研究一国对外贸易往来和国际收支平衡状况的重要依据。

进口总额　又称进口贸易额或进口总值，是以货币表示的一定时期内从国外进口的商品和总金额。

出口总额　又称出口贸易额或出口总值，是以货币表示的一定时期内向国外出口的商品和总金额。

利用外资　指我国各级政府、部门、企业和其他经济组织通过对外借款、吸收外商直接投资以及用其他方式筹措的境外现汇、设备和技术等。

旅游人数　指来我国参观、访问、旅行、探亲、访友、休养、考察、参加会议和从事经济、科技、文化、教育、体育、宗教等活动的外国人、华侨、港澳和台湾同胞的人数。不包括外国在我国的常驻机构，如使领馆、通讯社、企业办事处的工作人员；来我国常住的外国专家、留学生以及在岸逗留不过夜人员。

国际旅游(外汇)收入　指入境旅游的外国人、华侨、港澳台胞在中国大陆旅游过程中发生的一切旅游支出，对国家来说就是国际旅游(外汇)收入。

昆明统计年鉴

KUNMING STATISTICAL YEARBOOK 2020

15 城市建设、环境保护

CHENGSHIJIANSHE HUANJINGBAOHU

15-1 城市市政设施水平

（2019年）

指　　标	单位	昆明	昆明市区
人均日生活用水量	升	131.26	130.22
供水普及率	%	98.82	100.00
燃气普及率	%	93.39	99.77
建成区供水管道密度	公里/平方公里	9.26	8.80
人均城市道路面积	平方米	11.23	9.70
建成区排水管道密度	公里/平方公里	11.95	12.74
污水处理率	%	96.06	96.56
#污水处理厂集中处理率	%	94.97	95.35
建成区绿地率	%	37.97	38.70
建成区绿化覆盖率	%	41.60	42.07
生活垃圾处理率	%	100.00	100.00
#生活垃圾无害化处理率	%	100.00	100.00

注：1.昆明市区是指五华区、盘龙区、官渡区、西山区、呈贡区数据；
　　2.此表数据来源于昆明市住房和城乡建设局。

15-2 城市供水

（2019年）

指　　标	单位	昆明	昆明市区
综合生产能力	万立方米/日	234.50	197.59
供水管道长度	公里	6441.28	4783.03
供水总量	万立方米	56783.74	49196.68
#生产运营用水	万立方米	19578.40	18580.00
居民家庭用水	万立方米	19695.19	16020.61
用水户数	万户	186.44	160.50
用水人口	万人	481.65	384.02

注：1.昆明市区是指五华区、盘龙区、官渡区、西山区、呈贡区数据；
　　2.此表数据来源于昆明市住房和城乡建设局。

15-3 城市供气

（2019年）

指　　标	单位	昆明	昆明市区
一、天然气			
供气管道长度	公里	4933.05	4109.60
供气总量	万立方米	37006.90	27619.03
#家庭用气	万立方米	13344.75	11769.10
用气户数	户	1785919	1633232
#家庭用气户数	户	1778886	1627890
用气人口	万人	424.84	375.12
二、液化石油气			
供气总量	吨	118827	100000
#家庭用气	吨	21672	15000
用气户数	户	239638	150000
#家庭用气户数	户	184565	120000
用气人口	万人	28.04	8.00

注：1.昆明市区是指五华区、盘龙区、官渡区、西山区、呈贡区数据；
　　2.此表数据来源于昆明市住房和城乡建设局。

15-4 城市道路和桥梁

（2019年）

指　　标	单位	昆明	昆明市区
道路长度	公里	3095.85	2213.09
道路面积	万平方米	5473.84	3725.87
#人行道面积	万平方米	567.52	149.38
年末实有桥梁数	座	462	372
#立交桥	座	32	32
道路照明灯盏数	盏	198183	132527
安装路灯的道路长度	公里	2467.84	1876.12

注：1.昆明市区是指五华区、盘龙区、官渡区、西山区、呈贡区数据；
　　2.此表数据来源于昆明市住房和城乡建设局。

15-5 园林绿化

（2019年）

指　　标	单位	昆明	昆明市区
绿化覆盖面积	公顷	23373.68	17711.47
绿地面积	公顷	21207.03	16292.70
公园绿地面积	公顷	5500.31	4206.85
公园个数	个	610	470
公园面积	公顷	4323.84	3069.93

注：1.昆明市区是指五华区、盘龙区、官渡区、西山区、呈贡区数据；
　　2.此表数据来源于昆明市住房和城乡建设局。

15-6 城市环境卫生情况

（2019年）

指　　标	单位	昆明	昆明市区
道路清扫保洁面积	万平方米	9790.33	7753.88
#机械清扫面积	万平方米	6368.09	5013.74
生活垃圾清运量	万吨	239.56	183.44
生活垃圾处理量	万吨	239.56	183.44
生活垃圾无害化处理量	万吨	239.56	183.44
生活垃圾转运站	座	139	107
公共厕所	座	2508	1568
市容环卫专用车辆设备总数	辆	2225	1638

注：1.昆明市区是指五华区、盘龙区、官渡区、西山区、呈贡区数据；
2.此表数据来源于昆明市住房和城乡建设局。

15-7 环境保护情况

指　　标	单位	2018年	2019年
一、水质状况			
废水排放总量	万吨	87774.42	84645.70
#工业废水排放总量	万吨	3009.62	3204.17
工业化学需氧量排放总量	吨	3598.7	3326.76
二、废气排放			
工业二氧化硫排放量	吨	48119	28010
工业烟粉排放量	吨	38782	47184
三、声环境质量状况			
主城区区域环境昼间噪声平均值	分贝	54.4	53.1
主城区交通干线昼间噪声平均等效声级	分贝	67.1	67.4
四、固体、废物综合利用			
工业固体废物综合利用量	万吨	3147.77	3331.89
工业固体废物处置利用率	%	99.82	90.67

注：此表数据来源于昆明市生态环境局。

主要统计指标解释

自来水生产能力　指年底城建部门管理的自来水厂实际生产能力。

生活用水量　指居民日常生活与公共福利设施的用水量。包括居民、饮食店、旅馆、医院、理发店、浴池、洗衣店、游泳地、商店、学校、机关、部队等单位的用水量。

实有桥梁　指城市范围内，修建在河道上的桥梁和道路与道路立交、道路跨越铁路的立交桥，以及人行天桥。包括永久性桥和半永久性桥，不包括临时性桥、铁路桥、涵洞。

公共绿地面积　指供游览休息的各种公园、运动场、植物园、陵园以及花园、游园和供游览休息用的林荫道绿地、广场绿地。不包括一般栽植的行道树及林荫道的面积。

昆明统计年鉴

KUNMING STATISTICAL YEARBOOK 2020

16 科技、教育、文化、卫生和其他

KEJI JIAOYU WENHUA WEISHENGHEQITA

16-1 规模以上工业企业R&D活动及相关情况

指　　标	单位	2019年
一、企业基本情况		
单位数	个	1006
有R&D活动单位数	个	321
有研发机构单位数	个	175
其中：享受研究开发费用加计扣除的企业数	个	139
二、R&D人员情况		
1.R&D人员合计	人	13853
项目研究开发人员	人	12972
管理和服务人员	人	881
其中：女性	人	3208
其中：研究人员	人	5168
其中：①全时人员	人	9792
②非全时人员	人	4061
2.R&D人员折合全时当量合计	人年	9602
其中：研究人员	人年	3566
其中：①基础研究人员	人年	20
②应用研究人员	人年	212
③试验发展人员	人年	9370
三、R&D经费支出情况		
1.R&D经费内部支出合计	万元	442076.4
其中：①经常费支出	万元	383596.4
其中：人员劳务费	万元	112637.7
②资产性支出	万元	58480.0
其中：土建工程	万元	579.5
仪器和设备	万元	57900.5
其中：①基础研究支出	万元	1225.1
②应用研究支出	万元	8308.8
③试验发展支出	万元	432542.5

16-1 续表 1

指　　标	单位	2019年
其中：①政府资金	万元	89789.5
②企业资金	万元	352286.9
③境外资金	万元	
④其他资金	万元	
2.R&D经费外部支出合计	万元	66643.6
其中：对境内研究机构支出	万元	9466.2
对境内高等学校支出	万元	9058.4
对境内企业支出	万元	47022.8
对境外支出	万元	1096.2
四、企业办研发机构情况		
1.机构数	个	**206**
2.企业在境外设立的研发机构数	个	12
3.机构人员合计	人	7432
其中：博士毕业	人	185
硕士毕业	人	1174
4.机构经费支出	万元	317485.2
5.科技机构仪器和设备原价	万元	333686.3
五、研发产出及相关情况		
(一)自主知识产权情况		
1.专利申请数	件	5138
其中：发明专利	件	2011
2.有效发明专利数	件	7029
其中：已被实施	件	2075
(二)新产品生产及销售情况		
1.新产品开发项目数	项	2987

16-1 续表 2

指　　　　标	单位	2019年
2.新产品开发经费支出	万元	558455.2
3.新产品销售收入	万元	3525490.7
其中：出口	万元	237783.4
(三)其他情况		
1.发表科技论文	篇	1335
2.拥有注册商标	件	6920
3.形成国家或行业标准	项	153
六、其他情况		
(一)政府相关政策落实情况		
1.使用来自政府部门的研发资金	万元	23777.4
2.研究开发费用加计扣除减免税	万元	29012.4
3.高新技术企业减免税	万元	24344.8
(二)技术获取和技术改造情况		
1.引进境外技术经费支出	万元	82864.2
2.引进境外技术的消化吸收经费支出	万元	537.5
3.购买境内技术经费支出	万元	108290.6
4.技术改造经费支出	万元	206966.8

16-2　非工业企业R&D活动及相关情况

指　　标	单位	2019年
一、企业基本情况		
单位数	个	933
有R&D活动单位数	个	101
有研发机构单位数	个	62
其中：享受研究开发费用加计扣除的企业数	个	86
二、R&D人员情况		
1.R&D人员合计	人	8504
项目研究开发人员	人	7964
管理和服务人员	人	540
其中：女性	人	1709
其中：研究人员	人	3673
其中：①全时人员	人	4490
②非全时人员	人	4014
2.R&D人员折合全时当量合计	人年	5114
其中：研究人员	人年	2192
其中：①基础研究人员	人年	98
②应用研究人员	人年	553
③试验发展人员	人年	4463
三、R&D经费支出情况		
1.R&D经费内部支出合计	万元	235044.0
其中：①经常费支出	万元	232467.9
其中：人员劳务费	万元	71937.8
②资产性支出	万元	2576.1
其中：土建工程	万元	100.9
仪器和设备	万元	2475.2
其中：①基础研究支出	万元	2393.1
②应用研究支出	万元	10293.3
③试验发展支出	万元	222357.6
其中：①政府资金	万元	5256.8
②企业资金	万元	229787.2
③境外资金	万元	
④其他资金	万元	

16-2 续表

指　　标	单位	2019年
2.R&D经费外部支出合计	万元	11933.9
其中：对境内研究机构支出	万元	774.0
对境内高等学校支出	万元	1380.9
对境内企业支出	万元	9750.4
对境外支出	万元	28.6
四、企业办研发机构情况		
1.机构数	个	72
2.企业在境外设立的研发机构数	个	4
3.机构人员合计	人	4495
其中：博士毕业	人	76
硕士毕业	人	869
4.机构经费支出	万元	173196.9
5.科技机构仪器和设备原价	万元	41276.3
五、研发产出及相关情况		
1.专利申请数	件	1628
其中：发明专利	件	411
2.有效发明专利数	件	1077
其中：已被实施	件	523
3.形成国家或行业标准	项	48
六、其他情况		
1.使用来自政府部门的研发资金	万元	11229.2
2.研究开发费用加计扣除减免税	万元	16895.4
3.高新技术企业减免税	万元	24052.7

16-3 主要年份全市医疗卫生机构数、卫生技术人员、医疗床位数

年 份	卫生机构数合计(个)	医院	卫生技术人员合计(人)	医生	卫生机构床位数合计(张)	医院
1978	1253	218	17754	8035	14304	13151
1980	1335	229	20336	8459	16697	13682
1985	1523	228	25363	12528	18421	15897
1990	1622	270	28820	14576	24356	20917
1995	1586	288	30527	15094	27044	22143
1996	2474	274	31115	15107	24906	20646
1997	2326	277	33146	16074	25906	21690
1998	2715	280	32637	15705	26043	22111
1999	2922	155	33186	16310	26127	19558
2000	2753	157	32190	15220	25027	19756
2001	2580	153	31171	14428	25345	19268
2002	1427	169	27173	12136	24610	20793
2003	1977	174	29647	13405	25704	20514
2004	2072	197	31660	14324	27104	21757
2005	2575	218	33123	15381	28710	22744
2006	2777	207	34143	15441	28955	22958
2007	2798	202	35031	16017	31003	24501
2008	2730	205	35664	16700	32457	25952
2009	2755	201	37015	18101	33607	26887
2010	3004	218	40165	18636	38056	30434
2011	3103	225	42371	18812	41363	33387
2012	3163	236	46647	19920	44507	35878
2013	4552	253	53742	22128	48087	39467
2014	4492	268	57626	22595	50702	42409
2015	4490	282	64279	24109	55191	46984
2016	4755	307	71000	26049	57776	49785
2017	4823	308	75964	27317	60959	53072
2018	4892	322	79205	28606	63612	55755
2019	5068	314	86992	31763	64081	56598

注：1.2000年卫生系统统计报表制度变动，口径有所调整；
2.此表数据来源于昆明市卫生健康委员会。

16-4 卫生机构、床位、人员数

（2019年）

指标	机构数(个)	卫生技术人员数合计(人)	执业(助理)医师	实有床位数(张)
总计	**5068**	**86992**	**31763**	**64081**
医院	314	61108	20116	56598
疗养院	5	232	87	875
社区卫生服务中心(站)	377	5192	2033	1691
卫生院	102	3443	1381	4118
门诊部	200	2964	1402	79
急救中心(站)	2	205	88	
采供血机构	1	145	24	
妇幼保健院(所、站)	17	1989	758	680
专科疾病防治院(所、站)	2	20	7	40
疾病预防控制中心	17	1232	741	
卫生监督所(中心)	16	272		
医学科学研究机构	6	477	94	
健康教育所(站、中心)	3	25	9	
临床检验中心(所、站)	5	252	32	
统计信息中心	2	2		
其他	11	218	70	
诊所、卫生所、医务室	2718	8685	4504	
计划生育技术服务机构	1			
村卫生室	1269	531	417	

注：此表数据来源于昆明市卫生健康委员会。

16-5 民政事业基本情况

指　　标	单位	2018年	2019年
民政经费	万元	351023	274581
城市居民最低生活保障人数	人	71181	56040
农村社会救济人数	人	151570	155602
其中：农村居民最低生活保障人数	人	90623	64191
提供住宿的社会工作机构数	个	106	103
其中：养老机构数	个	94	100
提供住宿的社会工作机构床位数	张	25246	23253
其中：养老机构床位数	张	22548	20833
不提供住宿的社会工作机构和设施总数	个	1811	1957
其中：社区服务机构和设施数	个	1791	1949
结婚办理	对	45470	42935
离婚办理	对	20188	20763
社会组织单位数	个	5478	5210

注：此表数据来源于昆明市民政局，统计口径有变化。

16-6 分地区各类办学类型学校数情况

（2019年）　　单位：所

地　区	基础教育						中职教育
	幼儿园	小学	初中	普通高中	特殊教育	工读学校	
昆明市	**1407**	**758**	**202**	**125**	**6**	**1**	**81**
五华区	110	44	11	18	1		14
盘龙区	119	63	22	12	1	1	14
官渡区	211	90	28	30	1		9
西山区	136	66	19	14	1		11
东川区	41	37	10	2			1
呈贡区	48	17	3	11			4
晋宁区	66	19	12	2			3
富民县	34	26	6	2			2
宜良县	105	69	13	3	1		3
石林县	93	16	5	3			2
嵩明县	76	52	8	3			7
禄劝县	80	41	16	3			2
寻甸县	136	154	17	4	1		3
安宁市	63	12	10	7			3
高新区	23	2	5	3			1
经开区	27	16	9	4			2
度假区	20	7	4	4			
阳宗海	19	27	4				

注：此表数据来源于昆明市教育体育局。

16-7 分地区各类办学类型在校生情况

（2019年）

单位：人

地 区	基础教育						中职教育
	幼儿园	小学	初中	高中	特殊教育	工读学校	
昆明市	**246046**	**513029**	**222818**	**123672**	**824**	**100**	**182093**
五华区	26758	55684	22967	15345	146		51195
盘龙区	22931	54882	18058	7969	144	100	12583
官渡区	50432	98685	28598	16151	93		11869
西山区	25821	44594	18248	9492	238		25864
东川区	8452	20163	11432	4877			564
呈贡区	10265	21761	12881	9407			18260
晋宁区	9504	19679	8265	4233			2130
富民县	3719	11811	6546	3824			369
宜良县	9797	22600	12480	6229	61		8004
石林县	8299	16653	8876	5392			809
嵩明县	13660	24348	10926	5434			33448
禄劝县	9588	25274	14836	8026			2931
寻甸县	15820	34095	20812	12654	142		769
安宁市	11987	23755	11724	6399			7325
高新区	4985	11344	4061	4271			869
经开区	6481	13695	4694	1931			3881
度假区	5014	8031	4658	2038			1223
阳宗海	2533	5975	2756				

注：此表数据来源于昆明市教育体育局。

16-8 分地区各类办学类型专任教师情况

（2019年）

单位：人

地区	基础教育						中职教育
	幼儿园	小学	初中	高中	特殊教育	工读学校	
昆明市	**16304**	**30287**	**18002**	**9288**	**194**	**39**	**4148**
五华区	2029	2972	1733	1165	39		556
盘龙区	1805	2810	1393	612	44	39	595
官渡区	3531	5335	2340	1290	24		357
西山区	1812	2545	1441	803	64		447
东川区	352	1524	944	313			53
呈贡区	810	1222	901	771			267
晋宁区	622	1157	788	296			155
富民县	170	749	539	243			41
宜良县	632	1400	1036	430	8		299
石林县	447	1233	710	364			75
嵩明县	713	1286	850	372			642
禄劝县	506	1965	1338	546			168
寻甸县	544	2432	1561	866	15		74
安宁市	857	1375	962	565			337
高新区	414	632	369	302			13
经开区	479	633	388	152			69
度假区	424	567	448	198			
阳宗海	157	450	261				

注：此表数据来源于昆明市教育体育局。

16-9 分地区各类办学类型

（2019年）

地　区	基础			
	幼儿园		小学	
	离园幼儿人数	入园幼儿数	毕业生数	招生数
昆明市	**80284**	**90181**	**77450**	**94031**
五华区	9851	11825	9091	13075
盘龙区	6830	7241	7901	10997
官渡区	16905	20750	14979	22047
西山区	9455	11472	7703	9828
东川区	3380	3286	3782	3270
呈贡区	3621	4305	2722	4808
晋宁区	3284	3287	3138	3365
富民县	1559	1305	2177	1470
宜良县	4279	4159	4832	4093
石林县	2807	3114	2732	2754
嵩明县	4743	5143	3527	4387
禄劝县	3764	3600	4724	4030
寻甸县	5653	6253	6479	5743
安宁市	4153	4441	3663	4164

注：此表数据来源于昆明市教育体育局。

毕业、招生学生基本情况

单位：人

教育				中职教育	
初中		高中			
毕业生数	招生数	毕业生数	招生数	毕业生数	招生数
70863	**74592**	**35969**	**44963**	**47469**	**60115**
8370	9422	6486	6778	16389	15973
5645	6376	2551	2733	3265	3697
9617	12001	4708	6867	5003	4820
7202	8001	2737	4798	7236	9127
3957	3639	1412	1700	9	432
3125	5097	2410	3421	1411	6331
2848	2654	1236	1486	430	649
1785	2227	836	1431		
5419	4577	1990	2299	3993	2637
3526	2585	1448	2116	211	303
3448	3212	1617	1975	6335	12481
5384	4552	2456	2848	399	1224
6833	6410	3937	4286	53	
3704	3839	2145	2225	2735	2441

16-10 昆明市辖区高等教育情况

（2019年）

指　　标	学校数 (所)	毕业生数 (人)	招生数 (人)	在校生数 (人)
研究生	**14**	**10432**	**16052**	**45209**
科研机构研究生	2	24	28	95
普通高等学校研究生	12	10408	16024	45114
普通高等教育	**52**	**137096**	**220352**	**622583**
本科	20	73321	99662	339276
专科	32	63775	120690	283307
成人高等教育	**2**	**43256**	**64724**	**187503**
本科	1	18699	38661	106607
专科	1	24557	26063	80896

注：此表数据来源于昆明市教育体育局。

16-11 文化事业基本情况(市属)

指　　标	单位	2019年
国家文物保护单位	个	27
省级文物保护单位	个	73
广播电视台(含融媒体中心)	个	16
剧团	个	2
群众艺术馆、文化馆	个	16
文化站	个	139
公共图书馆	个	15
博物馆	个	37
剧场演出场次	场	263
国内艺术表演场次(惠民演出)	场	6512
#农村	场	908
国内艺术表演观众	万人次	1148
公共图书馆藏书	千册	4423

注：此表数据来源于昆明市文化和旅游局。

主要统计指标解释

科技活动　指在自然科学、农业科学、医药科学、工程与技术科学、人文与社会科学领域（简称科学技术领域）中，与科技知识的产生、发展、传播和应用密切相关的有组织的活动。企业的科技活动包括：1.在科学技术领域，为增加知识总量、以及运用这些知识去创造新的应用进行的系统的创造性的活动。其中较为常见的活动是利用现有知识和实际经验，为产生新的产品、材料和装置，建立新的工艺、系统和服务，以及对已产生和建立的上述各项做实质性的改进而进行的系统性工作。这些活动的成果形式主要是专利、专有技术、新产品原型或样机样件等。2.为使产生的新产品、材料和装置，建立的新工艺、系统和服务以及做实质性改进后的上述各项能够投入生产或实际应用，解决所存在的技术问题而进行的系统性的工作。这些活动的成果形式大多是可供生产和实际操作的带有技术和工艺参数的图纸、技术标准和操作规范。企业的科技活动不包括企业从事的常规性技术升级或对某项科研成果直接应用等活动（如直接采用新的工艺、材料、装置、产品、服务或知识等）。在企业中只有列入企业工作计划的科技活动才予以统计，而独立发明人等在企业外或计划外进行的科技活动不在统计范围之内。

R&D 活动　为增加知识总量、以及运用这些知识去创造新的应用进行的系统的创造性的活动。包括基础研究、应用研究和试验发展。

非 R&D 活动　为使产生的新产品、材料和装置，建立的新工艺、系统和服务以及做实质性改进后的上述各项能够投入生产或实际应用，解决所存在的技术问题而进行的系统性的工作。

基础研究　为了获得关于现象和可观察事实的基本原理的新知识（揭示客观事物的本质、运动规律，获得新发现、新学说）而进行的实验性或理论性研究，它不以任何专门或特定的应用或使用为目的。其成果以科学论文和科学著作为主要形式。

应用研究　为获得新知识而进行的创造性研究，主要针对某一特定的目的或目标。应用研究是为了确定基础研究成果可能的用途，或是为达到预定的目标探索应采取的新方法（原理性）或新途径。其成果形式以科学论文、专著、原理性模型或发明专利为主。

试验发展　利用从基础研究、应用研究和实际经验所获得的现有知识，为产生新的产品、材料和装置，建立新的工艺、系统和服务，以及对已产生和建立的上述各项作实质性的改进而进行的系统性工作。其成果形式主要是专利、专有技术、具有新产品基本特征的产品原型或具有新装置基本特征的原始样机等。

R&D 经费支出　指统计年度内规模以上工业企业实际用于基础研究、应用研究和试验发展的经费支出。

科技活动人员合计　指报告期内企业内部直接参加科技项目人员，以及科技活动的管理和直接服务的人员。不包括全年累计从事科技活动时间占制度工作时间10%以下的人员。

全部科技项目数 指在报告期当年企业立项并开展研究工作、以前年份立项报告期仍继续进行的科技项目数，包括当年完成和报告期内研究工作已告失败的科技项目数，但不包括委托外单位进行的科技项目数。

专利申请数 指报告期内企业作为第一申请人向境内外知识产权行政部门提出专利申请并被受理的件数。

专利申请数中发明专利 指报告期内企业作为第一申请人向境内外知识产权行政部门提出发明专利申请并被受理的件数。

卫生技术人员 指卫生事业机构支付工资的全部固定职工和合同制职工中现任职务为卫生技术工作的专业人员。包括中医师、西医师、中西医结合高级医师、护师、中药师、西药师、检验师、其它技工、其它中医、护理员、中药剂师、西药剂员、检验员、其它初级卫生技术人员。

普通高等学校 指按国家规定的审批程序批准举办，通过全国统一招生考试，招收高级中等学校毕业生和具有同等学历者，实施高等教育，培养高等专门人才的学校。包括大学、专门学院、专科学校和短期职业大学。

在校学生数 指学年初具有学籍的在校生总数。

学龄儿童入学率 指调查范围内已入小学学习的学龄儿童占校内外学龄儿童总数(包括弱智儿在内，但不包括盲聋哑儿童)的比重。

计算公式：

$$学龄儿童入学率=\frac{已入学的小学学龄儿童数}{校内外学龄儿童总数}\times 100\%$$

专任教师 指主要从事教学工作的人员。包括临时(一年以内)调去帮助做其他工作的教学人员。高等学校函授部、夜大学校的专任教师和承担科研任务，为担任教学工作仍属教师编制的人员，应计入专任教师中。专任教师不包括调离教学岗位，担任行政领导工作或其他工作的原教学人员。

艺术表演观众人数(人次) 指售票、包场演出或民族地区免费演出的艺术表演观众人次数。不包括彩排审查和内部观摩演出的观看人次数。

昆明统计年鉴

KUNMING STATISTICAL YEARBOOK 2020

17 开发区建设

KAIFAQUJIANSHE

17–1 昆明经济技术开发区建设发展情况

指　　标	单位	2019年
开发区土地面积(管辖面积)	平方公里	148.20
工业总产值	亿元	528.00
#规模以上工业总产值	亿元	475.28
外商投资企业工业总产值	亿元	17.68
高新技术企业工业总产值	亿元	160.90
规模以上工业增加值增速	%	9.5
全区“四上”企业主营业务收入	亿元	1755.80
#规模以上工业企业主营业务收入	亿元	476.83
一般公共预算收入	亿元	41.01
一般公共预算支出	亿元	31.10
进出口总额	亿美元	2.75
#出口总额	亿美元	0.84
进口总额	亿美元	1.91
高新技术产品进出口额	亿美元	0.41
实际利用外资	万美元	11007.00
新增内资企业注册资本金(不含增资)	亿元	231.97
固定资产投资增速	%	7.0
限额以上消费品零售总额	亿元	131.03
期末研发机构数	个	127
同级财政支持科技发展资金	万元	53025

注：此表数据由昆明经济技术开发区根据商务部制定的国家级开发区统计制度统计。

17-2 昆明高新技术产业开发区建设发展情况

指　　标	单位	2019年
规划面积(含马金铺新城产业基地)	平方公里	48.65
已开发面积(含马金铺新城产业基地)	平方公里	13.7
基础设施建设	亿元	12.08
高新区工商分局注册企业	个	13454
实际利用外资	万美元	11000
规上工业增加值增速	%	10.1
固定资产投资增速	%	4.8
限额以上消费品零售总额	亿元	71.44
一般公共预算收入	亿元	23.79
一般公共预算支出	亿元	18.04

注：此表数据由昆明高新技术产业开发区提供。

17-3 昆明滇池国家旅游度假区建设发展情况

指　　标	单位	2019年
工商新增注册企业及个体户	个	2566
一般公共预算收入	亿元	14.39
一般公共预算支出	亿元	16.68
招商引资实际到位内资	亿元	56.00
招商引资实际到位外资	万美元	9064.50
固定资产投资增速	%	-12.4
限额以上消费品零售总额	亿元	67.28
服务业总收入	亿元	1007.30
#旅游收入	亿元	48.20
接待人次	万人次	2472.00
#国内游客	万人次	2441.50
海外游客	万人次	30.50

注：此表数据由昆明滇池国家旅游度假区提供。

17-4 阳宗海风景名胜区建设发展情况

指　　标	单位	2019年
规划面积	平方公里	564
工商分局注册企业	个	165
规模以上工业总产值	亿元	206.90
规模以上工业增加值增速	%	0.7
固定资产投资增速	%	-3.1
限额以上消费品零售总额	亿元	0.44
旅游服务总收入	亿元	17.80
招商引资实际到位资金(内资)	亿元	42.5
招商引资实际到位资金(外资)	万美元	0.2
一般公共预算收入	亿元	6.64
一般公共预算支出	亿元	7.30

注：此表数据由昆明阳宗海风景名胜区提供。

昆明统计年鉴

KUNMING STATISTICAL YEARBOOK 2020

18 各州市主要经济指标

GEZHOUSHIZHUYAOJINGJIZHIBIAO

18-1 各州市年末常住人口及城镇人口比重

地　　区	年末常住人口 (万人)		城镇人口比重 (%)	
	2018年	2019年	2018年	2019年
全　　省	**4829.5**	**4858.3**	**47.81**	**48.91**
昆 明 市	**685.0**	**695.0**	**72.85**	**73.60**
曲 靖 市	615.5	617.8	48.45	49.64
玉 溪 市	238.6	238.9	51.89	52.98
保 山 市	262.7	263.0	36.85	38.53
昭 通 市	559.1	564.6	34.56	35.30
丽 江 市	129.6	130.2	40.43	41.61
普 洱 市	263.7	265.2	43.46	44.60
临 沧 市	253.6	253.8	41.92	43.09
楚 雄 州	274.8	275.5	45.34	46.53
红 河 州	474.4	477.5	47.91	49.09
文 山 州	365.4	367.2	41.98	43.14
西双版纳州	118.8	119.6	47.98	49.18
大 理 州	359.9	361.9	46.79	47.60
德 宏 州	131.6	132.4	46.35	47.53
怒 江 州	55.3	55.7	32.91	34.40
迪 庆 州	41.4	40.0	35.75	37.00

18-2 各州市生产总值

地　　区	生产总值(亿元)		比上年增长(%)	
	2018年	2019年	2018年	2019年
全　　省	**20880.63**	**23223.75**	**8.9**	**8.1**
昆 明 市	**6020.50**	**6475.88**	**8.4**	**6.5**
曲 靖 市	2348.48	2637.59	8.5	9.6
玉 溪 市	1800.84	1949.71	8.9	6.8
保 山 市	850.34	960.68	9.5	9.8
昭 通 市	1061.87	1194.20	8.5	9.8
丽 江 市	421.56	472.51	9.3	9.9
普 洱 市	787.14	875.28	8.5	8.1
临 沧 市	672.30	759.26	9.3	8.5
楚 雄 州	1114.75	1251.90	10.2	9.1
红 河 州	1999.83	2211.99	9.7	8.5
文 山 州	955.10	1081.60	10.3	10.1
西双版纳州	499.29	568.09	8.1	10.1
大 理 州	1254.79	1374.93	9.3	6.1
德 宏 州	462.66	513.66	8.0	7.9
怒 江 州	169.13	192.51	12.1	11.1
迪 庆 州	224.05	251.20	9.5	11.6

18-3 各州市第一产业增加值

地　　区	第一产业增加值(亿元)		比上年增长(%)	
	2018年	2019年	2018年	2019年
全　　省	**2498.67**	**3037.62**	**6.3**	**5.5**
昆 明 市	**222.16**	**270.29**	**5.9**	**5.5**
曲 靖 市	360.20	438.41	6.4	5.7
玉 溪 市	149.45	181.64	6.4	5.6
保 山 市	168.50	204.84	6.3	5.6
昭 通 市	162.62	197.17	6.3	5.3
丽 江 市	52.77	64.23	6.3	5.6
普 洱 市	163.66	199.02	6.4	5.5
临 沧 市	172.11	208.96	6.1	5.5
楚 雄 州	181.25	221.80	6.4	5.7
红 河 州	234.05	284.40	6.3	5.6
文 山 州	170.19	206.36	6.3	5.5
西双版纳州	102.09	124.72	4.9	5.5
大 理 州	224.81	273.11	6.3	5.3
德 宏 州	85.07	103.56	6.3	5.7
怒 江 州	22.11	26.86	6.2	5.3
迪 庆 州	12.56	15.45	6.2	5.5

18-4 各州市第二产业增加值

地区	第二产业增加值(亿元)		比上年增长(%)	
	2018年	2019年	2018年	2019年
全省	**7267.50**	**7961.58**	**11.6**	**8.6**
昆明市	**1964.08**	**2078.75**	**10.2**	**4.6**
曲靖市	907.81	1004.28	12.6	10.0
玉溪市	810.62	852.58	9.4	4.9
保山市	319.43	367.19	15.4	14.1
昭通市	414.27	459.22	12.3	10.0
丽江市	125.85	150.00	13.5	16.4
普洱市	207.94	231.23	9.4	11.1
临沧市	172.38	196.55	11.6	12.2
楚雄州	436.85	493.10	15.4	11.7
红河州	788.89	875.21	10.7	9.9
文山州	313.12	370.48	11.6	16.7
西双版纳州	106.62	133.96	7.3	22.1
大理州	393.80	411.22	11.9	3.6
德宏州	99.42	107.91	7.0	7.1
怒江州	56.34	67.15	14.9	17.3
迪庆州	79.61	95.28	15.3	19.8

18-5 各州市第三产业增加值

地　　区	第三产业增加值 (亿元)		比上年增长 (%)	
	2018年	2019年	2018年	2019年
全　　省	**11114.46**	**12224.55**	**7.6**	**8.3**
昆 明 市	**3834.26**	**4126.84**	**7.5**	**7.7**
曲 靖 市	1080.47	1194.90	5.5	10.6
玉 溪 市	840.77	915.49	8.9	9.2
保 山 市	362.41	388.65	5.6	7.5
昭 通 市	484.98	537.81	5.7	11.3
丽 江 市	242.94	258.28	7.6	7.1
普 洱 市	415.54	445.03	9.1	7.6
临 沧 市	327.81	353.75	9.9	8.0
楚 雄 州	496.66	537.00	6.9	7.7
红 河 州	976.89	1052.38	9.8	7.9
文 山 州	471.79	504.76	11.1	6.8
西双版纳州	290.58	309.41	9.8	6.7
大 理 州	636.18	690.60	8.7	8.2
德 宏 州	278.17	302.19	9.0	8.9
怒 江 州	90.69	98.50	11.8	8.2
迪 庆 州	131.88	140.47	6.2	6.6

18-6 各州市人均生产总值

地　　区	人均生产总值(元)		比上年增长(%)	
	2018年	2019年	2018年	2019年
全　　省	**43366**	**47944**	**8.3**	**7.4**
昆 明 市	**88322**	**93853**	**7.4**	**5.2**
曲 靖 市	38156	42772	7.9	9.1
玉 溪 市	75555	81667	8.7	6.6
保 山 市	32449	36548	8.8	9.4
昭 通 市	19085	21255	7.4	8.7
丽 江 市	32603	36369	9.0	9.3
普 洱 市	29906	33097	8.1	7.6
临 沧 市	26563	29926	9.0	8.2
楚 雄 州	40596	45499	10.0	8.8
红 河 州	42293	46475	9.0	7.7
文 山 州	26203	29528	9.8	9.6
西双版纳州	42170	47659	7.3	9.4
大 理 州	34938	38095	8.8	5.5
德 宏 州	35251	38914	7.1	7.2
怒 江 州	30751	34686	11.2	10.1
迪 庆 州	54248	61690	9.0	13.2

18-7 各州市固定资产投资

地　区	固定资产投资增速(%)	
	2018年	2019年
全　省	**11.6**	**8.5**
昆 明 市	**5.5**	**2.8**
曲 靖 市	1.6	13.5
玉 溪 市	11.3	-8.8
保 山 市	23.5	18.0
昭 通 市	17.7	20.7
丽 江 市	17.4	20.2
普 洱 市	18.5	26.6
临 沧 市	24.5	25.7
楚 雄 州	25.6	3.8
红 河 州	16.9	1.4
文 山 州	10.6	15.8
西双版纳州	0.4	25.0
大 理 州	5.0	11.5
德 宏 州	5.1	10.4
怒 江 州	3.8	17.2
迪 庆 州	11.7	11.8

18-8 各州市一般公共预算收支

地区	一般公共预算收入(亿元)		一般公共预算支出(亿元)	
	2018年	2019年	2018年	2019年
全省	**1994.35**	**2073.56**	**6075.03**	**6770.09**
昆明市	**595.63**	**630.03**	**756.80**	**820.86**
曲靖市	141.90	149.07	477.24	541.63
玉溪市	142.49	133.20	277.81	292.69
保山市	66.16	67.22	261.31	270.92
昭通市	78.21	81.81	460.02	640.64
丽江市	42.86	45.41	167.30	172.98
普洱市	54.34	49.84	293.23	301.43
临沧市	44.17	46.47	267.30	274.11
楚雄州	86.69	87.61	275.91	279.56
红河州	142.27	148.06	448.45	505.60
文山州	60.33	63.72	343.30	373.09
西双版纳州	31.29	34.74	129.31	139.93
大理州	96.16	103.27	366.22	390.90
德宏州	37.04	40.10	150.04	165.46
怒江州	10.86	13.08	138.92	175.66
迪庆州	11.45	14.10	160.08	171.31

18-9 各州市社会消费品零售总额

地　区	社会消费品零售总额(亿元)	
	2018年	2019年
全　省	**9197.26**	**10158.23**
昆明市	**2906.24**	**3186.74**
曲靖市	816.73	915.16
玉溪市	727.29	814.21
保山市	374.73	420.30
昭通市	430.50	478.56
丽江市	229.14	251.74
普洱市	286.48	316.13
临沧市	310.00	338.38
楚雄州	484.60	538.72
红河州	802.03	885.10
文山州	575.69	636.44
西双版纳州	284.39	312.98
大理州	580.07	632.07
德宏州	285.55	317.41
怒江州	38.49	42.79
迪庆州	65.28	71.52

18-10 各州市农村居民收入

地区	农村常住居民人均可支配收入(元)		比上年增长(%)	
	2018年	2019年	2018年	2019年
全省	**10768**	**11902**	**9.2**	**10.5**
昆明市	**14895**	**16356**	**8.7**	**9.8**
曲靖市	12394	13697	9.2	10.5
玉溪市	14264	15719	9.2	10.2
保山市	11280	12499	9.3	10.8
昭通市	9474	10555	9.2	11.4
丽江市	10385	11475	9.1	10.5
普洱市	10386	11502	9.5	10.7
临沧市	10756	11907	9.6	10.7
楚雄州	10988	12015	9.4	9.3
红河州	11330	12570	9.4	10.9
文山州	10030	11133	9.2	11.0
西双版纳州	13079	14478	8.6	10.7
大理州	11490	12665	9.2	10.2
德宏州	10325	11409	9.1	10.5
怒江州	6449	7165	9.8	11.1
迪庆州	8524	9446	9.6	10.8

18-11 各州市城镇居民收入

地　　区	城镇常住居民人均可支配收入(元)		比上年增长(%)	
	2018年	2019年	2018年	2019年
全　　省	**33488**	**36238**	**8.0**	**8.2**
昆 明 市	**42988**	**46289**	**8.0**	**7.7**
曲 靖 市	34423	37314	7.8	8.4
玉 溪 市	37650	40700	7.9	8.1
保 山 市	32636	35351	8.2	8.3
昭 通 市	27632	29930	8.1	8.3
丽 江 市	32903	35667	8.2	8.4
普 洱 市	29088	31456	8.3	8.1
临 沧 市	27161	29524	8.4	8.7
楚 雄 州	34154	36868	7.9	7.9
红 河 州	33396	36181	8.4	8.3
文 山 州	30242	32630	8.0	7.9
西双版纳州	29323	31903	7.8	8.8
大 理 州	34298	36982	7.9	7.8
德 宏 州	29093	31479	7.7	8.2
怒 江 州	24558	26650	8.4	8.5
迪 庆 州	34411	37305	8.0	8.4

昆明统计年鉴

KUNMING STATISTICAL YEARBOOK 2020

19 全国省会城市主要经济指标

QUANGUOSHENGHUICHENGSHIZHUYAOJINGJIZHIBIAO

19-1 年末总人口

单位：万人

城市名称		2019年	位次			
			全部	西部	中部	东部
西部城市	昆明市	695.00	17	4	7	8
	成都市	1658.10	1	1		
	贵阳市	497.14	19	5		
	西安市	1020.35	8	2		
	兰州市	379.09	21	6		
	西宁市	238.71	24	9		
	银川市	229.31	26	10		
	南宁市	734.48	16	3		
	乌鲁木齐市	355.20	22	7		
	呼和浩特市	313.70	23	8		
	拉萨市*	55.89	27	11		
中部城市	哈尔滨市	1076.30	4		2	
	武汉市	1121.20	3		1	
	郑州市	1035.20	7		3	
	长沙市	839.45	11		4	
	南昌市	560.06	18		8	
	合肥市	818.90	13		5	
	太原市	446.19	20		9	
	长春市*	753.80	15		6	
东部城市	广州市	1530.59	2			1
	石家庄市	1039.42	5			2
	沈阳市	832.20	12			6
	福州市	780.00	14			7
	济南市	890.87	9			4
	海口市	232.79	25			9
	杭州市	1036.00	6			3
	南京市	850.00	10			5

注：拉萨、长春为年末户籍人口。

19-2 地区生产总值

单位：亿元

城市名称		2019年	位次				同比±%	位次			
			全部	西部	中部	东部		全部	西部	中部	东部
西部城市	昆明市	6475.88	12	3	5	6	6.5	18	6	6	8
	成都市	17012.65	2	1			7.8	5	2		
	贵阳市	4039.60	19	5			7.4	10	4		
	西安市	9321.19	11	2			7.0	12	5		
	兰州市	2837.36	22	7			6.0	22	9		
	西宁市	—	—	—			7.5	8	3		
	银川市	—	—	—			6.3	21	8		
	南宁市	4506.56	18	4			5.0	24	11		
	乌鲁木齐市	3413.26	21	6			6.5	18	6		
	呼和浩特市	2791.46	23	8			5.5	23	10		
	拉萨市	617.88	25	9			8.0	2	1		
中部城市	哈尔滨市	5249.40	17		8		4.4	25		8	
	武汉市	16223.21	3		1		7.4	10		4	
	郑州市	11589.70	6		2		6.5	18		6	
	长沙市	11574.22	7		3		8.1	1		1	
	南昌市	5596.18	16		7		8.0	2		2	
	合肥市	9409.40	9		4		7.6	7		3	
	太原市	4028.51	20		9		6.6	17		5	
	长春市	5904.10	14		6		3.0	27		9	
东部城市	广州市	23628.60	1			1	6.8	14			5
	石家庄市	5809.90	15			8	6.7	16			7
	沈阳市	6470.30	13			7	4.2	26			9
	福州市	9392.30	10			5	7.9	4			1
	济南市	9443.37	8			4	7.0	12			4
	海口市	1671.93	24			9	7.5	8			3
	杭州市	15373.00	4			2	6.8	14			5
	南京市	14030.15	5			3	7.8	5			2

19-3 第一产业增加值

单位：亿元

城市名称		2019年	位次				同比±%	位次			
			全部	西部	中部	东部		全部	西部	中部	东部
西部城市	昆明市	270.29	15	4	6	7	5.5	3	3	1	1
	成都市	612.18	1	1			2.5	15	8		
	贵阳市	161.34	18	5			5.6	2	2		
	西安市	279.13	14	3			4.3	6	6		
	兰州市	51.68	22	7			5.5	3	3		
	西宁市	—	—	—			4.2	7	7		
	银川市	—	—	—			2.0	19	10		
	南宁市	507.27	4	2			5.3	5	5		
	乌鲁木齐市	27.69	24	8			2.1	16	9		
	呼和浩特市	114.21	20	6			1.2	24	11		
	拉萨市	20.10	25	9			8.2	1	1		
中部城市	哈尔滨市	569.50	2		1		2.6	14		5	
	武汉市	378.99	6		2		3.0	12		3	
	郑州市	140.90	19		8		-4.9	27		9	
	长沙市	359.69	7		3		3.2	11		2	
	南昌市	212.89	17		7		2.9	13		4	
	合肥市	291.86	11		5		1.7	21		8	
	太原市	42.48	23		9		2.1	16		6	
	长春市	348.10	8		4		2.1	16		6	
东部城市	广州市	251.37	16			8	3.9	8			2
	石家庄市	449.50	5			2	1.6	22			6
	沈阳市	284.00	13			6	3.8	9			3
	福州市	526.47	3			1	3.8	9			3
	济南市	343.06	9			3	1.3	23			7
	海口市	71.18	21			9	-1.4	26			9
	杭州市	326.00	10			4	1.9	20			5
	南京市	289.82	12			5	0.7	25			8

19-4 第二产业增加值

单位：亿元

城市名称		2019年	位次				同比±%	位次			
			全部	西部	中部	东部		全部	西部	中部	东部
西部城市	昆明市	2078.75	15	3	7	7	4.6	19	7	8	6
	成都市	5244.62	3	1			7.0	9	4		
	贵阳市	1496.67	18	4			8.2	1	1		
	西安市	3167.44	11	2			7.6	7	2		
	兰州市	945.38	21	6			1.9	26	10		
	西宁市	—	—	—			6.1	14	6		
	银川市	—	—	—			6.4	12	5		
	南宁市	1044.97	20	5			4.4	20	8		
	乌鲁木齐市	906.14	22	7			1.1	27	11		
	呼和浩特市	823.84	23	8			2.2	24	9		
	拉萨市	236.14	25	9			7.4	8	3		
中部城市	哈尔滨市	1127.30	19		9		3.1	22		9	
	武汉市	5988.88	2		1		6.5	11		4	
	郑州市	4617.00	6		2		6.2	13		5	
	长沙市	4439.32	7		3		8.0	2		1	
	南昌市	2653.82	12		5		8.0	2		1	
	合肥市	3415.32	9		4		7.7	6		3	
	太原市	1518.64	17		8		5.9	15		6	
	长春市	2495.40	13		6		5.3	17		7	
东部城市	广州市	6454.00	1			1	5.5	16			4
	石家庄市	1831.70	16			8	2.1	25			9
	沈阳市	2178.60	14			6	2.4	23			8
	福州市	3830.99	8			4	7.8	4			1
	济南市	3265.22	10			5	7.8	4			1
	海口市	276.00	24			9	3.6	21			7
	杭州市	4875.00	5			3	5.0	18			5
	南京市	5040.86	4			2	6.7	10			3

19-5 第三产业增加值

单位：亿元

城市名称		2019年	位次				同比±%	位次			
			全部	西部	中部	东部		全部	西部	中部	东部
西部城市	昆明市	4126.84	12	3	5	6	7.7	15	6	5	6
	成都市	11155.86	2	1			8.6	4	2		
	贵阳市	2381.59	21	6			7.0	20	8		
	西安市	5874.62	8	2			6.8	22	9		
	兰州市	1840.30	23	8			8.4	6	3		
	西宁市	—	—	—			9.3	2	1		
	银川市	—	—	—			6.5	23	10		
	南宁市	2954.32	17	4			5.2	24	11		
	乌鲁木齐市	2479.43	19	5			8.4	6	3		
	呼和浩特市	1853.41	22	7			7.3	17	7		
	拉萨市	361.64	25	9			8.4	6	3		
中部城市	哈尔滨市	3552.60	14		6		5.2	24		8	
	武汉市	9855.34	4		1		8.2	12		3	
	郑州市	6831.80	6		2		7.1	18		6	
	长沙市	6775.21	7		3		8.4	6		1	
	南昌市	2729.47	18		8		8.4	6		1	
	合肥市	5702.22	10		4		7.8	14		4	
	太原市	2467.39	20		9		7.1	18		6	
	长春市	3060.60	16		7		1.0	27		9	
东部城市	广州市	16923.23	1			1	7.5	16			7
	石家庄市	3528.70	15			8	9.8	1			1
	沈阳市	4007.60	13			7	5.2	24			9
	福州市	5034.84	11			5	8.3	11			4
	济南市	5835.09	9			4	7.0	20			8
	海口市	1324.75	24			9	8.8	3			2
	杭州市	10172.00	3			2	8.0	13			5
	南京市	8699.47	5			3	8.6	4			3

19-6 固定资产投资增速

单位：%

城市		2019年	位次			
			全国	西部	中部	东部
西部城市	昆明市	2.8	17	4	7	8
	成都市	10.0	8	1		
	贵阳市	1.5	21	7		
	西安市	1.1	22	8		
	兰州市	-4.7	24	10		
	西宁市	2.6	19	5		
	银川市	-6.2	25	11		
	南宁市	9.9	9	2		
	乌鲁木齐市	2.0	20	6		
	呼和浩特市	5.2	16	3		
	拉萨市	-3.1	23	9		
中部城市	哈尔滨市	7.3	14		6	
	武汉市	9.8	10		4	
	郑州市	2.8	17		7	
	长沙市	10.1	7		3	
	南昌市	10.2	5		1	
	合肥市	9.0	11		5	
	太原市	10.2	5		1	
	长春市	-19.0	27		9	
东部城市	广州市	16.5	1			1
	石家庄市	6.1	15			7
	沈阳市	13.2	2			2
	福州市	9.0	11			5
	济南市	12.6	3			3
	海口市	-15.4	26			9
	杭州市	11.6	4			4
	南京市	8.0	13			6

19-7 房地产开发投资增速

单位：%

城市		2019年	位次			
			全国	西部	中部	东部
西部城市	昆明市	13.9	9	5	2	4
	成都市	14.9	7	4		
	贵阳市	19.3	5	3		
	西安市	-2.1	22	8		
	兰州市	-5.8	23	9		
	西宁市	-0.4	21	7		
	银川市	-6.7	24	10		
	南宁市	32.1	1	1		
	乌鲁木齐市	-16.5	26	11		
	呼和浩特市	0.6	20	6		
	拉萨市	28.6	3	2		
中部城市	哈尔滨市	6.1	16		6	
	武汉市	6.7	14		5	
	郑州市	2.8	17		7	
	长沙市	11.2	11		4	
	南昌市	2.5	18		8	
	合肥市	1.9	19		9	
	太原市	31.3	2		1	
	长春市	12.6	10		3	
东部城市	广州市	14.8	8			6
	石家庄市	-16.2	25			8
	沈阳市	17.9	6			2
	福州市	25.9	4			1
	济南市	9.7	13			6
	海口市	-21.1	27			9
	杭州市	10.7	12			5
	南京市	6.2	15			7

19-8 社会消费品零售总额

单位：亿元

城市名称		2019年	位次				同比±%	位次			
			全部	西部	中部	东部		全部	西部	中部	东部
西部城市	昆明市	3186.74	13	2	5	8	9.7	5	2	3	2
	成都市	7478.40	2	1			9.9	4	1		
	贵阳市	1380.41	20	7			6.2	17	5		
	西安市	—	—	—			6.0	19	7		
	兰州市	1454.94	18	5			7.6	16	4		
	西宁市	592.59	22	8			5.0	22	8		
	银川市	—	—	—			6.2	17	5		
	南宁市	2307.41	15	3			4.2	24	9		
	乌鲁木齐市	1389.19	19	6			2.6	27	11		
	呼和浩特市	1646.53	17	4			2.7	26	10		
	拉萨市	322.17	23	9			9.1	8	3		
中部城市	哈尔滨市	—	—		—		5.6	20		8	
	武汉市	7449.64	3		1		8.9	9		5	
	郑州市	4671.50	8		3		9.5	7		4	
	长沙市	5247.03	6		2		10.1	3		2	
	南昌市	2369.33	14		6		11.2	1		1	
	合肥市	3234.51	12		4		8.7	11		6	
	太原市	1952.81	16		7		7.8	14		7	
	长春市	—	—		—		3.9	25		9	
东部城市	广州市	9975.59	1			1	7.8	14			7
	石家庄市	3545.30	11			7	8.3	12			5
	沈阳市	4479.60	9			5	10.6	2			1
	福州市	4198.94	10			6	9.6	6			3
	济南市	5162.22	7			4	8.1	13			6
	海口市	785.58	21			9	4.7	23			9
	杭州市	6215.00	4			2	8.8	10			4
	南京市	6135.74	5			3	5.2	21			8

19-9 一般公共预算收入

单位：亿元

城市名称		2019年	位次				同比±%	位次			
			全部	西部	中部	东部		全部	西部	中部	东部
西部城市	昆明市	630.03	13	3	5	7	5.8	11	4	3	6
	成都市	1483.00	5	1			7.9	5	2		
	贵阳市	417.26	18	5			1.4	20	8		
	西安市	702.56	11	2			2.6	18	7		
	兰州市	233.23	22	7			-0.1	22	9		
	西宁市	101.79	27	11			9.5	1	1		
	银川市	154.70	25	9			-10.7	26	11		
	南宁市	370.93	20	6			3.3	15	5		
	乌鲁木齐市	472.46	16	4			3.1	16	6		
	呼和浩特市	203.12	23	8			-0.8	23	10		
	拉萨市	117.04	26	10			6.3	9	3		
中部城市	哈尔滨市	370.90	21		9		-3.5	25		8	
	武汉市	1564.12	4		1		2.3	19		7	
	郑州市	1222.50	6		2		6.1	10		2	
	长沙市	950.23	7		3		8.0	4		1	
	南昌市	476.08	15		6		3.1	16		6	
	合肥市	745.99	9		4		4.7	12		4	
	太原市	386.62	19		8		3.6	14		5	
	长春市	420.00	17		7		-12.1	27		9	
东部城市	广州市	1697.21	2			2	4.0	13			7
	石家庄市	569.10	14			8	9.5	1			1
	沈阳市	730.30	10			5	1.3	21			8
	福州市	668.08	12			6	-1.8	24			9
	济南市	874.19	8			4	7.2	8			5
	海口市	185.34	24			9	9.1	3			2
	杭州市	1966.00	1			1	7.7	6			3
	南京市	1580.03	3			3	7.5	7			4

19-10 一般公共预算支出

单位：亿元

城市名称		2019年	位次				同比±%	位次			
			全部	西部	中部	东部		全部	西部	中部	东部
西部城市	昆明市	820.86	17	3	8	8	8.5	17	7	7	5
	成都市	2006.80	3	1			9.2	15	6		
	贵阳市	718.72	19	5			15.1	4	3		
	西安市	1247.99	8	2			8.3	19	8		
	兰州市	456.66	22	7			-1.9	25	9		
	西宁市	328.04	26	11			10.3	13	5		
	银川市	346.60	25	10			-4.6	26	10		
	南宁市	787.71	18	4			12.9	8	4		
	乌鲁木齐市	620.28	20	6			-6.0	27	11		
	呼和浩特市	421.66	23	8			18.1	2	2		
	拉萨市	366.01	24	9			22.0	1	1		
中部城市	哈尔滨市	1101.10	11		5		14.4	5		2	
	武汉市	2237.10	2		1		15.9	3		1	
	郑州市	1910.60	5		2		8.4	18		8	
	长沙市	1425.98	7		3		9.6	14		6	
	南昌市	834.11	16		7		10.9	12		5	
	合肥市	1122.67	10		4		11.7	10		4	
	太原市	610.62	21		9		12.6	9		3	
	长春市	896.00	15		6		0.2	24		9	
东部城市	广州市	2865.12	1			1	14.3	6			1
	石家庄市	1051.40	12			5	6.0	22			8
	沈阳市	1048.20	13			6	8.6	16			4
	福州市	952.17	14			7	3.0	23			9
	济南市	1197.32	9			4	7.0	21			7
	海口市	265.18	27			9	11.3	11			3
	杭州市	1952.90	4			2	13.7	7			2
	南京市	1658.60	6			3	8.2	20			6

19-11 金融机构（含外资）人民币存款、贷款余额

（2019年）　　单位：亿元

城市名称		年末存款余额	位次				年末贷款余额	位次			
			全部	西部	中部	东部		全部	西部	中部	东部
西部城市	昆明市	14909.26	11	3	3	7	17854.43	7	3	3	3
	成都市	38592.80	2	1			35131.40	2	1		
	贵阳市	11936.17	16	4			14057.59	11	4		
	西安市	23066.85	6	2			22264.12	6	2		
	兰州市	8834.46	19	7			12028.51	17	6		
	西宁市	4020.89	22	9			5347.69	21	9		
	银川市	4013.77	23	10			5150.67	23	10		
	南宁市	10718.32	17	5			13964.35	12	5		
	乌鲁木齐市	8862.68	18	6			7795.39	20	8		
	呼和浩特市	5876.37	20	8			8513.80	19	7		
	拉萨市	2883.00	24	11			3303.70	24	11		
中部城市	哈尔滨市	12250.50	14		6		12053.00	16		7	
	武汉市	27980.43	4		1		30569.52	4		1	
	郑州市	23356.13	5		2		25364.33	5		2	
	长沙市	—	—		—		—	—		—	
	南昌市	11980.04	15		7		13864.69	13		4	
	合肥市	—	—		—		—	—		—	
	太原市	12663.72	12		4		13707.47	14		5	
	长春市	12597.70	13		5		13076.90	15		6	
东部城市	广州市	56701.75	1			1	46155.78	1			1
	石家庄市	14956.80	10			6	11341.90	18			7
	沈阳市	18691.30	7			3	16619.20	10			6
	福州市	15367.47	9			5	17137.37	9			5
	济南市	18303.20	8			4	17624.20	8			4
	海口市	4866.22	21			8	5330.02	22			8
	杭州市	—	—			—	—	—			—
	南京市	34671.17	3			2	32991.93	3			2

19-12 居民消费价格指数

单位：%

城市名称		2019年	位次			
			全部	西部	中部	东部
西部城市	昆明市	102.3	23	7	9	9
	成都市	102.8	12	2		
	贵阳市	102.7	14	3		
	西安市	102.7	14	3		
	兰州市	102.2	24	8		
	西宁市	102.5	20	6		
	银川市	102.2	24	8		
	南宁市	103.4	1	1		
	乌鲁木齐市	102.0	27	11		
	呼和浩特市	102.6	18	5		
	拉萨市	102.2	24	8		
中部城市	哈尔滨市	102.6	18		8	
	武汉市	103.2	4		1	
	郑州市	103.1	5		2	
	长沙市	102.9	9		3	
	南昌市	102.8	12		6	
	合肥市	102.9	9		3	
	太原市	102.7	14		7	
	长春市	102.9	9		3	
东部城市	广州市	103.0	8			5
	石家庄市	102.7	14			6
	沈阳市	102.4	22			8
	福州市	102.5	20			7
	济南市	103.3	2			1
	海口市	103.3	2			1
	杭州市	103.1	5			3
	南京市	103.1	5			3

19–13 城镇常住居民人均可支配收入

单位：元

城市名称		2019年	位次				同比±%	位次			
			全部	西部	中部	东部		全部	西部	中部	东部
西部城市	昆明市	46289	10	2	3	7	7.7	18	6	7	7
	成都市	45878	11	3			8.9	4	2		
	贵阳市	38240	21	7			8.9	4	2		
	西安市	41850	16	5			8.1	11	5		
	兰州市	38095	23	9			8.8	6	4		
	西宁市	34846	27	11			7.4	19	7		
	银川市	38217	22	8			7.4	19	7		
	南宁市	37675	25	10			6.8	23	9		
	乌鲁木齐市	42667	14	4			6.4	24	10		
	呼和浩特市	49397	7	1			6.1	26	11		
	拉萨市	39686	18	6			10.7	1	1		
中部城市	哈尔滨市	40007	17		7		5.8	27		9	
	武汉市	51706	6		2		9.2	3		2	
	郑州市	42087	15		6		7.8	16		6	
	长沙市	55211	4		1		8.7	7		3	
	南昌市	44136	13		5		8.1	11		4	
	合肥市	45404	12		4		9.5	2		1	
	太原市	36362	26		9		8.0	13		5	
	长春市	37844	24		8		7.0	22		8	
东部城市	广州市	65052	2			2	8.5	8			1
	石家庄市	38550	20			9	8.4	10			3
	沈阳市	46786	9			6	6.2	25			9
	福州市	47920	8			5	7.8	16			6
	济南市	51913	5			4	7.3	21			8
	海口市	38977	19			8	7.9	15			5
	杭州市	66068	1			1	8.0	13			4
	南京市	64372	3			3	8.5	8			1

注：增幅未扣物价因素。

19-14 农村常住居民人均可支配收入

单位：元

城市名称		2019年	位次				同比±%	位次			
			全部	西部	中部	东部		全部	西部	中部	东部
西部城市	昆明市	16356	18	5	8	7	9.8	9	7	2	2
	成都市	24357	6	1			10.0	7	5		
	贵阳市	17275	17	4			10.4	3	2		
	西安市	14588	25	9			9.8	9	7		
	兰州市	13605	26	10			10.0	7	5		
	西宁市	12577	27	11			9.4	13	9		
	银川市	15282	23	7			7.9	26	11		
	南宁市	15047	24	8			10.2	5	4		
	乌鲁木齐市	21448	9	2			9.3	16	10		
	呼和浩特市	18974	13	3			10.4	3	2		
	拉萨市	16216	19	6			12.9	1	1		
中部城市	哈尔滨市	18238	15		7		7.7	27		9	
	武汉市	24776	5		2		9.4	13		3	
	郑州市	23536	7		3		8.7	23		7	
	长沙市	32329	2		1		8.8	22		6	
	南昌市	19498	11		5		9.1	19		4	
	合肥市	22462	8		4		10.2	5		1	
	太原市	18377	14		6		9.0	21		5	
	长春市	15455	22		9		8.6	24		8	
东部城市	广州市	28868	3				10.9	2			1
	石家庄市	15853	21			9	9.2	17			6
	沈阳市	18124	16			6	9.6	12			4
	福州市	21320	10			4	9.8	9			2
	济南市	19454	12			5	9.1	19			8
	海口市	16116	20			8	8.3	25			9
	杭州市	36255	1			1	9.2	17			6
	南京市	27636	4			3	9.4	13			5

注：增幅未扣物价因素。

中国统计出版社有限公司最新图书简目

(仅供参考,以实际出版为准)

统计资料

中国统计年鉴　中国统计摘要　中国第三产业统计年鉴
中国第三次全国农业普查综合资料　国际统计年鉴　金砖国家联合统计手册
中国-东盟国家统计手册　中国农村统计年鉴　中国县域统计年鉴
中国农产品价格调查年鉴　中国城市统计年鉴　中国价格统计年鉴
中国贸易外经统计年鉴　中国零售和餐饮连锁企业统计年鉴　中国商品交易市场统计年鉴
大中型批发零售和住宿餐饮企业统计年鉴　中国住户调查年鉴　中国工业统计年鉴
中国环境统计年鉴　中国能源统计年鉴　中国建筑业统计年鉴
中国房地产统计年鉴　投资领域统计年鉴　中国对外直接投资统计公报
中国人口和就业统计年鉴　中国劳动统计年鉴　中国社会统计年鉴
中国科技统计年鉴　中国高技术产业统计年鉴　全国企业创新调查年鉴
中国文化及相关产业统计年鉴　2018年时间利用调查资料　中国妇女儿童状况统计资料
中国基本单位统计年鉴　中国教育统计年鉴　中国教育经费统计年鉴
中国民族统计年鉴　中国残疾人事业统计年鉴　长江经济带发展统计年鉴

省级综合统计年鉴系列

北京 天津 河北 山西 内蒙古 辽宁 吉林 黑龙江 上海 江苏 浙江 安徽 福建 江西 山东 河南 湖北 湖南 广东 广西 海南 重庆 四川 贵州 云南 西藏 陕西 甘肃 青海 宁夏 新疆 新疆生产建设兵团

市(县)级综合统计年鉴系列

滨海新区 石家庄 唐山 邯郸 保定 沧州 邢台 廊坊 承德 衡水 秦皇岛 张家口 太原 大同 阳泉 长治 晋城 朔州 晋中 运城 忻州 临汾 吕梁 呼和浩特 鄂尔多斯 包头 沈阳 大连 长春 延吉 四平 白山 通化 哈尔滨 齐齐哈尔 黑龙江垦区 上海浦东新区 南京 无锡 徐州 常州 苏州 南通 连云港 淮安 盐城 扬州 镇江 泰州 宿迁 江阴 丹阳 海门 张家港 杭州 宁波 温州 嘉兴 湖州 绍兴 金华 衢州 舟山 台州 丽水 合肥 安庆 福州 厦门 宁德 漳州 龙岩 莆田 泉州 三明 南平 南昌 九江 上饶 新余 抚州 赣州 景德镇 济南 青岛 枣庄 潍坊 聊城 郑州 洛阳 平顶山 三门峡 南阳 商丘 信阳 济源 汝州 武汉 十堰 荆州 宜昌 荆门 咸宁 黄冈 长沙 鹰潭 广州 深圳 惠州 东莞 汕尾 湛江 肇庆 南宁 柳州 桂林 贵港 梧州 来宾 河池 防城港 海口 三亚 儋州 成都 内江 贵阳 黔南 毕节 昆明 文山 德宏 西安 延安 安康 铜川 汉中 商洛 银川 兰州 庆阳 乌鲁木齐 昌吉 阿勒泰 兵团一师、二师、三师、四师、六师、七师、八师、十师、十三师、十四师

调查年鉴系列

天津 内蒙古 上海 河南 湖北 湖南 广东 广西 重庆 四川 云南 甘肃 宁夏 南宁 贵港 昆明

统计方法应用/实用手册

Python数据分析基础（第二版）　非参数统计（第五版）　现代金融投资统计分析（第四版）
国民经济核算初级教程（第二版）　国民经济核算教程（第五版）　概率统计基础
全国统计专业技术资格考试系列考试用书：统计业务知识（第四版修订版）　统计业务知识学习指导与习题
全国统计专业技术资格考试系列考试用书：统计相关知识（第四版）　统计相关知识学习指导与习题

统计通俗读物/统计科普图书

领导干部统计知识问答　统计公文写作及会议办理实用手册　大数据在统计工作中的应用案例汇编
中国国民经济核算知识问答（修订版）　地区生产总值核算国际比较研究　新中国统计制度方法的发展与改革

重点图书

中国农业统计资料1949-2019　第四次全国经济普查地图集　中国经济普查年鉴2018
新编英汉汉英统计大词典　中国国民经济核算体系2016　国民经济行业分类注释
挑大学选专业2020—考研择校指南　挑大学选专业2020—高考志愿填报指南　中华医学统计百科全书

普通高中课程标准实验教科书 英语 8 选修

色印刷产品

普通高中课程标准实验教科书　英　语 8　选修

ISBN 978-7-107-19084-1

教科书定价：8.64元

配套光盘定价：10.00元

定价批号：云价价格[2016]62号

举报电话：12358

ISBN 978-7-107-19084-1

9 787107 190841 >

人民教育出版社